LE BACCALAURÉAT PROFESSIONNEL

Depuis sa création en 1985, le baccalauréat professionnel incarne la **dynamique de la voie professionnelle**.

En effet, grâce à lui, la voie pro qui se terminait par le CAP ou le BEP, niveau V de qualification, permettait à ses élèves, après deux années de première et de terminale professionnelles, d'obtenir l'insertion professionnelle au niveau IV, le bac pro étant parfaitement reconnu par les milieux professionnels ayant contribué à la définition de ses spécialités, mais aussi à ces nouveaux bacheliers d'être admis dans l'enseignement supérieur.

La rénovation du bac pro en 2009 a organisé sa préparation en trois ans, comme pour les bacs généraux et technologiques. À la session 2012, on compte 87 000 bacheliers professionnels de plus qu'en 2008, ce qui permet de faire passer la proportion de bacheliers d'une génération de 62,3 % en 2008 à 76,7 % en 2012, approchant l'objectif des 80 %.

La valorisation de la voie professionnelle est au cœur des nouvelles lois relatives à la refondation de l'école et à l'enseignement supérieur et à la recherche. La disposition-phare est d'élargir l'accès des bacheliers professionnels aux sections de techniciens supérieurs, au-delà donc de l'admission de droit des seuls titulaires des mentions bien et très bien du même domaine. Dès le début de la procédure admission post bac (APB), les élèves de terminale professionnelle pourront ainsi disposer de quotas de places en STS définis dans chaque académie.

Tous les acteurs de la voie professionnelle sont ainsi mobilisés pour engager la personnalisation du parcours afin de garantir la certification intermédiaire du CAP ou du BEP pour tous ceux qui s'engagent dans cette voie et d'offrir aux bacheliers professionnels aussi bien l'accès à l'emploi que la poursuite de formation dans l'enseignement supérieur technologique avec les meilleures perspectives de réussite.

Cette nouvelle édition cherche à mieux répondre aux interrogations des élèves et des familles et à constituer une ressource pratique pour celles et ceux qui participent à la médiation de l'information pour l'orientation, entre les 108 spécialités du bac pro.

Le directeur de l'Onisep
George ASSERAF

onisep

Office national d'information sur les enseignements et les professions – Ministère de l'Éducation nationale – Ministère de l'Enseignement supérieur et de la Recherche - 12, mail Barthélemy-Thimonnier, Lognes, 77437 Marne-la-Vallée Cedex 2, Tél. 01 64 80 35 00 - Publication de l'Onisep : © Onisep août 2013 - **Directeur de la publication :** George Asseraf - **Directrice adjointe :** Marie-Claude Gusto - **ÉDITIONS > Direction Cross-Média :** Isabelle Dussouet, Arielle Girot, Michel Muller - **Secrétariat de rédaction :** Clémence Niérat - **RESSOURCES DOCUMENTAIRES > Directeur du département :** Gilles Foubert - **Documentation :** Hélène Baffin, Anne-Camille Bazzoli, Chantal Brige, Patricia Bru, Hélène Ferron, Marie Forestié, Valérie Forestiez, Alexia Lecherbonnier, Sophie Grassin, Pascale Guellier, Pierre Martin, Dominique Kanonidis, Mireille Regnier, Emilie Roger, Hervé Tabarly - **Édition automatique :** Catherine Tolla, Stéphanie Benchabane - **FABRICATION > Directrice :** Marie-Christine Jugeau - **Photogravure :** Key Graphic (Paris) - **Imprimeur :** Jouve (Mayenne) sur papier certifié PEFC sous le n° de licence PEFC/10-31-1316 - **STUDIO > Directeur artistique :** Bruno Delobelle - **Maquette et mise en pages :** Isabelle Sénéchal - **DIFFUSION ET COMMERCIALISATION :** Onisep VPC, 12, mail Barthélemy-Thimonnier, Lognes, 77437 Marne-la-Vallée Cedex 2 - **Internet :** onisep.fr/lalibrairie - **Relations clients :** service_clients@onisep.fr - **Code de diffusion Onisep :** 901179 - **ISSN :** 1249-5662 - **ISBN :** 978-2-273-011792 - **Publicité > MISTRAL MEDIA :** 365, rue de Vaugirard, 75015 Paris Tel : 01 40 02 99 00 - **Contacts :** Directeur général : Luc lehéricy, luc.lehericy@mistralmedia.fr - Directeur commercial : Vivian Favro, Vivian.favro@mistralmedia.fr - **Plan de classement Onisep :** ENS 4660 00 - Le kiosque : Enseignement supérieur - **Dépôt légal :** août 2013.

SOMMAIRE

FICHE GÉNÉRALE

OBJECTIFS ET DÉBOUCHÉS

Le baccalauréat professionnel est un diplôme national qui donne une qualification reconnue sur le marché de l'emploi pour travailler dans des entreprises de production ou de services.

Il existe une centaine de spécialités dont plusieurs offrent des options, couvrant tous les secteurs professionnels. Chaque spécialité de bac pro est définie par un référentiel d'activités professionnelles et par un référentiel de certification définissant les unités du diplôme. L'enseignement s'appuie sur un métier et comprend des périodes de formation en entreprise.

Le bac pro a pour premier objectif l'insertion professionnelle mais il permet aussi l'accès à l'enseignement supérieur, principalement en BTS.

ACCÈS ET MODALITÉS

L'accès en bac pro se fait soit après la classe de 3e, soit après un CAP ou encore après une 2de ou une 1re générale ou technologique sur avis de l'équipe pédagogique.

C'est en fin de 3e, lors des vœux d'orientation, que les élèves choisissent leur spécialité de bac pro. Les diplômés d'un CAP obtenu à la session précédant l'inscription peuvent poursuivre leur formation vers le baccalauréat professionnel en 2 ans, dans une spécialité en cohérence avec celle du diplôme obtenu. Ils intègrent alors la classe de 1re professionnelle.

La formation se déroule en lycée professionnel, en lycée professionnel agricole ou maritime (public ou privé) ou par l'apprentissage en centre de formation d'apprentis (CFA), public ou privé, ou en section d'apprentissage (SA). Les bacs pro des domaines de la mécanique, de l'électricité, de l'électronique et des services aux personnes représentent à elles eux seules près de 50 % des bacs pro en apprentissage. Suivre la formation par l'apprentissage est un atout pour s'insérer dans le monde du travail. Le bac pro peut aussi se préparer à distance (essentiellement pour les bacs pro agricoles et maritimes), en formation professionnelle continue pour les adultes engagés dans la vie professionnelle ou par la validation des acquis de l'expérience (VAE). Toute personne ayant exercé une activité bénévole ou salariée pendant au moins 3 ans dans le champ du diplôme peut demander à faire valider les acquis de son expérience (tout ou partie).

DURÉE ET PROGRAMME

Le cycle de préparation au bac pro, constitué des classes de 2de, 1re et terminale professionnelles, dure **3 ans**. Il comporte une importante période de formation en milieu professionnel qui est généralement de **22 semaines**.

Les élèves suivent au maximum 8 heures d'activités par jour et 35 heures d'enseignement par semaine.

Pour les apprentis, la durée de la formation en CFA est au moins égale à 1 850 heures pour un contrat de 3 ans. Elle ne peut être inférieure à 1 350 heures pour un contrat de 2 ans et à 675 heures pour un contrat d'1 an.

Pour les candidats de la formation professionnelle continue, la durée de la formation est égale à au moins 600 heures pour les titulaires d'un diplôme ou titre de niveau IV (ou ayant accompli la scolarité complète y conduisant), d'au moins 1 100 heures pour les titulaires d'un diplôme ou titre de niveau V (ou ayant accompli la scolarité complète y conduisant) et d'au moins 1 350 heures pour les autres candidats.

La durée de la formation peut être réduite ou allongée par une procédure de **positionnement**, en fonction des diplômes, des études ou de l'expérience professionnelle du candidat.

La formation comprend :

- des enseignements généraux identiques pour tous les élèves (arts appliqués-cultures artistiques, EPS, français, histoire-géographie, éducation à la citoyenneté, langue(s) vivante(s), mathématiques, sciences physiques et chimiques ;
- des enseignements professionnels et des enseignements généraux liés à la spécialité. Sur un total de 31 à 32 heures hebdomadaires d'enseignement, les enseignements professionnels (17 heures par semaine en moyenne) occupent plus de la moitié de l'emploi du temps ;
- des périodes de formation en milieu professionnel (PFMP) de 22 semaines en règle générale, réparties sur les 3 années, incluant celles nécessaires à la validation du diplôme de niveau V. Pour certaines (rares) spécialités, elles peuvent être réduites ou augmentées et s'étendre de 12 à 26 semaines ;

• un accompagnement personnalisé proposé sous la forme d'une aide individualisée, de soutien, de tutorat, de modules de consolidation ou de toute aide pédagogique. Dès l'entrée en 2de professionnelle, les élèves bénéficient aussi, autant que possible avec leurs parents, d'un **entretien personnalisé d'orientation** avec le professeur principal. L'objectif est d'aider l'élève à se situer dans son parcours de formation et dans ses objectifs professionnels. L'entretien sert notamment à repérer au plus vite les difficultés pour mettre en place l'accompagnement personnalisé nécessaire (démarches documentaires, entretien d'orientation approfondi avec le conseiller d'orientation-psychologue...) ;

• des projets pluridisciplinaires à caractère professionnel (PPCP), projets collectifs et pluridisciplinaires visant à l'acquisition de connaissances et de savoir-faire en situation professionnelle.

Grilles horaires

Chaque spécialité de bac pro est rattachée à une des trois grilles horaires de référence, suivant qu'il s'agit d'un bac pro du domaine des services, de la production ou de l'agriculture. Le rattachement à l'une des trois grilles horaires est précisé dans chaque arrêté de spécialité.

> Enseignements et horaires en bacs pro du secteur des services

Les élèves ayant opté pour les bacs pro commerce, comptabilité, logistique, secrétariat, sécurité-prévention, services de proximité et vie locale, vente ou transport suivent un enseignement général de langue vivante 2 (LV2).

Enseignements professionnels et enseignements généraux liés à la spécialité	Horaires hebdomadaires moyens*
Enseignements professionnels	13 h 45 environ
Prévention-santé-environnement	1 h
Français et/ou mathématiques et/ou langue vivante et/ou arts appliqués	1 h 45 environ
Enseignements généraux	
Français, histoire-géographie, éducation à la citoyenneté	4 h 30
Mathématiques	2 h environ
Langues vivantes 1 et 2	4 h environ
Arts appliqués-cultures artistiques	1 h
EPS	2 h ou 3 h
Total horaires hebdomadaires	31 h environ
Accompagnement personnalisé	2 h 30

* Ces horaires, donnés à titre indicatif, peuvent varier d'un établissement et d'une année à l'autre.

> Enseignements et horaires en bacs pro du secteur de la production

Les élèves ayant opté pour les bacs pro du secteur de la production suivent un enseignement général de sciences physiques et chimiques.

Enseignements professionnels et enseignements généraux liés à la spécialité	Horaires hebdomadaires moyens *
Enseignements professionnels	13 h 45 environ
Économie-gestion	1 h
Prévention-santé-environnement	1 h
Français et/ou mathématiques et/ou langue vivante et/ou sciences physiques et chimiques et/ou arts appliqués	1 h 45 environ
Enseignements généraux	
Français, histoire-géographie, éducation à la citoyenneté	4 h 30
Mathématiques, sciences physiques et chimiques	4 h environ
Langue vivante	2 h environ
Arts appliqués-cultures artistiques	1 h
EPS	2 h ou 3 h
Total horaires hebdomadaires	32 h environ
Accompagnement personnalisé	2 h 30

* Ces horaires, donnés à titre indicatif, peuvent varier d'un établissement et d'une année à l'autre.

> Enseignements et horaires en bacs pro agricoles

Enseignements généraux	2de professionnelle	1re et terminale pro
Français	2 h	2 h
Documentation	-	30 min
Langue vivante	2 h	1 h 45
Histoire-géographie*	1 h	1 h 30 à 2 h 15**
Éducation socioculturelle	1 h ou 2 h 30**	1 h 30 ou 2 h 30**
EPS	2 h	2 h
Mathématiques	2 h	2 h à 2 h 30**
Informatique	1 h	30 min à 1 h 15**

Biologie-écologie	30 min à 2 h	1 h 45 à 3 h 45**
Physique-chimie	1 h à 2 h 30 (1)	1 h 15 à 5 h 15**
Sciences économiques, sociales et de gestion	1 à 2 h 30**	1 h à 4 h**
Enseignements professionnels	8 h à 11 h 30**	4 h 30 à 10 h 45**
Enseignement à l'initiative de l'établissement	3 h	2 h
Activités pluridisciplinaires	1	2 h

* Dont éducation civique, juridique et sociale en classes de 1re et de terminale.

** Suivant les spécialités.

La formation au baccalauréat agricole comprend, en plus des enseignements :

- un stage collectif pour l'éducation à la santé et au développement durable (1 semaine en 2de pro) ;
- des travaux pratiques renforcés (chantier école) ;
- une mise à niveau des élèves (1 semaine en 2de pro) ;
- des périodes de formation en milieu professionnel (18 à 22 semaines dont 4 à 6 semaines en 2de pro).

Enseignements généraux

> Arts appliqués-cultures artistiques

Le programme vise à développer une culture artistique, la sensibilité au design d'espace, design de produits, design graphique. Les élèves réalisent des productions graphiques et plastiques personnelles à partir d'observations et de recherches. L'histoire des arts concerne six domaines artistiques : les arts de l'espace, les arts du langage, les arts du quotidien, les arts du son, les arts du spectacle vivant et les arts du visuel. La période couverte s'étend du XVIe siècle à nos jours.

> Éducation physique et sportive (EPS)

Les activités physiques proposées sont retenues parmi la liste nationale des activités (suivant le projet d'établissement).

> Français

En français, la maîtrise de la langue orale et écrite, les compétences en lecture, expression orale et écriture, la construction de l'identité culturelle sont transversales aux différents thèmes d'études abordés en 2de, 1re et terminale. Les activités de lecture sont nombreuses et s'appuient sur des textes littéraires relevant des différents genres (roman, nouvelle, théâtre, poésie, essai, lecture d'images fixes ou en mouvement). Toutes les formes de lecture sont au programme : œuvre intégrale, extraits de textes, lecture cursive, personnelle ou documentaire. L'expression orale est pratiquée individuellement et collectivement (exposé, entretien, interview, débat d'idées). Les pratiques d'écriture sont variées : écrit de travail et de mémorisation, écriture personnelle, écriture à partir de contraintes et de déclencheurs, écriture de commentaires, écriture d'argumentations (justification, réfutation, délibération).

> Histoire-géographie, éducation civique

Le programme d'histoire couvre les périodes du XVIe au XXe siècles. En 2de, il porte sur l'histoire européenne des humanistes, des découvreurs, des colonisateurs et des révolutionnaires. En 1re, il aborde l'histoire politique et sociale en France aux XIXe et XXe siècles. En terminale, les élèves étudient le rôle des États-Unis, la puissance européenne, l'apparition géopolitique des pays du Sud et les grands enjeux du temps présent.

La géographie vise à mieux comprendre le monde à travers l'étude des territoires. Les élèves étudient le développement durable, les enjeux environnementaux, les relations entre les États, la mondialisation, et le positionnement de la France et de l'Union européenne.

En éducation civique, le programme est organisé en trois parties : vivre en citoyen (droits civils, politiques, économiques et sociaux), le citoyen et la République (les institutions de la République et les différents niveaux d'exercice de la souveraineté), le citoyen et le monde.

> Langues vivantes

L'apprentissage des langues vivantes s'ancre dans les différents environnements professionnels des bacs pro. Il prépare aussi à la mobilité européenne et internationale. Le programme se compose de cinq modules d'enseignement - avec évaluation distincte - correspondant aux cinq compétences en langues définies par le CECRL (Cadre européen commun de référence pour les langues) : compréhension de l'oral, expression orale en continu, expression orale en interaction, compréhension de l'écrit, expression écrite.

Dans le cadre de référence du CECRL, l'objectif visé pour la LV1 à la fin du cursus du bac pro est le niveau B2 et le niveau B1+ dans les cinq activités langagières pour la validation de l'unité langues vivantes du diplôme. Pour la LV2, l'objectif visé est le niveau A2 en 1re et le niveau B1 en terminale.

Les élèves admis dans une section européenne suivent les cours d'une discipline générale ou professionnelle dans une langue étrangère. En lycée professionnel, il existe des sections européennes en anglais, allemand, espagnol et italien. Généralement, les élèves partent en stage à l'étranger en terminale.

> Mathématiques et sciences physiques et chimiques

Les enseignements de mathématiques et de sciences physiques et chimiques sont par nature complémentaires.

Les élèves développent des connaissances scientifiques (statistique à une variable, notion de fonction, résolution d'un problème du premier degré, géométrie, fluctuations d'une fréquence selon les échantillons, probabilités) et appliquent par l'expérimentation et les travaux pratiques. L'utilisation de l'outil informatique (ordinateur, calculatrice) est privilégié.

Développement durable, prévention, santé et sécurité, évolution des sciences et techniques, vie sociale et loisirs, vie économique et professionnelle font partie des thématiques pouvant être étudiées en mathématiques. Un module complémentaire est aussi possible en vue d'une poursuite d'études en BTS.

Le programme de sciences physiques et chimiques est organisé autour de quatre à cinq thèmes favorisant l'investigation : transports ; confort dans la maison et l'entreprise (domotique, développement durable) ; hygiène et santé ; son et lumière (signal sonore, imagerie numérique).

À l'acquisition de ces notions s'ajoute le travail expérimental permettant aux élèves d'exécuter un protocole expérimental, de réaliser un montage à partir d'un schéma ou d'un document technique, d'utiliser des appareils de mesure et d'acquisition de données...

> Prévention-santé-environnement

L'enseignement de prévention-santé-environnement est dispensé et évalué par les professeurs de biotechnologies-santé-environnement. Le programme est organisé en modules, par classe.

Santé et équilibre de vie, alimentation et santé, sexualité et prévention, conduites addictives sont les thématiques développées en 2de puis en 1re et surtout en terminale où le programme est axé sur la prévention dans l'entreprise (risques, accidents du travail et maladies professionnelles).

EXAMEN

L'examen comporte **sept épreuves obligatoires** (dont trois épreuves professionnelles et quatre générales) et **une épreuve facultative** pour certains bacs pros. La formation en milieu professionnel est prise en compte à l'examen.

Au cours du cycle du bac pro, les élèves se présentent à une **certification (ou diplôme) intermédiaire**. Il s'agit d'un CAP (ou CAPA) ou d'un BEP (ou BEPA) suivant les spécialités. La présentation à la certification intermédiaire, obligatoire pour les élèves sous statut scolaire, est facultative pour les apprentis. L'obtention de la certification intermédiaire n'est pas un préalable à celle du bac pro. Elle permet aux jeunes de se situer dans l'acquisition de leurs compétences professionnelles en cours de formation. Les élèves intégrant directement la classe de 1re professionnelle ne présentent pas de certification intermédiaire.

Les épreuves générales du bac pro

> Bacs pro de l'Éducation nationale

Épreuves	Durée	Nature	Coeff.
E 4 Épreuves de langues vivantes			
Épreuve de LV1			
Bacs pro secteur production	20 min**	CCF, orale	2
Bacs pro secteur services			1
Bac pro cuisine, commercialisation et services en restauration			3
Épreuve de LV2			
Bacs pro secteur services	15 min	CCF, orale	2
E 5 Épreuve de français, histoire-géographie, éducation civique			5
Sous-épreuve E51 : français	2 h 30	Écrite	2,5
Sous-épreuve E52 : histoire-géographie - éducation civique	2 h	Écrite	2,5
E 6 Épreuve d'arts appliqués et cultures artistiques	CCF		1
E 7 Épreuve d'éducation physique et sportive	CCF		1
Épreuve facultative			
Langue vivante 2*	20 min**	Oral	-

CCF : contrôle continu en cours de formation

* La langue vivante choisie au titre de l'épreuve facultative est obligatoirement différente de celle choisie au titre de l'épreuve obligatoire. Les langues proposées aux épreuves de LV1 et LV2 sont : allemand, anglais, arabe littéraire, arménien, cambodgien, chinois, danois, espagnol, finnois, grec, hébreu, italien, japonais, néerlandais, norvégien, persan, polonais, portugais, russe, suédois, turc, vietnamien. Uniquement en LV2 : basque, breton, catalan, corse, créole, langues mélanésiennes, langue d'Oc et tahitien.

** Dont 5 min de préparation.

> Bacs pro agricoles

Épreuves	Nature	Coeff.
E 1 - Langue française, langages, éléments d'une culture humaniste et compréhension du monde		
Identifier les principaux enjeux de la communication médiatisée et interpersonnelle		
Exploiter une recherche d'informations en réponse à un besoin professionnel, social ou culturel	CCF	1
Utiliser des techniques et des références littéraires, culturelles ou artistiques pour s'exprimer		
Argumenter un point de vue		2
Interpréter des faits ou événements sociaux du monde actuel à l'aide des outils de l'histoire et de la géographie	Terminale	1
E 2 - Langue et cultures étrangères		
Communiquer dans une langue étrangère dans les situations courantes de la vie professionnelle	CCF	1
E 3 - Motricité, santé et socialisation par la pratique des APSAES (activités physiques, sportives, artistiques et d'entretien de soi)		
Développer sa motricité	CCF	1
E 4 - Culture scientifique et technologique		
Résoudre des problèmes en mobilisant des outils et des raisonnements mathématiques	Terminale	1,5
Utiliser les technologies de l'information et de la communication de manière raisonnée et autonome		
Expliquer des faits scientifiques à l'aide des outils et des raisonnements de la physique et de la chimie	CCF	2,5
Expliquer des enjeux liés au monde du vivant		

Modalités de l'examen

Les **candidats scolaires** (établissements publics et privés sous contrat) de la formation professionnelle continue et les **apprentis** passent au moins trois (des sept) épreuves obligatoires par **CCF** (contrôle continu en cours de formation) **et au moins une épreuve sous forme ponctuelle** (terminale).

Une évaluation ponctuelle terminale peut prendre en compte une partie des résultats des travaux réalisés au cours de la formation. Les candidats scolaires et les apprentis passent obligatoirement les épreuves lors d'une seule session (forme globale).

Les **candidats de la formation professionnelle continue** (public et privé sous contrat) peuvent être évalués intégralement par CCF.

Les autres candidats (des établissements privés hors contrat, de la formation professionnelle continue en établissements privés, de l'apprentissage en centres de formation non habilités, de l'enseignement à distance et ceux se présentant au titre de leur expérience professionnelle) passent l'ensemble des épreuves par examen terminal.

Les candidats ayant préparé le bac pro par la formation professionnelle continue, à distance, et ceux se présentant au titre de la VAE choisissent, au moment de leur inscription, de présenter le diplôme sous sa forme globale (une seule session) ou progressive (sur plusieurs sessions). Leur choix est définitif.

Des **dispenses d'épreuves ou d'unités** du bac pro peuvent être accordées aux candidats déjà titulaires de certains titres ou diplômes.

Les candidats en situation de handicap qui en ont besoin bénéficient d'aménagements pour passer les épreuves (aides humaines et techniques, tiers de temps supplémentaire). Ils ont aussi le droit d'étaler le passage des épreuves sur la session normale et les épreuves de remplacement ou d'étaler le passage des épreuves sur plusieurs sessions annuelles consécutives. La demande d'aménagements d'épreuves est à effectuer auprès du médecin désigné par la CDAPH (commission des droits et de l'autonomie des personnes handicapées).

Les candidats handicapés auditifs, ainsi que ceux présentant une déficience du langage et de la parole, peuvent être dispensés, à leur demande, de l'épreuve obligatoire de **LV2**.

Ceux qui ne peuvent se présenter à l'épreuve d'EPS pour une raison de santé en sont dispensés à condition de produire un certificat délivré par un médecin scolaire.

Peuvent aussi être dispensés de l'épreuve d'EPS, à leur demande, les candidats de la formation professionnelle continue et ceux titulaires d'un diplôme ou titre de niveau V ayant accompli 3 ans d'activités professionnelles dans un emploi de niveau au moins égal à celui d'un ouvrier ou d'employé qualifié et dans un domaine professionnel en rapport avec la finalité du diplôme postulé.

Le **diplôme** est délivré aux candidats qui ont présenté l'ensemble des unités constitutives du diplôme (sauf dispenses accordées) et qui ont obtenu une moyenne générale supérieure ou égale à 10/20 à l'ensemble des épreuves affectées de leur coefficient ou à l'issue de l'épreuve de contrôle. Les points supérieurs à 10/20 obtenus à l'épreuve facultative sont pris en compte pour le calcul de la moyenne générale. Le jury prend aussi en considération le livret scolaire ou de formation des candidats pour l'attribution du diplôme.

Le diplôme du bac pro délivré au candidat comporte les **mentions** assez bien (moyenne comprise entre 12 et 14/20), bien (moyenne comprise entre 14 et 16/20) et très bien (moyenne égale ou supérieure à 16/20). Les candidats ayant été admis à l'issue de l'épreuve de contrôle (épreuve de « rattrapage ») ne peuvent obtenir de mention.

L'indication **« section européenne »** suivie de la désignation de la langue concernée est également portée sur le diplôme.

Les candidats dont la moyenne générale est inférieure à 8/20 sont ajournés. Ils reçoivent, s'ils ont obtenu pour l'ensemble des épreuves mentionnées une moyenne générale au moins égale à 8/20, un **certificat de fin d'études professionnelles secondaires**. Ils peuvent repasser leur diplôme dès l'année suivante.

Les candidats qui ont obtenu une moyenne générale comprise entre 8/20 et 10/20 et une note au moins égale à 10/20 à l'épreuve d'évaluation de la pratique professionnelle peuvent présenter l'épreuve de contrôle. Celle-ci consiste en deux interrogations orales de 15 minutes (+ 15 minutes de préparation). La première interrogation porte sur les connaissances et compétences scientifiques et techniques (évaluées dans l'épreuve E1 du règlement d'examen), la seconde sur les connaissances et capacités en français, histoire et géographie (évaluées dans l'épreuve E5). Pour chaque partie de l'épreuve, le candidat traite un sujet tiré au sort.

Les candidats obtenant une note au moins égale à 10/20 à l'issue de l'épreuve de contrôle sont diplômés du bac pro. Cette note correspond à la moyenne entre la note obtenue à l'épreuve de contrôle et la note moyenne obtenue aux épreuves de l'examen.

Tous les candidats peuvent bénéficier de la conservation des notes pendant une durée de 5 ans, à compter de leur obtention (le diplômé peut demander la délivrance d'attestations de réussite aux épreuves auprès de son rectorat).

Ainsi, les candidats de la voie scolaire et de l'apprentissage souhaitant repasser le diplôme peuvent demander à conserver le bénéfice des notes supérieures ou égales à 10/20 déjà obtenues. Ils présentent alors l'ensemble des unités non détenues. Dans ce cas, ils doivent présenter de nouveau l'examen en une seule session. Le calcul de la moyenne générale s'effectue sur la base des notes conservées et des notes obtenues aux évaluations de nouveau présentées.

Une **session de remplacement** peut être organisée pour les candidats qui, pour cas de force majeure, n'ont pu se présenter à toutes ou une partie des épreuves de la session normale de l'examen (excepté pour les épreuves d'EPS et les épreuves facultatives).

En 2012, le taux de réussite à l'examen est de 78 % pour l'ensemble des spécialités du bac pro (détail pour chaque spécialité de bac pro à la session, lire p. 12).

INSERTION PROFESSIONNELLE ET POURSUITE D'ÉTUDES

La plupart des diplômés s'insèrent sur le marché directement après leur diplôme. En janvier 2011, 75 % des apprentis de niveau IV (bac pro, brevet de technicien, brevet professionnel, brevet de maîtrise) étaient en emploi 7 mois après leur sortie de formation contre 57 % des scolaires.

Les spécialités moteurs et mécanique automobile ou de précision, coiffure-esthétique, transport-logistique, sanitaires et social sont celles qui permettent la meilleure insertion trois ans après l'obtention du diplôme. Pour les diplômés en secrétariat, commerce et comptabilité, l'entrée sur le marché du travail est plus difficile étant donné que les entreprises leurs préfèrent des diplômés de niveau bac + 2.

Des poursuites d'études sont également possibles, principalement en BTS (ou BTSA). À la rentrée 2011, les bacheliers professionnels représentaient 21,7 % de l'ensemble des bacheliers inscrits en 1re année de BTS. L'accès en BTS est sélectif et se fait sur dossier scolaire. Ceux qui ont obtenu une mention bien ou très bien à leur diplôme sont admis de droit en BTS du même domaine à la rentrée suivante. Selon les statistiques de la procédure admission postbac (APB), la majorité des bacheliers ont obtenu le BTS qu'ils souhaitaient, notamment dans les secteurs industriels et commerciaux.

Pour favoriser la réussite des bacheliers professionnels dans l'enseignement supérieur, des dispositifs sont mis en place en terminale professionnelle et, dans certains BTS, un accompagnement et un soutien personnalisé est prévu.

Après leur diplôme, les diplômés peuvent passer

les concours des secteurs sanitaires et sociaux.

D'autres poursuites d'études sont aussi possibles :

- en diplôme des métiers d'art (DMA) en 2 ans pour les bacheliers professionnels en artisanat et métiers d'art (avec un bon dossier) ;
- en mention complémentaire (MC) pour se spécialiser dans son domaine professionnel (1 an) en lycée professionnel ou en CFA ;
- en formation complémentaire d'initiative locale (FCIL) en lycée professionnel ou en école privée (1 à 3 ans) ;
- en certificat de spécialisation du secteur agricole (1 an) ;
- en école spécialisée, les bacheliers professionnels sont rares. Quelques-uns intègrent des écoles d'arts, de commerce ou de comptabilité ou passent les concours des secteurs sanitaires et sociaux.
- en classes prépa. Seules 3 CPGE accueillent des bacheliers professionnels pour les préparer, en 3 ans, aux concours des écoles de commerce (Strasbourg, Marseille) ou des écoles d'ingénieurs (TSI à Montceau-les-Mines).

L'université reste quant à elle un choix très risqué (moins de 5 % des diplômés obtiennent une licence) car les bacheliers professionnels ne sont pas préparés pour suivre ces cursus. Cependant, certaines universités proposent un accompagnement personnalisé et des cours de rattrapage en français, en anglais ou en mathématiques.

À noter : l'école Vaucanson, sur les sites en Ile-de-France et en Bretagne, recrute des bacheliers professionnels pour préparer une licence puis un master de management ou d'ingénierie industrielle en alternance.

Les sites de référence

- Organisation du baccalauréat professionnel : http://eduscol.education.fr
- Référentiels des diplômes professionnels : http://www2.cndp.fr/outils-doc
- Centre d'études et de recherche sur les métiers et les qualifications : http://www.cereq.fr
- Baccalauréats professionnels agricoles : http://agriculture.gouv.fr/enseignementagricole
- Répertoire national des formations professionnelles : http://www.rncp.cncp.gouv.fr/.

LES DONNÉES STATISTIQUES SONT EXTRAITES DE :

Repères et références statistiques RERS 2012, ministère de l'Éducation nationale, www.education.gouv.fr

« Les bacheliers professionnels dans l'enseignement supérieur », *Note d'information*, n° 12.04, juin 2012, ministère de l'Enseignement supérieur et de la Recherche, www.education.gouv.fr

« S'insérer à la sortie de l'enseignement secondaire », *Bref*, n° 303, décembre 2012, Céreq, www.cereq.fr

RÉUSSITE À L'EXAMEN POUR LA SESSION 2012

BAC PRO	SCOLAIRE			APPRENTISSAGE		
	Présents	Admis	Taux de réussite	Présents	Admis	Taux de réussite
001 Accompagnement, soins et services à la personne option A : à domicile	1re session d'examen en 2014					
002 Accompagnement, soins et services à la personne option B : en structure	1re session d'examen en 2014					
003 Accueil - relation clients et usagers	5 760	4 338	75 %	573	500	87 %
004 Aéronautique option avionique	1re session d'examen en 2016					
005 Aéronautique option structure	1re session d'examen en 2016					
006 Aéronautique option systèmes	1re session d'examen en 2016					
007 Agencement de l'espace architectural	1re session d'examen en 2014					
008 Agroéquipement	937	721	77 %	215	149	69 %
009 Aménagement et finition du bâtiment	1 287	1019	79 %	124	104	83 %
010 Aménagements paysagers	3 649	3 133	86 %	1 562	1 316	84 %
011 Artisanat et métiers d'art option arts de la pierre	50	48	96 %	Pas de candidats		
012 Artisanat et métiers d'art option communication visuelle plurimédia	1re session d'examen en 2014					
013 Artisanat et métiers d'art option ébéniste	557	454	81 %	11	9	82 %
014 Artisanat et métiers d'art option marchandisage visuel	172	150	87 %	Pas de candidats		
015 Artisanat et métiers d'art option métiers de l'enseigne et de la signalétique	57	48	84 %	10	7	70%
016 Artisanat et métiers d'art option tapisserie d'ameublement	319	264	83 %	Pas de candidats		
017 Artisanat et métiers d'art option verrerie scientifique et technique	13	7	54 %	Pas de candidats		
018 Aviation générale	1re session d'examen en 2016					
019 Bio-industries de transformation	742	580	78 %	133	121	91 %
020 Boucher charcutier traiteur	94	75	80 %	40	35	87 %
021 Boulanger pâtissier	1241	1122	90 %	238	210	88 %
022 Commerce	23 006	18 666	81 %	4 763	3 740	78 %
023 Commercialisation et services en restauration	1re session d'examen en 2014					
024 Conducteur transport routier marchandises	1re session d'examen en 2013					
025 Conduite et gestion de l'entreprise hippique	1re session d'examen en 2014					
026 Conduite et gestion de l'exploitation agricole option systèmes à dominante cultures	881	691	78 %	277	191	69 %

BAC PRO	SCOLAIRE			APPRENTISSAGE		
	Présents	Admis	Taux de réussite	Présents	Admis	Taux de réussite
027 Conduite et gestion de l'exploitation agricole option systèmes à dominante élevage	5 008	3 953	79 %	545	384	70 %
028 Conduite et gestion de l'exploitation agricole option vigne et vin	467	350	75 %	177	109	62 %
029 Conduite et gestion des entreprises maritimes option commerce	Pas de statistiques disponibles					
030 Conduite et gestion des entreprises maritimes option pêche	Pas de statistiques disponibles					
031 Conduite et gestion des entreprises maritimes option plaisance professionnelle	Pas de statistiques disponibles					
032 Conduite et gestion d'une entreprise du secteur canin et félin	656	580	88 %	66	60	91 %
033 Construction des carrosseries	39	29	74 %	5	4	80 %
034 Cuisine	1re session d'examen en 2014					
035 Cultures marines	Pas de statistiques disponibles					
036 Électromécanicien marine	Pas de statistiques disponibles					
037 Électrotechnique, énergie, équipements communicants	18 169	13 121	72 %	2 696	2 137	79 %
038 Environnement nucléaire	71	69	97 %	28	26	93 %
039 Esthétique cosmétique parfumerie	2 664	2 366	89 %	23	21	91 %
040 Étude et définition de produits industriels	772	533	69 %	8	8	100 %
041 Façonnage de produits imprimés, routage	1re session d'examen en 2014					
042 Fonderie	38	34	89 %	13	10	77 %
043 Forêt	1re session d'examen en 2013					
044 Gestion des milieux naturels et de la faune	1 176	1 067	91 %	30	27	90 %
045 Gestion des pollutions et protection de l'environnement	1re session d'examen en 2016					
046 Gestion-administration	1re session d'examen en 2015					
047 Hygiène, propreté, stérilisation	1re session d'examen en 2016					
048 Interventions sur le patrimoine bâti	63	51	81 %	19	19	100 %
049 Laboratoire contrôle qualité	552	468	85 %	Pas de candidats		
050 Logistique	2 501	2 045	82 %	682	592	87 %
051 Maintenance de véhicules automobiles option motocycles	717	572	80 %	308	253	82 %
052 Maintenance de véhicules automobiles option véhicules industriels	793	578	73 %	444	344	77 %
053 Maintenance de véhicules automobiles option voitures particulières	6 011	4 395	73 %	2 982	2 313	78 %

BAC PRO	SCOLAIRE			APPRENTISSAGE		
	Présents	Admis	Taux de réussite	Présents	Admis	Taux de réussite
054 Maintenance des équipements industriels	7 670	5 311	69 %	1 322	1 131	86 %
055 Maintenance des matériels option A agricoles	735	601	82 %	352	253	72 %
056 Maintenance des matériels option B travaux publics et manutention	652	504	77 %	265	204	77 %
057 Maintenance des matériels option C parcs et jardins	228	157	69 %	133	99	74 %
058 Maintenance nautique	532	378	71 %	78	63	81 %
059 Métiers de la mode - vêtements	4 293	3 623	84 %	28	25	89 %
060 Métiers du cuir option chaussures	10	9	90 %	Pas de candidats		
061 Métiers du cuir option maroquinerie	181	146	81 %	16	16	100 %
062 Métiers du pressing et de la blanchisserie	41	29	71 %	Pas de candidats		
063 Microtechniques	643	519	81 %	24	20	83 %
064 Optique lunetterie	123	119	97 %	33	29	88 %
065 Ouvrages du bâtiment : aluminium, verre et matériaux de synthèse	499	372	74 %	75	59	79 %
066 Ouvrages du bâtiment : métallerie	571	407	71 %	43	38	88 %
067 Perruquier posticheur	24	21	87 %	Pas de candidats		
068 Photographie	546	476	87	Pas de candidats		
069 Pilote de ligne de production	1re session d'examen en 2016					
070 Plastiques et composites	480	349	73	82	73	89
071 Poissonnier écailler traiteur	Pas de candidats			9	6	67
072 Procédés de la chimie, de l'eau et des papiers-cartons	1re session d'examen en 2016					
073 Production graphique	986	791	80 %	183	156	85 %
074 Production imprimée	523	395	75 %	131	116	88 %
075 bac pro Productions aquacoles	239	194	81 %	Pas de candidats		
076 Productions horticoles	1re session d'examen en 2013					
077 Productique mécanique option décolletage	51	36	71 %	8	6	75 %
078 Prothèse dentaire	131	105	80 %	127	112	88 %
079 Réparation des carrosseries	1 556	1 177	76 %	619	475	77 %
080 Sécurité - prévention	837	799	95 %	Pas de candidats		
081 Services aux personnes et aux territoires	1re session d'examen en 2014					
082 Services de proximité et vie locale	2 839	2 664	94 %	18	16	89 %
083 Systèmes électroniques numériques	8 597	6 324	81 %	345	291	84 %
084 Technicien conseil vente de produits de jardin	488	388	79 %	35	30	86 %

BAC PRO	SCOLAIRE			APPRENTISSAGE		
	Présents	Admis	Taux de réussite	Présents	Admis	Taux de réussite
085 Technicien conseil vente en alimentation option produits alimentaires	911	707	78 %	115	96	83 %
086 Technicien conseil vente en alimentation option vins et spiritueux	93	73	78 %	4	4	100 %
087 Technicien conseil vente en animalerie	1 007	826	82 %	151	132	87 %
088 Technicien constructeur bois	890	675	76 %	140	125	89 %
089 Technicien de fabrication bois et matériaux associés	523	372	71 %	36	27	75 %
090 Technicien de maintenance des systèmes énergétiques et climatiques	1 629	1 181	72 %	420	352	84 %
091 Technicien de scierie	24	20	83 %	7	2	29 %
092 Technicien d'études du bâtiment option A : études et économie	2 412	1 820	75 %	116	92	79 %
093 Technicien d'études du bâtiment option B : assistant en architecture	1 190	1 020	86 %	41	37	90 %
094 Technicien du bâtiment : organisation et réalisation du gros œuvre	1 688	1 269	75 %	335	278	83 %
095 Technicien du froid et du conditionnement de l'air	1 639	1 200	73 %	168	134	80 %
096 Technicien d'usinage	2 777	2 014	72 %	678	580	85 %
097 Technicien en chaudronnerie industrielle	1 989	1 460	73 %	1 125	904	80 %
098 Technicien en expérimentation animale	1re session d'examen en 2014					
099 Technicien en installation des systèmes énergétiques et climatiques	2 378	1 807	76 %	493	372	75 %
100 Technicien géomètre - topographe	832	635	76 %	75	67	89 %
101 bac pro Technicien menuisier - agenceur	3 285	2 505	76 %	255	196	77 %
102 Technicien modeleur	84	69	82 %	Pas de candidats		
103 Technicien outilleur	274	202	74 %	82	72	88 %
104 Traitements de surfaces	37	29	78 %	Pas de candidats		
105 Transport	1 100	873	79 %	65	57	88 %
106 Transport fluvial	1re session d'examen en 2015					
107 Travaux publics	833	657	79 %	442	390	88 %
108 Vente (prospection, négociation, suivi de clientèle)	7 857	6322	80 %	130	119	91 %

Données statistiques de la direction de l'évaluation, de la prospective et de la performance (DEPP)

LES BACS PROFESSIONNELS

001

ACCOMPAGNEMENT, SOINS ET SERVICES À LA PERSONNE

option A : à domicile

OBJECTIFS

Le bac pro accompagnement, soins et services à la personne option à domicile forme les élèves à aider des familles, des enfants, des personnes âgées et des personnes handicapées dans leur vie quotidienne. L'élève apprend à dispenser des soins d'hygiène et de confort (aide à la toilette, réfection du lit...), à préparer des repas tout en surveillant l'état de santé de la personne et à assurer l'hygiène de l'environnement de la personne (nettoyage des locaux, entretien du linge). Il acquiert des connaissances lui permettant de gérer les documents de la vie quotidienne (factures, demandes d'aides financières...). Lors de la formation, il se prépare également à élaborer un projet individualisé ou un projet de vie en collaboration avec la personne, son entourage et les spécialistes concernés. Les enseignements liés à la gestion et à l'organisation le rendent capable d'encadrer une petite équipe de professionnels. Enfin, la formation lui donne des compétences en animation, nécessaires pour conduire des activités de loisirs et proposer des aménagements, destinés à maintenir l'autonomie et la vie sociale de la personne.

DÉBOUCHÉS

Le bachelier peut travailler pour des employeurs particuliers comme au sein d'associations, de collectivités territoriales, d'entreprises, de structures d'accueil ou d'hébergement.

→ Exemples de métiers

Accompagnant(e) de personnes en situation de handicap, de dépendance

Accueillant(e) familial(e)

Assistant(e) responsable de secteur dans les services à la personne

Responsable de petites unités en domicile collectif

ACCÈS

Les accès sont décrits dans la fiche générale du bac professionnel p. 5.

PROGRAMME

Les enseignements généraux sont décrits dans la fiche générale du bac professionnel p. 5.

→ Enseignements professionnels

- Nutrition-alimentation : régimes alimentaires, comportements alimentaires, qualité des aliments.
- Services à l'usager : entretien de l'environnement de la personne, préparation des repas, gestion et organisation familiale (gestion du budget, des documents administratifs...).
- Ergonomie-soins : hygiène professionnelle, techniques de soins d'hygiène et de confort (aide à la toilette, habillage, aide à la prise de médicaments...).
- Animation-éducation à la santé : maintien de l'autonomie et de la vie sociale (activités en groupe), animation de réunions de travail.
- Sciences médico-sociales : personnes aux différentes étapes de la vie et réponses institutionnelles (politique de santé publique, besoins des personnes aux différents âges), méthodologie d'intervention (projet individualisé, éthique et déontologie, qualité, travail en équipe), communication professionnelle, gestion d'équipe.
- Biologie et microbiologie appliquée : système locomoteur, système immunitaire, maladies génétiques...

Sous statut scolaire, l'élève effectue des stages d'une durée totale de 22 semaines réparties sur les 3 années du bac pro. Ces stages doivent être effectués dans des lieux complémentaires en termes de publics accueillis et de types de structures, parmi lesquels : les structures sociales ou médico-sociales accueillant des personnes en situation de handicap ou des personnes âgées, les structures d'accueil collectif de la petite enfance (écoles maternelles, crèches...), le domicile privé de personnes, les structures ou associations d'aide à domicile, les services de soins infirmiers à domicile.

EXAMEN

Les épreuves générales sont décrites dans la fiche générale du bac professionnel p. 8.

Épreuves professionnelles

Pour les candidats de la voie scolaire dans un établissement public ou privé sous contrat, CFA ou section d'apprentissage habilités.

Épreuves	Durée	Mode	Coeff.
E 1 Épreuve scientifique et technique			7
Conduite d'un projet d'accompagnement		CCF	4
Mathématiques		CCF	1,5
Sciences physiques et chimiques		CCF	1,5
E 2 Épreuve technologique			4
Analyse de situation(s) professionnelle(s)	4 h	Écrit	4
E 3 Épreuve professionnelle			10
Accompagnement des actes de la vie quotidienne au domicile		CCF	4
Aménagement et équipement de l'espace privé		CCF	2
Économie-gestion		CCF	1
Organisation d'interventions au domicile		CCF	2
Prévention-santé-environnement		CCF	1

Le diplôme est délivré aux candidats qui ont obtenu une moyenne générale supérieure ou égale à 10/20 à l'ensemble des épreuves générales et technologiques.

→ Diplôme intermédiaire

Les élèves de ce bac pro se présentent obligatoirement aux épreuves du BEP accompagnement, soins et services à la personne (facultatif pour les apprentis).

POURSUITE D'ÉTUDES

Le bac pro a pour objectif l'insertion professionnelle mais, avec un très bon dossier ou une mention à l'examen, une poursuite d'études est envisageable en BTS. Son titulaire peut également préparer les concours d'accès à certaines formations sociales ou paramédicales.

→ Exemples

BTS économie sociale familiale

BTS services et prestations des secteurs sanitaire et social

Diplôme d'État d'aide médico-psychologique

Diplôme d'État d'aide-soignant

Diplôme d'État d'auxiliaire de puériculture

Diplôme d'État d'auxiliaire de vie sociale

Diplôme d'État de technicien de l'intervention sociale et familiale

EN SAVOIR PLUS

Nombre d'établissements préparant au diplôme : 265.

Nombre d'établissements préparant au diplôme en apprentissage : 4.

Les métiers des services à la personne, Onisep, coll. « Zoom », 2011.

002

ACCOMPAGNEMENT, SOINS ET SERVICES À LA PERSONNE

option B : en structure

OBJECTIFS

Le bac pro accompagnement, services et soins à la personne option en structure forme des élèves à aider, en structures collectives, dans les actes de la vie quotidienne, des personnes dépendantes. L'élève apprend à dispenser des soins d'hygiène et de confort (toilette, réfection du lit), à préparer les repas, tout en surveillant l'état de santé des personnes dont il a la charge, et à assurer l'hygiène des locaux et du matériel médical. Lors de la formation, il se prépare également à élaborer un projet individualisé en collaboration avec la personne, son entourage et les autres professionnels concernés. Les enseignements liés à la gestion et à l'organisation lui permettent d'acquérir les connaissances nécessaires pour gérer des stocks et des matériels, participer au contrôle et à la gestion de la qualité (prévention des risques professionnels notamment) et planifier ses activités.

Enfin, la formation lui donne des compétences en animation, indispensables pour concevoir et réaliser des activités destinées à maintenir l'autonomie des personnes et leur vie sociale, et pour conduire des actions d'éducation à la santé.

DÉBOUCHÉS

Le bachelier peut travailler au sein d'établissements sanitaires, sociaux ou médico-sociaux (hôpitaux, maisons de retraite, établissements de la petite enfance, centres de réadaptation, etc.).

→ Exemples de métiers

Accompagnant(e) de personnes en situation de handicap, de dépendance

Assistant(e) de soins

Intervenant(e) en structure d'accueil de la petite enfance

Responsable d'hébergement

Responsable de petites unités en domicile collectif

ACCÈS

Les accès sont décrits dans la fiche générale du bac professionnel p. 5.

PROGRAMME

Les enseignements généraux sont décrits dans la fiche générale du bac professionnel p. 5.

→ Enseignements professionnels

- Nutrition-alimentation : régimes alimentaires, comportements alimentaires, qualité des aliments.
- Services à l'usager : entretien de l'environnement de la personne, préparation des collations et des repas.
- Ergonomie-soins : hygiène professionnelle, techniques de soins d'hygiène et de confort (aide à la toilette, habillage, surveillance de l'état de santé de la personne, aide à la prise de médicaments...).
- Animation-éducation à la santé : conduite d'animations, actions d'éducation à la santé.
- Sciences médico-sociales : personnes aux différentes étapes de la vie et réponses institutionnelles (politique de santé publique, besoins des personnes aux différents âges), méthodologie d'intervention (bientraitance, projet individualisé, éthique et déontologie, qualité, travail en équipe), communication professionnelle.
- Biologie et microbiologie appliquée : système locomoteur, système immunitaire, maladies génétiques.

Sous statut scolaire, l'élève effectue des stages d'une durée totale de 22 semaines réparties sur les 3 années du bac pro. Ces stages doivent être effectués dans des lieux complémentaires en termes de publics accueillis et de types de structures, parmi lesquels : les établissements de santé (établissements de rééducation fonctionnelle, de réadaptation...), les structures médico-sociales ou sociales accueillant des personnes en situation de handicap ou des personnes âgées, les structures d'accueil collectif de la petite enfance (écoles maternelles, crèches...), les écoles élémentaires auprès d'accompagnants de jeunes en situation de handicap.

EXAMEN

Les épreuves générales sont décrites dans la fiche générale du bac professionnel p. 8.

Épreuves professionnelles

Pour les candidats de la voie scolaire dans un établissement public ou privé sous contrat, CFA ou section d'apprentissage habilités.

Épreuves	Durée	Mode	Coeff.
E 1 Épreuve scientifique et technique			7
Conduite d'un projet d'accompagnement		CCF	4
Mathématiques		CCF	1,5
Sciences physiques et chimiques		CCF	1,5
E 2 Épreuve technologique			4
Analyse de situation(s) professionnelle(s)	4 h	Écrit	4
E 3 Épreuve professionnelle			10
Conduite d'action d'éducation à la santé		CCF	2
Économie-gestion		CCF	1
Prévention-santé-environnement		CCF	1
Projet d'animation		CCF	2
Soins d'hygiène et de confort, de services à la personne en structure		CCF	4

Le diplôme est délivré aux candidats qui ont obtenu une moyenne générale supérieure ou égale à 10/20 à l'ensemble des épreuves générales et technologiques.

→ Diplôme intermédiaire

Les élèves de ce bac pro se présentent obligatoirement aux épreuves du BEP accompagnement, soins et services à la personne (facultatif pour les apprentis).

POURSUITE D'ÉTUDES

Le bac pro a pour objectif l'insertion professionnelle mais, avec un très bon dossier ou une mention à l'examen, une poursuite d'études est envisageable en BTS. Son titulaire peut également préparer les concours d'accès à certaines formations sociales ou paramédicales.

→ Exemples

BTS économie sociale familiale

BTS services et prestations des secteurs sanitaire et social

Diplôme d'État d'aide médico-psychologique

Diplôme d'État d'aide-soignant

Diplôme d'État d'auxiliaire de puériculture

Diplôme d'État d'auxiliaire de vie sociale

Diplôme d'État de technicien de l'intervention sociale et familiale

EN SAVOIR PLUS

Nombre d'établissements préparant au diplôme : 527.

Nombre d'établissements préparant au diplôme en apprentissage : 7.

003

ACCUEIL - RELATION CLIENTS ET USAGERS

OBJECTIFS

L'élève inscrit en bac pro accueil-relation clients et usagers étudie l'expression écrite et surtout orale, apprend l'usage d'un vocabulaire professionnel, d'une langue étrangère, les procédures d'accueil (prise de contact, techniques de filtrage, analyse et traitement de la demande, gestion des rendez-vous, prévention des situations difficiles) et la gestion de l'information liée à l'accueil. Il est formé à recevoir et à répondre en face à face ou au téléphone et à donner satisfaction, éventuellement en langue étrangère, aux demandes des visiteurs et/ou des appelants en prenant en compte leurs spécificités. Il devient apte à maintenir une qualité de service. L'apprentissage des techniques d'enquête lui permet de participer à l'amélioration de l'image de l'organisation qui l'emploie. L'élève acquiert les techniques de vente de services ou de produits et celles du secrétariat (gestion du courrier, des fournitures, du matériel, des demandes de prestations externes). Il se familiarise avec l'ordinateur, les standards téléphoniques, les machines à affranchir et les logiciels bureautiques (de courrier électronique, de gestion de salles de réunion ou d'agenda partagé).

DÉBOUCHÉS

Le diplômé de ce bac pro travaille dans une entreprise, une administration, une association qui reçoit des clients/usagers ou dans le cadre d'événements ponctuels (salons, congrès, etc.). Il occupe des postes différents en fonction du secteur d'activité : hôte(sse) d'accueil, chargé(e) d'accueil, standardiste ou hôte(sse) standardiste, télé-hôte(sse), télé-conseiller(ère) dans les secteurs de la banque, du tourisme, de la culture, de l'immobilier, de la grande distribution, de l'hôtellerie-restauration, à la Poste. Il peut également occuper des postes d'agent multiservices d'accueil dans les hôpitaux ou être agent d'accueil, agent d'escale ou agent d'acompagnement dans le secteur du transport.

→ Exemples de métiers

Agent(e) multiservices

Hôte(esse) d'accueil

ACCÈS

Les accès sont décrits dans la fiche générale du bac professionnel p. 5.

PROGRAMME

Les enseignements généraux sont décrits dans la fiche générale du bac professionnel p. 5.

→ Enseignements professionnels

- Expression orale : code de politesse, registres de langage, langage verbal et non verbal, interculturalité, postures, gestuelle.
- Procédure d'accueil en face à face (prise de contact, filtrage, assistance, gestion des flux), techniques d'entretien et prévention des situations difficiles.
- Accueil téléphonique : enjeux, étapes et techniques de filtrage, apprentissage des standards téléphoniques.
- Rédaction et diffusion de messages, gestion des agendas, organisation du travail administratif.
- Gestion de la documentation liée à l'accueil.
- Outils de communication et logiciels lié à la gestion de l'accueil.
- Techniques d'enquête et analyse statistique.
- Qualité de l'accueil.
- Le marché : profils des clients/usagers, composante de l'offre de l'organisation et de la concurrence.
- Vente (techniques et cadre juridique), après-vente et coûts de la non-qualité.
- Les documents commerciaux, l'encaissement et le crédit à la consommation.
- Techniques de fidélisation et outils de mesure de

la satisfaction (enquêtes et autres outils).

- Fonctionnement du service courrier, réservation de salles, de matériels et de prestations externes.
- Gestion des commandes et réception des marchandises.

Sous statut scolaire, l'élève est en stage pendant 22 semaines réparties sur les 3 années du bac pro. Le stage doit s'effectuer dans au moins deux des domaines professionnels suivants : les transports, l'accueil sédentaire ou l'événementiel. Ces semaines se répartissent en 6 semaines en 2nde, 8 en 1re et 8 en terminale.

EXAMEN

Les épreuves générales sont décrites dans la fiche générale du bac professionnel p. 8.

Épreuves professionnelles

Pour les candidats de la voie scolaire dans un établissement public ou privé sous contrat, CFA ou section d'apprentissage habilités.

Épreuves	Durée	Mode	Coeff.
E 1 Épreuve scientifique et technique			2
Économie-droit		CCF	1
Mathématiques		CCF	1
E 2 Analyse et traitement de situations liées à l'accueil	4 h	Écrit	4
E 3 Épreuve pratique prenant en compte la formation en milieu professionnel			9
Accueil au téléphone		CCF	2
Accueil en face à face		CCF	2
Analyse de la fonction accueil et projet d'amélioration		CCF	4
Prévention-santé-environnement		CCF	1

Le diplôme est délivré aux candidats qui ont obtenu une moyenne générale supérieure ou égale à 10/20 à l'ensemble des épreuves générales et technologiques.

→ Diplôme intermédiaire

Les élèves de ce bac pro se présentent obligatoirement aux épreuves du BEP métiers de la relation aux clients et aux usagers.

POURSUITE D'ÉTUDES

Le bac pro a pour premier objectif l'insertion professionnelle mais, avec un très bon dossier ou une mention à l'examen, une poursuite d'études est envisageable en BTS, le plus souvent en alternance. Avec un bon niveau en langues, possibilité de poursuite d'études en MC.

→ Exemples

MC accueil dans les transports

MC accueil réception

EN SAVOIR PLUS

Nombre d'établissements préparant au diplôme : 487.

Nombre d'établissements préparant au diplôme en apprentissage : 63.

004

AÉRONAUTIQUE

option avionique

Ouverture à la rentrée 2013. 1re session d'examen en 2016

OBJECTIFS

Ce bac pro forme des professionnels pour les secteurs de la construction aéronautique et de la maintenance des avions et des hélicoptères.

Les élèves acquièrent des connaissances générales en aérodynamique et des savoirs théoriques sur le vol et la propulsion. L'avion est ainsi étudié technologiquement dans sa globalité (structure, moteur et systèmes) avec les éléments constituants les différentes structures (fuselage, ailes, nacelles, etc.). L'étude des matériaux métalliques, des alliages, des structures en bois, des composites fait aussi partie du programme du bac pro. Les élèves apprennent le rôle et le fonctionnement des équipements, des systèmes électriques, électroniques, mécaniques (hélice, pale, rotor, moteur, train d'atterrissage, aménagement cabine, éclairage, communication, commande de vol, instrumentation, etc.).

L'option avionique permet aux élèves d'intervenir sur les liaisons électriques, électroniques, optiques et informatiques embarqués.

La formation pratique en atelier donne aux élèves les compétences nécessaires pour préparer, organiser et réaliser des interventions techniques de pose, de dépose, d'intégration, de modification et de réparation dans le respect de la réglementation aéronautique et de la démarche qualité. Les élèves réalisent des opérations d'inspection avec diagnostic, test et évaluation ou des opérations d'essais et de réglages.

L'enseignement obligatoire de l'anglais permet aux diplômés de lire la documentation technique écrite majoritairement en anglais.

DÉBOUCHÉS

Le titulaire de ce bac pro exerce ses activités dans les entreprises de construction aéronautiques, les compagnies aériennes, les ateliers de maintenance, les sociétés d'assistance technique, les sous-traitants, les équipementiers, les services publics (défense, protection civile, etc.).

→ Exemples de métiers

Mécanicien(n)e d'entretien d'avion

ACCÈS

Les accès sont décrits dans la fiche générale du bac professionnel p. 5.

PROGRAMME

Les enseignements généraux sont décrits dans la fiche générale du bac professionnel p. 5.

→ Enseignements professionnels

- Analyse fonctionnelle, structurelle et comportementale : descriptif des systèmes, dynamique des solides, systèmes électriques, techniques digitales et systèmes électroniques, systèmes asservis et régulés, comportement des systèmes électroniques.
- Aérodynamique, théorie du vol et de la propulsion : dynamique des fluides, écoulement compressible et incompressible, International Standard Atmosphere, caractéristiques et contrôle des aéronefs, forces et pressions, portance et trainée, théorie du vol, thermodynamique, thermopropulsion.
- Documentation technique en aéronautique : architecture de la documentation, documentation technique constructeur, dossier construction, maintenance, réparation, procédure de maintenance, manuels maintenance, révisions des équipements, pièces détachées, dépannage, câblage.
- Étude des matériaux et produits associés : matériaux magnétiques, matériaux composites, corrosion, produits d'interposition et d'étanchéité, métallisation.
- Procédés de production, de construction et de maintenance : mesures de sécurité, les outils de l'électronicien, de l'électricien, les outils d'usinage, ébavurage, technique de freinage, de serrage au couple, technique de sertissage d'un élément de câble, techniques d'application, métallisation, méthode de réglage mécanique, diagnostic et essais, mise en œuvre câbles électriques et connecteurs, fabrication et montage de harnais, pose et dépose d'équipements électriques, montage et démontage de composants électroniques sur cartes imprimées, techniques d'inspection des éléments électriques, électroniques.
- Technologie : systèmes (architectures, rôle et éléments constitutifs), solutions constructives mécaniques, technologie électrique, technologie électronique et numérique (point fort de cette option.
- Qualité : organisation et gestion de la qualité, causes et effets de la non-qualité management de la qualité, implication dans la démarche qualité (amélioration continue, démarche Lean).
- Facteurs humains : généralités sur les facteurs humains, performances humaines et limites, facteurs affectant les performances, communication, erreur humaine, danger sur le lieu de travail.
- L'environnement réglementaire : personnel de certification, organismes agréés, certification, maintien de navigabilité, spécifications nationales et internationales.

Sous statut scolaire, l'élève est en stage pendant 22 semaines réparties sur les 3 années du bac pro.

EXAMEN

Les épreuves générales sont décrites dans la fiche générale du bac professionnel p. 8.

Épreuves professionnelles

Pour les candidats de la voie scolaire dans un établissement public ou privé sous contrat, CFA ou section d'apprentissage habilités.

Épreuves	Durée	Mode	Coeff.
E 1 Épreuve scientifique			3
Mathématiques	CCF		1,5
Sciences physiques et chimiques	CCF		1,5
E 2 Exploitation de la documentation technique	4 h	Ponctuel Écrit	4
E 3 Épreuve prenant en compte la formation en milieu professionnel			10
Inspection et relation en entreprise	CCF		2
Montage, démontage	CCF		2
Essais, réglages	CCF		2
Réalisation et contrôle	CCF		2
Économie-gestion	CCF		1
Prévention-sécurité-environnement	CCF		1

Le diplôme est délivré aux candidats qui ont obtenu une moyenne générale supérieure ou égale à 10/20 à l'ensemble des épreuves générales et technologiques.

→ Diplôme intermédiaire

Les élèves de ce bac pro se présentent obligatoirement aux épreuves du CAP aéronautique option avionique (facultatif pour les apprentis).

POURSUITE D'ÉTUDES

Le bac pro a pour premier objectif l'insertion professionnelle mais, avec un très bon dossier ou une mention à l'examen, une poursuite d'études est envisageable vers la MC aéronautique à option ou le BTS aéronautique.

→ Exemples

BTS aéronautique

MC aéronautique option avionique

MC aéronautique option avions à moteurs à pistons

MC aéronautique option avions à moteurs à turbines

MC aéronautique option hélicoptères à moteurs à pistons

MC aéronautique option hélicoptères à moteurs à turbines

EN SAVOIR PLUS

Nombre d'établissements préparant au diplôme : consulter le site Onisep.fr

Les métiers de l'aéronautique, Onisep, coll. « Parcours », 2013.

L'industrie aéronautique et spatiale, Onisep, coll. « Pourquoi pas moi ? », 2013.

005

AÉRONAUTIQUE

option structure

Ouverture à la rentrée 2013. 1re session d'examen en 2016

OBJECTIFS

Ce bac pro forme des professionnels pour les secteurs de la construction aéronautique et de la maintenance des avions et des hélicoptères.

Les élèves acquièrent des connaissances générales en aérodynamique et des savoirs théoriques sur le vol et la propulsion. L'avion est ainsi étudié technologiquement dans sa globalité (structure, moteur et systèmes) avec l'architecture des éléments constituants les différentes structures (fuselage, ailes, nacelles, etc.). L'option structure donne aux élèves les compétences spécifiques pour intervenir sur les éléments métalliques et composites qui constituent l'ossature et l'enveloppe extérieur (fuselage, aile...). L'étude des matériaux métalliques, des alliages, des structures en bois et des composites fait aussi partie du programme du bac pro.

Les élèves apprennent le rôle et le fonctionnement des équipements, des systèmes électriques, électroniques, mécaniques (hélice, pale, rotor, moteur, train d'atterrissage, aménagement cabine, éclairage, communication, commande de vol, instrumentation etc.). La formation pratique en atelier fournit les compétences nécessaires pour réaliser les activités d'inspection de la structure, des éléments métalliques et composites, de tap test, d'assemblage, de désassemblage d'éléments structuraux, de pose et dépose d'équipements, d'aménagements intérieurs. Ces interventions sont des opérations de pose, dépose, intégration, modification et réparation. À celles-ci s'ajoutent des opérations de diagnostic, d'essai et de réglage, de fabrication de pièces de réparation et d'ajustage.

L'enseignement obligatoire de l'anglais permet aux diplômés de lire toute la documentation technique écrite majoritairement en anglais.

DÉBOUCHÉS

Le titulaire de ce bac professionnel exerce ses activités dans les entreprises de construction aéronautiques, les compagnies aériennes, les ateliers de maintenance, les sociétés d'assistance technique, les sous-traitants, les équipementiers, les services publics (défense, protection civile, etc.).

→ Exemples de métiers

Mécanicien(ne) d'entretien d'avion

ACCÈS

Les accès sont décrits dans la fiche générale du bac professionnel p. 5..

PROGRAMME

Les enseignements généraux sont décrits dans la fiche générale du bac professionnel p. 5.

→ Enseignements professionnels

- Analyse fonctionnelle, structurelle et comportementale : descriptif des systèmes, systèmes mécaniques, théorie du courant alternatif, comportement des systèmes mécaniques.
- Aérodynamique, théorie du vol et de la propulsion : statique et dynamique des fluides, écoulement compressible et incompressible, International Standard Atmosphere, caractéristiques et contrôle des aéronefs, forces et pressions, portance et trainée, théorie du vol, thermodynamique, thermopropulsion.
- Documentation technique en aéronautique : architecture de la documentation, documentation

technique constructeur, dossier construction, maintenance, réparation, procédures de maintenance, manuel de réparation structurale, de maintenance, de révision des équipements, pièces détachées.

- Étude des matériaux et produits associés : matériaux ferreux, non ferreux, autres matériaux (glare, titane, cuivre, magnésium, nickel) caractéristiques et traitements thermiques, matériaux composites, corrosion, les essais des matériaux, la métallisation.
- Procédés de production, de construction et de maintenance : mesures de sécurité, les outils du mécanicien, l'usinage, techniques de pose de fixations aéronautiques, technique de montage des bagues sous azote liquide, technique de freinage, de serrage au couple, tuyauterie hydraulique, connexion hydraulique, pneumatique, mécanique, procédés de fabrication de pièces métalliques en tôle, technique de drapage d'une pièce composite, cosmétique composite pour l'aménagement commercial, techniques de réparation structurale, techniques d'application, métallisation, positionnement de pièces ou éléments de structure, méthode de réglage mécanique, techniques d'inspection, techniques de pose et dépose d'équipements mécaniques, soudage, brassage et collage d'une pièce plane.
- Technologie : structures systèmes (principes de construction, rôle et éléments constitutifs), solutions constructives mécaniques, technologie électronique, systèmes électroniques et numériques utilisés sur aéronefs.
- Qualité : organisation et gestion de la qualité, causes et effets de la non-qualité, management de la qualité, implication dans la démarche qualité (amélioration continue, démarche Lean).
- Facteurs humains : généralités sur les facteurs humains, performances humaines et limites, facteurs affectant les performances, communication, erreur humaine, danger sur le lieu de travail.
- L'environnement réglementaire : personnel de certification, organismes agréés, certification, maintien de navigabilité, spécifications nationales et internationales.

Sous statut scolaire, l'élève est en stage pendant 22 semaines réparties sur les 3 années du bac pro.

EXAMEN

Les épreuves générales sont décrites dans la fiche générale du bac professionnel p. 8.

Épreuves professionnelles

Pour les candidats de la voie scolaire dans un établissement public ou privé sous contrat, CFA ou section d'apprentissage habilités.

Épreuves	Durée	Mode	Coeff.
E 1 Épreuve scientifique et technique			3
Mathématiques		CCF	1,5
Sciences physiques et chimiques		CCF	1,5
E 2 Exploitation de la documentation technique	4 h	Ponctuel Écrit	4
E 3 Épreuve prenant en compte la formation en milieu professionnel			10
Inspection et relation en entreprise		CCF	2
Montage, démontage		CCF	2
Essais, réglages		CCF	2
Réalisation et contrôle		CCF	2
Économie-gestion		CCF	1
Prévention-sécurité-environnement		CCF	1

Le diplôme est délivré aux candidats qui ont obtenu une moyenne générale supérieure ou égale à 10/20 à l'ensemble des épreuves générales et technologiques.

→ Diplôme intermédiaire

Les élèves de ce bac pro se présentent obligatoirement aux épreuves du CAP aéronautique option structure (facultatif pour les apprentis).

POURSUITE D'ÉTUDES

Le bac pro a pour premier objectif l'insertion professionnelle mais, avec un très bon dossier ou une mention à l'examen, une poursuite d'études est envisageable vers la MC aéronautique à option ou le BTS aéronautique.

→ Exemples

BTS aéronautique

MC aéronautique option avionique

MC aéronautique option avions à moteurs à pistons

MC aéronautique option avions à moteurs à turbines

MC aéronautique option hélicoptères à moteurs à pistons

MC Aéronautique option hélicoptères à moteurs à turbines

EN SAVOIR PLUS

Nombre d'établissements préparant au diplôme : consulter le site Onisep.fr

Les métiers de l'aéronautique, Onisep, coll. « Parcours », 2013.
L'industrie aéronautique et spatiale, Onisep, coll. « Pourquoi pas moi ? », 2013.

006

AÉRONAUTIQUE

option systèmes

Ouverture à la rentrée 2013. 1re session d'examen en 2016

OBJECTIFS

Ce bac pro forme des professionnels pour les secteurs de la construction aéronautique et de la maintenance des avions et hélicoptères.

Les élèves acquièrent des connaissances générales en aérodynamique et des connaissances théoriques sur le vol et la propulsion. L'avion est étudié ainsi technologiquement dans sa globalité (structure, moteur et systèmes) avec des éléments constituants les différentes structures (fuselage, ailes, nacelles, etc.). L'étude des matériaux métalliques, des alliages, des structures en bois, des composites fait aussi partie du programme du bac pro. Les élèves apprennent le rôle et le fonctionnement des équipements, des systèmes électriques, électroniques, mécaniques (hélice, pale, rotor, moteur, train d'atterrissage, aménagement cabine, éclairage, communication, commande de vol, instrumentation, etc.). L'option systèmes développe des compétences spécifiques pour intervenir sur la génération, la distribution et l'utilisation des différentes énergies embarquées (mécanique, électrique...) qui assurent les différentes fonctions de l'appareil (trains, servocommandes, climatisation, réacteurs, turbomoteurs, etc.).

En atelier, les élèves utilisent les documents et les matériels professionnels. Ils sont préparés aux différentes activités de pose et dépose d'équipements électriques et mécaniques, de raccordement, de métallisation. Ils pratiquent les inspections des constituants électriques avec diagnostic, test et évaluation ou des opérations d'essais et de réglages pour préparer la mise en service d'un aéronef.

L'enseignement obligatoire de l'anglais permet aux diplômés de lire la documentation technique écrite majoritairement en anglais.

DÉBOUCHÉS

Le titulaire du bac professionnel aéronautique exerce ses activités dans les entreprises de construction aéronautiques, les compagnies aériennes, les ateliers de maintenance, les sociétés d'assistance technique, les sous-traitants, les équipementiers, les services publics (défense, protection civile, etc.).

→ Exemples de métiers

Mécanicien(ne) d'entretien d'avion

ACCÈS

Les accès sont décrits dans la fiche générale du bac professionnel p. 5.

PROGRAMME

Les enseignements généraux sont décrits dans la fiche générale du bac professionnel p. 5.

→ Enseignements professionnels

- Analyse fonctionnelle, structurelle et comportementale : descriptif des systèmes, systèmes mécaniques, systèmes électriques, comportement des systèmes mécaniques.
- Aérodynamique, théorie du vol et de la propulsion : statique et dynamique des fluides, écoulement compressible et incompressible, International Standard Atmosphere, caractéristiques et contrôle des aéronefs, forces et pressions, portance et trainée, masse et centrage, théorie du vol, thermodynamique, thermopropulsion.
- Documentation technique en aéronautique : architecture de la documentation, documentation technique constructeur, dossier construction, maintenance, réparation, procédures de maintenance, manuel de réparation structurale, de maintenance, de révisions des équipements, de dépannage, de cablage pièces détachées.
- Étude des matériaux et produits associés : matériaux ferreux, non ferreux, magnétiques, structure en bois, recouvrement en tissus, autres matériaux (glare, titane, cuivre, magnésium, nickel), caractéristiques et traitements thermiques, matériaux composites, corrosion, les essais des matériaux, la métallisation.
- Procédés de production de construction et de maintenance : mesures de sécurité, les outils du mécanicien, de l'électronicien, de l'électricien, l'usinage, techniques de pose de fixations aéronautiques, technique de montage des bagues sous azote liquide, technique de freinage, de serrage au couple, de sertissage d'un élément de câble, tuyauterie hydraulique, connexion électrique, hydraulique, carburant, pneumatique, optique, mécanique, cosmétique composite pour l'aménagement commercial, techniques d'application, métallisation, positionnement de pièces ou éléments de structure, méthode de réglage mécanique, techniques d'inspection, diagnostic et essais,

câbles électriques et connecteurs, fabrication et montage de harnais, techniques de pose et dépose d'équipements électriques, mécaniques, aménagement commercial, soudage, brassage et collage, techniques de manutention et de stockage des aéronefs ou éléments d'aéronefs.

- Technologie : structures, systèmes, technologie mécanique, technologie électrique.
- Qualité : organisation et gestion de la qualité, causes et effets de la non-qualité, management de la qualité, implication dans la démarche qualité (amélioration continue, démarche Lean).
- Facteurs humains : généralités sur les facteurs humains, performances humaines et limites, facteurs affectant les performances, communication, erreur humaine, danger sur le lieu de travail.
- L'environnement réglementaire : personnel de certification, organismes agréés, certification, maintien de navigabilité, spécifications nationales et internationales.

Sous statut scolaire, l'élève est en stage pendant 22 semaines réparties sur les 3 années du bac pro.

EXAMEN

Les épreuves générales sont décrites dans la fiche générale du bac professionnel p. 8.

Épreuves professionnelles

Pour les candidats de la voie scolaire dans un établissement public ou privé sous contrat, CFA ou section d'apprentissage habilités.

Épreuves	Durée	Mode	Coeff.
E 1 Épreuve scientifique			3
Mathématiques		CCF	1,5
Sciences physiques et chimiques		CCF	1,5
E 2 Exploitation de la documentation technique	4 h	Ponctuel Écrit	4
E 3 Épreuve prenant en compte la formation en milieu professionnel			10
Inspection et relation en entreprise		CCF	2
Montage, démontage		CCF	2
Essais, réglages et mise en œuvre de l'aéronef		CCF	2
Réalisation et contrôle		CCF	2
Économie-gestion		CCF	1
Prévention-sécurité-environnement		CCF	1

Le diplôme est délivré aux candidats qui ont obtenu une moyenne générale supérieure ou égale à 10/20 à l'ensemble des épreuves générales et technologiques.

→ Diplôme intermédiaire

Les élèves de ce bac pro se présentent obligatoirement aux épreuves du CAP aéronautique option systèmes (facultatif pour les apprentis).

POURSUITE D'ÉTUDES

Le bac pro a pour premier objectif l'insertion professionnelle mais, avec un très bon dossier ou une mention à l'examen, une poursuite d'études est envisageable vers la MC aéronautique à option ou le BTS aéronautique.

→ Exemples

BTS aéronautique

MC aéronautique option avionique

MC aéronautique option avions à moteurs à pistons

MC aéronautique option avions à moteurs à turbines

MC aéronautique option hélicoptères à moteurs à pistons

MC aéronautique option hélicoptères à moteurs à turbines

EN SAVOIR PLUS

Nombre d'établissements préparant au diplôme : consulter le site Onisep.fr

Les métiers de l'aéronautique, Onisep, coll. « Parcours », 2013

L'industrie aéronautique et spatiale, Onisep, coll. « Pourquoi pas moi ? », 2013

007

AGENCEMENT DE L'ESPACE ARCHITECTURAL

OBJECTIFS

Le bac pro agencement de l'espace architectural forme des élèves à organiser la mise en œuvre d'ouvrages d'agencement et d'aménagements extérieurs et intérieurs. Les connaissances acquises au cours de la formation permettent à l'élève de participer à la finalisation de l'étude esthétique et à la définition d'un projet. Il apprend à préparer la réalisation technique d'un projet multimatériaux à partir des concepts et normes de l'agencement et du cahier des charges architectural. Les enseignements du bac pro lui donnent les capacités pour organiser, planifier, animer et gérer le suivi de la mise en œuvre sur chantier du lot agencement avec intervention de plusieurs corps d'état.

DÉBOUCHÉS

Le diplômé exerce son activité dans les petites ou moyennes entreprises qui conçoivent, fabriquent, installent des agencements extérieurs et intérieurs (habitats individuels ou collectifs, locaux professionnels, établissements recevant du public, commerces, cafés, restaurants...). Après quelques années d'expérience en bureau d'études et sur chantier, il pourra évoluer vers la qualification de conducteur de travaux.

→ Exemples de métiers

Chef de chantier

Conducteur(trice) de travaux

ACCÈS

Les accès sont décrits dans la fiche générale du bac professionnel p. 5.

PROGRAMME

Les enseignements généraux sont décrits dans la fiche générale du bac professionnel p. 5.

→ Enseignements professionnels

- Arts et techniques : histoire de l'art, des styles et des tendances dans le domaine de l'agencement.
- Analyse d'un projet d'agencement : collecter, classer et hiérarchiser les informations ; analyser les contraintes techniques, réglementaires, esthétiques et budgétaires du projet architectural ; proposer, optimiser et justifier les solutions techniques de réalisation.
- Préparation de chantier : planifier les phases du projet et les interventions.
- Réalisation et suivi des ouvrages en entreprise : effectuer un relevé d'état des lieux, gérer les délais, contrôler la conformité, gérer la sécurité et l'environnement du chantier, assurer les relations avec les différents acteurs du projet, animer une équipe.
- Étude et présentation d'un projet : traduire graphiquement des solutions techniques et esthétiques, établir des quantitatifs, rédiger les bons de commande et une notice descriptive et présenter un projet.
- Réalisation de maquettes et prototypes : fabriquer des maquettes, prototypes et échantillons, installer des éléments d'agencement.

Sous statut scolaire, l'élève est en stage pendant 22 semaines réparties sur les 3 années du bac pro. Pendant la période de formation en milieu professionnel, l'élève utilise les documents et les matériels professionnels.

EXAMEN

Les épreuves générales sont décrites dans la fiche générale du bac professionnel p. 8.

Épreuves professionnelles

Pour les candidats de la voie scolaire dans un établissement public ou privé sous contrat, CFA ou section d'apprentissage habilités.

Épreuves	Durée	Mode	Coeff.
E 1 Épreuve scientifique			3
Mathématiques		CCF	1,5
Sciences physiques et chimiques		CCF	1,5
E 2 Épreuve technologique et artistique			7
Analyse d'un projet d'agencement	4 h	Écrit	3
Arts et techniques : histoire de l'art, des styles et des tendances dans le domaine de l'agencement	2 h	Écrit	2
Préparation de chantier	3 h (+1 h)	Écrit	2
E 3 Épreuve pratique prenant en compte la formation en milieu professionnel			10
Économie-gestion		CCF	1
Étude et présentation d'un projet		CCF	4
Prévention-santé-environnement		CCF	1
Réalisation de maquettes et prototypes		CCF	2
Réalisation et suivi des ouvrages en entreprise		CCF	2

Le diplôme est délivré aux candidats qui ont obtenu une moyenne générale supérieure ou égale à 10/20 à l'ensemble des épreuves générales et technologiques.

→ Diplôme intermédiaire

Les élèves de ce bac pro se présentent obligatoirement aux épreuves de BEP agencement (facultatif pour les apprentis).

POURSUITE D'ÉTUDES

Le bac pro a pour objectif l'insertion professionnelle mais, avec un très bon dossier ou une mention à l'examen, une poursuite d'études est envisageable en BTS.

→ Exemples

BTS agencement de l'environnement architectural

EN SAVOIR PLUS

Nombre d'établissements préparant au diplôme : 16.

Nombre d'établissements préparant au diplôme en apprentissage : 1.

Les métiers du graphisme et du design, Onisep, coll. « Parcours », 2013

008

AGROÉQUIPEMENT

OBJECTIFS

Le bac pro agroéquipement forme les élèves à conduire, entretenir et réparer les outils agricoles : tracteurs, moissonneuses-batteuses, épandeurs d'engrais, ensileuses...

L'élève apprend à maintenir et nettoyer le matériel agricole : graissage de certaines pièces, vidanges, vérification des niveaux de fluides, pression des pneumatiques... En cas de panne, il est préparé à effectuer un diagnostic et à prendre en charge certaines réparations. Il travaille sur des équipements qui nécessitent des connaissances en électronique, pneumatique, hydraulique... La formation aborde aussi la gestion d'un parc de matériels.

La conduite de chantier est l'autre volet important de la formation : choisir les équipements selon des critères techniques, agronomiques et financiers, organisation et réalisation du travail.

DÉBOUCHÉS

Il peut travailler en exploitation ou coopérative d'utilisation du matériel agricole, en entreprise de travaux agricoles, forestiers, paysagers, dans les stations de stockage et de conditionnement, en distribution d'agroéquipements et de fournitures pour l'agriculture, collectivité locale et entreprise publique.

→ Exemples de métiers

Conducteur(trice) de machines agricoles

Mécanicien(ne)-réparateur(trice) en matériel agricole

Ouvrier(ière) agricole

ACCÈS

Les accès sont décrits dans la fiche générale du bac professionnel p. 5.

PROGRAMME

Les enseignements généraux sont décrits dans la fiche générale du bac professionnel p. 5.

→ Enseignements professionnels

- Connaissance du secteur des agroéquipements : contexte économique, social, réglementaire et fiscal, analyse du fonctionnement de l'entreprise.
- Fonctionnement des matériels, outils et équipements : chimie des carburants, électricité, électronique, dynamique des fluides, technologie des moteurs thermiques, des machines utilisant la thermodynamie ou des systèmes automatisés... pour comprendre le fonctionnement des matériels d'agroéquipements.
- Organisation de chantier mécanisé : fonctionnement d'un champ cultivé, justification agronomique d'une intervention culturale, choix et mise en œuvre des outils adaptés à la mise en place d'une production végétale, réalisation du chantier, évaluation de la qualité du travail réalisé.
- Maintenance : mesure et compréhension des données de constructeur, réalisation de maintenance préventive (entretien) et corrective (dépannage ou réparation) dans les domaines mécanique, électrique, hydraulique et pneumatique, organisation et planification du travail.
- Gestion d'un parc d'agroéquipements : raisonnement du choix d'un nouvel agroéquipement, financement, lecture et compréhension d'un bilan et d'un compte de résultat.
- Agroéquipements particuliers : cultures sous abri par exemple, exploitation forestière, aménagement paysager, entretien de l'espace rural, systèmes d'élevage ou encore cultures pérennes.

Sous statut scolaire, l'élève est en stage pendant 22 semaines réparties sur les 3 années du bac pro.

EXAMEN

Les épreuves générales sont décrites dans la fiche générale du bac professionnel p. 8.

Épreuves professionnelles

Pour les candidats de la voie scolaire dans un établissement public ou privé sous contrat, CFA ou section d'apprentissage habilités.

Épreuves	Durée	Mode	Coeff.
Choix techniques			2
Fonctionnement des matériels, équipements et outils en situation professionnelle	2 h 30	Écrit	2
Expérience en milieu professionnel			3
Situation de l'entreprise dans son environnement socioprofessionnel	0 h 30	Oral	3
Pratique professionnelle			5
Adaptation à des enjeux professionnels particuliers d'agroéquipements	CCF		0,5
Conduite de chantier d'opération culturale	CCF		1
Gestion d'un parc d'agroéquipements	CCF		1
Maintenance d'un parc d'agroéquipements	CCF		1,5
Réalisation en sécurité de travaux mécanisés	CCF		1

Le diplôme est délivré aux candidats qui ont obtenu une moyenne générale supérieure ou égale à 10/20 à l'ensemble des épreuves générales et technologiques.

→ Diplôme intermédiaire

Les élèves de ce bac pro se présentent obligatoirement aux épreuves du BEPA travaux agricoles et conduite d'engins (facultatif pour les apprentis).

POURSUITE D'ÉTUDES

Le bac pro a pour objectif l'insertion professionnelle mais, avec un très bon dossier ou une mention à l'examen, une poursuite d'études est envisageable en BTS. Certains élèves se spécialisent ou complètent leur formation en MC ou CS.

→ Exemples

BTS agroéquipement

BTSA génie des équipements agricoles

CS agent de collecte approvisionnement

EN SAVOIR PLUS

Nombre d'établissements préparant au diplôme : 68.

Nombre d'établissements préparant au diplôme en apprentissage : 22.

009

AMÉNAGEMENT ET FINITION DU BÂTIMENT

OBJECTIFS

Le bac pro aménagement et finition du bâtiment forme des élèves à intervenir sur chantier pour la mise en œuvre d'ouvrages intérieurs des locaux (cloisons, plafonds), pour la pose des revêtements (murs, sols) et pour l'application de produits de finition. L'élève apprend à lire un dossier de définition d'un chantier, établir ensuite les besoins en matériaux, estimer les coûts, préparer éventuellement les devis et un calendrier prévisionnel des travaux qu'il peut organiser, animer et gérer.

Ce futur professionnel en aménagement développe les compétences nécessaires pour poser un revêtement de mur ou de sol, réaliser un ravalement ou structurer l'intérieur d'un local à l'aide de plaques à peindre. Il est aussi préparé à effectuer des travaux de peinture plus complexes ou encore analyser la thermique ou l'acoustique d'une pièce pour décider des travaux d'isolation mais aussi mettre en place un chantier, y monter un échafaudage et prendre en charge la plupart des aménagements qui interviennent en fin de travaux.

DÉBOUCHÉS

Le diplômé travaille principalement dans des entreprises de peinture, d'aménagement ou de revêtements, pour la construction ou la rénovation de bâtiments de type habitations, locaux professionnels, centres sportifs, etc. Il occupe des postes de compagnon professionnel ou de technicien de chantier en aménagements et finitions.

→ Exemples de métiers

Carreleur(euse)-mosaïste

Façadier(ière)

Peintre en bâtiment

Plâtrier(ière)

Solier(ière)-moquettiste

Staffeur(euse)-ornemaniste

ACCÈS

Les accès sont décrits dans la fiche générale du bac professionnel p. 5.

PROGRAMME

Les enseignements généraux sont décrits dans la fiche générale du bac professionnel p. 5.

→ Enseignements professionnels

- Contexte administratif et juridique de la construction : procédures administratives, garanties...
- Communication technique : les dossiers techniques, les croquis, le dossier d'architecte...
- Approche scientifique et technique des ouvrages : étude d'un ouvrage, mécanique des matériaux, acoustique, performance énergétique...
- Technologie de construction : ouvrages du bâtiment, matériaux du bâtiment, histoire des techniques...
- Techniques : assemblage et montage, finition, contrôle, manutention et stockage, mise en œuvre sur chantier.
- Les matériels et outillages ; la santé et la sécurité au travail.
- La gestion de travaux : mise en œuvre du chantier, gestion du temps, des coûts et des délais...

Sous statut scolaire, l'élève est en stage pendant 22 semaines réparties sur les 3 années du bac pro. Au terme de cette période de formation en milieu professionnel, le candidat constitue un rapport d'activités conduites en entreprise.

EXAMEN

Les épreuves générales sont décrites dans la fiche générale du bac professionnel p. 8.

Épreuves professionnelles

Pour les candidats de la voie scolaire dans un établissement public ou privé sous contrat, CFA ou section d'apprentissage habilités.

Épreuves	Durée	Mode	Coeff.
E 1 Épreuve scientifique			3
Mathématiques		CCF	1,5
Sciences physiques et chimiques		CCF	1,5
E 2 Épreuve technologique			4
Analyse technique d'un ouvrage	3 h	Écrit	2
Préparation et suivi d'une mise en œuvre sur chantier	4 h	Écrit	2
E 3 Épreuve pratique prenant en compte la formation en milieu professionnel			10
Économie-gestion		CCF	1
Implantation et réalisation d'ouvrages d'aménagement et de carrelage		CCF	3
Présentation d'un dossier d'activité		CCF	2
Prévention-santé-environnement		CCF	1
Réalisation de travaux de finition et de décoration		CCF	3

Le diplôme est délivré aux candidats qui ont obtenu une moyenne générale supérieure ou égale à 10/20 à l'ensemble des épreuves générales et technologiques.

→ Diplôme intermédiaire

Les élèves de ce bac pro se présentent obligatoirement aux épreuves de BEP aménagement finition (facultatif pour les apprentis).

POURSUITE D'ÉTUDES

Le bac pro a pour premier objectif l'insertion professionnelle mais, avec un très bon dossier ou une mention à l'examen, une poursuite d'études est envisageable en BTS.

→ Exemples

BP peinture revêtements

BP plâtrerie et plaque

BTS aménagement finition

MC peinture décoration

EN SAVOIR PLUS

Nombre d'établissements préparant au diplôme : 98.

Nombre d'établissements préparant au diplôme en apprentissage : 20.

Les métiers du bâtiment, Onisep, coll. « Zoom », 2009.

Les métiers du bâtiment et des travaux publics, Onisep, coll. « Parcours », 2012.

010

AMÉNAGEMENTS PAYSAGERS

OBJECTIFS

Ce bac pro donne les compétences pour étudier et réaliser un chantier d'aménagements paysagers, qu'il s'agisse de travaux d'entretien des installations et des infrastructures ou de création d'espaces verts, de jardins, y compris la conception de décors ou d'aménagements intérieurs.

Les enseignements en sciences et techniques des aménagements paysagers visent à donner aux diplômés les moyens d'analyser les conditions de mise en œuvre d'un chantier d'aménagements paysagers, de savoir poser un diagnostic en intégrant les contraintes du chantier à la fois techniques, organisationnelles et économiques et les souhaits du client (maître d'ouvrage).

Une place prépondérante de la formation est accordée à la connaissance du végétal. Grâce aux enseignements de biologie-écologie, l'élève apprend à connaître les plantes, les espèces et les variétés en vue de les utiliser pour leurs caractéristiques à la fois écologiques (résistance et tolérance aux milieux, conditions de croissance et de développement...), ornementales et esthétiques.

La formation permet d'acquérir des compétences dans le domaine du bâtiment et des travaux publics pour réaliser des travaux de terrassement, de maçonnerie paysagère (rocailles, dallages maçonnés), de voirie et réseaux (éclairage, drainage, eaux pluviales...) ou encore des travaux de préparation des sols et les plantations et semis.

Le bachelier est aussi préparé à utiliser des matériels et des agroéquipements, à les régler et à les entretenir. La formation permet la délivrance d'une attestation valant le certificat d'aptitude à la conduite en sécurité (CACES).

DÉBOUCHÉS

Le diplômé peut travailler dans des entreprises ou dans les services espaces verts des villes, des collectivités territoriales, des syndicats intercommunaux. Il peut aussi intervenir dans les entreprises de travaux agricoles, forestiers et ruraux, les entreprises de productions horticoles et pépinières.

→ Exemples de métiers

Ouvrier(ière) paysagiste

ACCÈS

Les accès sont décrits dans la fiche générale du bac professionnel p. 5.

PROGRAMME

Les enseignements généraux sont décrits dans la fiche générale du bac professionnel p. 5.

→ Enseignements professionnels

- Choix techniques d'aménagements paysagers selon les enjeux sociaux, économiques et environnementaux.
- Analyse des conditions de mise en œuvre d'un chantier d'aménagements paysagers : enjeux du chantier, diagnostic de conduite du chantier, éléments du contexte socio-économique et environnemental du chantier.
- Identification des végétaux utilisés en aménagements paysagers avec leurs caractéristiques écologiques, esthétiques.
- Réalisation des travaux d'entretien et de création d'aménagements paysagers.
- Utilisation des matériels et des équipements : préparation des matériels, réglage, maintenance.

Sous statut scolaire, l'élève est en stage pendant 20 à 22 semaines réparties sur les 3 années du bac pro. L'élève est en stage pendant 6 semaines au cours de la première année, de 14 à 16 semaines pendant le cycle terminal.

EXAMEN

Les épreuves générales sont décrites dans la fiche générale du bac professionnel p. 8.

Épreuves professionnelles

Pour les candidats de la voie scolaire dans un établissement public ou privé sous contrat, CFA ou section d'apprentissage habilités.

Épreuves	Durée	Mode	Coeff.
Choix techniques			2
Justification des choix techniques d'aménagements paysagers en fonction d'enjeux sociaux, économiques et environnementaux	2 h 30	Écrit	2
Expérience en milieu professionnel			3
Communication en milieu professionnel	0 h 30	Oral	3
Analyse des conditions de mise en œuvre d'un chantier d'aménagements paysagers	0 h 30	Oral	3
Pratiques professionnelles			5
Identification des végétaux utilisés en aménagements paysagers et leurs caractéristiques écologiques et esthétiques		CCF	5

Conduite du travail d'une équipe sur un chantier d'aménagement	CCF	5
Mise en œuvre des matériels et équipements dans le respect des consignes	CCF	5
Adaptation à des enjeux professionnels particuliers	CCF	5

Le diplôme est délivré aux candidats qui ont obtenu une moyenne générale supérieure ou égale à 10/20 à l'ensemble des épreuves générales et technologiques.

→ Diplôme intermédiaire

Les élèves de ce bac pro se présentent obligatoirement aux épreuves du BEPA travaux paysagers (facultatif pour les apprentis).

POURSUITE D'ÉTUDES

Le bac pro a pour premier objectif l'insertion professionnelle mais, avec un très bon dossier ou une mention à l'examen, une poursuite d'études est envisageable en BTSA. Quelques CS sont aussi accessibles.

→ Exemples

BTSA aménagements paysagers

BTSA production horticole

BTSA technico-commercial

CS arrosage intégré

CS constructions paysagères

CS maintenance des terrains de sports et de loisirs

Responsable technique en aménagement d'espaces sportifs

EN SAVOIR PLUS

Nombre d'établissements préparant au diplôme : 190.

Nombre d'établissements préparant au diplôme en apprentissage : 65.

Les métiers de l'horticulture et du paysage, Onisep, coll. « Voie pro », 2010.

011

ARTISANAT ET MÉTIERS D'ART

option arts de la pierre

OBJECTIFS

Le bac pro artisanat et métiers d'art option arts de la pierre prépare à prendre en charge tous les travaux de taille et de pose sur un édifice classé, sur un chantier de taille de pierre, de construction du bâtiment ou dans un atelier, une carrière.

Lors de sa formation, l'élève apprend à réaliser des pièces de mobilier ou de décor (bancs, fontaines) et à être opérationnel sur les chantiers de réfection en collaboration avec d'autres corps de métiers ou à travailler en bureau des méthodes.

Créer les maquettes en amont de toutes réalisations, faire un échantillonnage, choisir les matériaux les plus adaptés et lire et établir un cahier des charges, toutes ces tâches seront acquises grâce aux enseignements professionnels. Les enseignements en graphisme permettront à l'élève de finaliser le dossier technique d'un ouvrage composé de plans, coupes, croquis et relevés. Les cours de communication et de gestion doivent donner à ce futur professionnel de la pierre les moyens d'assurer le suivi de clientèle et du personnel technique, des administrations et des différents corps d'état tout en respectant le cahier des charges et l'équilibre des comptes.

DÉBOUCHÉS

Seul, chez un artisan ou dans une PME, en construction, restauration, taille, etc.

→ Exemples de métiers

Tailleur(euse) de pierre

ACCÈS

Les accès sont décrits dans la fiche générale du bac professionnel p. 5.

PROGRAMME

Les enseignements généraux sont décrits dans la fiche générale du bac professionnel p. 5.

→ Enseignements professionnels

- Étude des différentes sortes de pierre (marbre, granit, etc.) : caractéristiques physiques, chimiques et mécaniques, résistance, contraintes, formation des roches.
- Lecture d'un plan et approche graphique de l'espace.
- Histoire de l'architecture et des styles.
- Travaux de taille et de pose : tranchage, sciage, taille, mouluration, polissage, manutention.
- Choix de l'outil adapté à chaque pierre et propre à obtenir l'effet de taille souhaité.
- Pratique du dessin à vue, du dessin d'art.
- Évaluation, organisation et réalisation du travail de la pierre.
- Animation et pilotage d'une petite équipe, communication avec les corps de métiers et prestataires concernés.

- Contrôle qualité.
- Gestion et évaluation des coûts de fabrication et de chantier.

Sous statut scolaire, l'élève est en stage pendant 22 semaines réparties sur les 3 années du bac pro.

EXAMEN

Les épreuves générales sont décrites dans la fiche générale du bac professionnel p. 8.

Épreuves professionnelles

Pour les candidats de la voie scolaire dans un établissement public ou privé sous contrat, CFA ou section d'apprentissage habilités.

Épreuves	Durée	Mode	Coeff.
E 1 Épreuve scientifique et technique			3
Mathématiques		CCF	1,5
Sciences physiques et chimiques		CCF	1,5
E 2 Épreuve de technologie et arts appliqués			5,5
Art et technique, analyse formelle et architecturale	2 h	Écrit	1,5
Étude d'un ouvrage et d'un système de fabrication	4 h	Écrit	2,5
Préparation d'une fabrication en atelier et de chantier ou pose et installation d'un assemblage	3 h	Écrit	1,5
E 3 Épreuve pratique prenant en compte la formation en milieu professionnel			9
Économie-gestion		CCF	1
Évaluation de la formation en milieu professionnel		CCF	2
Fabrication et pose d'un ouvrage		CCF	3
Prévention-santé-environnement		CCF	1
Projet d'art appliqué		CCF	2

Le diplôme est délivré aux candidats qui ont obtenu une moyenne générale supérieure ou égale à 10/20 à l'ensemble des épreuves générales et technologiques.

→ Diplôme intermédiaire

Les élèves de ce bac pro se présentent obligatoirement aux épreuves du BEP intégré métiers d'art option arts de la pierre (facultatif pour les apprentis).

POURSUITE D'ÉTUDES

Le bac pro a pour premier objectif l'insertion professionnelle mais, avec un très bon dossier ou une mention à l'examen, une poursuite d'études est envisageable vers un BP ou un DMA.

→ Exemples

BP tailleur de pierre des monuments historiques

DMA décor architectural option décor du mur

EN SAVOIR PLUS

Nombre d'établissements préparant au diplôme : 5.

Nombre d'établissements préparant au diplôme en apprentissage : 0.

Les métiers de l'artisanat d'art, Onisep, coll. « Parcours », 2009.

012

ARTISANAT ET MÉTIERS D'ART

option communication visuelle plurimédia

OBJECTIFS

Afin de pouvoir intervenir dans l'éxécution graphique et la finalisation de documents imprimés ou multimédia, l'élève du bac pro artisanat et métiers d'art option communication visuelle plurimédia assimile toutes les opérations nécessaires à la réalisation d'un produit de communication visuelle : créations 2D/3D, animations multimédia, habillages pour le web design, packaging, éléments graphiques pour la presse magazine et publicité, signalétique et identités visuelles.

Il s'initie pour cela aux logiciels spécifiques de mise en page, de traitement et d'animation d'images et acquiert des compétences artistiques et techniques afin de participer aux réflexions créatives en amont d'un projet de communication graphique et de réaliser des croquis, roughs et prémaquettes pour les études préalables, quel que soit le support retenu.

DÉBOUCHÉS

Le titulaire de ce bac pro peut prétendre à de nombreux métiers relatifs à la conception de maquettes, en agences de communication, dans les studios de création, les maisons d'édition ou la presse. Il peut également travailler comme indépendant.

→ Exemples de métiers

Agent(e) d'exécution graphique
Animateur(trice) 2D/3D
Assistant(e) de conception PAO
Infographiste 2D/3D
Maquettiste
Opérateur(trice)-graphiste multimédia

ACCÈS

Les accès sont décrits dans la fiche générale du bac professionnel p. 5.

PROGRAMME

Les enseignements généraux sont décrits dans la fiche générale du bac professionnel p. 5.

→ Enseignements professionnels

- Culture artistique et communication visuelle : arts, techniques et civilisation ; culture visuelle et design ; analyse d'images ; droits et utilisation des images.
- Expression plastique et graphique : couleur, typographie, mise en pages.
- Méthodologie : élaboration d'un projet, gestion de fichiers, contrôles et qualité.
- Technologie graphique : étapes de la chaîne graphique, applications informatiques, formats d'enregistrement, acquisition d'images, couleur numérique, techniques de publication.
- Communication : écrite et orale, générale et visuelle.
- Économie et gestion : budget, devis, marketing.

Sous statut scolaire, l'élève est en stage pendant 22 semaines réparties sur les 3 années du bac pro. Chaque période a une durée minimale de 3 semaines.

EXAMEN

Les épreuves générales sont décrites dans la fiche générale du bac professionnel p. 8.

Épreuves professionnelles

Pour les candidats de la voie scolaire dans un établissement public ou privé sous contrat, CFA ou section d'apprentissage habilités.

Épreuves	Durée	Mode	Coeff.
E 1 Épreuve scientifique et technique			6
Étude d'un produit de communication		CCF	3
Mathématiques		CCF	1,5
Sciences physiques et chimiques		CCF	1,5
E 2 Étude critique d'œuvres relevant des arts visuels et du design de communication	2 h	Écrit	3
E 3 Épreuve pratique prenant en compte la formation en milieu professionnel : réalisation d'un document de communication			13
Économie-gestion		CCF	1
Élaboration d'un projet de communication visuelle		CCF	2
Évaluation des périodes de formation en milieu professionnel		CCF	3
Prévention-santé-environnement		CCF	1
Réalisation PAO		CCF	3
Soutenance d'un dossier de travaux professionnels		CCF	3

Le diplôme est délivré aux candidats qui ont obtenu une moyenne générale supérieure ou égale à 10/20 à l'ensemble des épreuves générales et technologiques.

→ Diplôme intermédiaire

Les élèves de ce bac pro se présentent obligatoirement aux épreuves du BEP artisanat et métiers d'art option communication visuelle plurimédia (facultatif pour les apprentis).

POURSUITE D'ÉTUDES

Le bac pro a pour premier objectif l'insertion professionnelle mais, avec un très bon dossier ou une mention à l'examen, une poursuite d'études est envisageable en BTS.

→ Exemples

BTS design de communication espace et volume

BTS design graphique option communication et médias imprimés

BTS design graphique option communication et médias numériques

EN SAVOIR PLUS

Nombre d'établissements préparant au diplôme : 65.

Nombre d'établissements préparant au diplôme en apprentissage : 6.

013

ARTISANAT ET MÉTIERS D'ART

option ébéniste

OBJECTIFS

Le bac pro artisanat et métiers d'art option ébéniste forme des élèves à fabriquer et restaurer du mobilier de style en bois massif et en placage. À partir d'un projet, l'élève apprend à réaliser un prototype dont les contraintes sont différentes suivant qu'il est destiné à la fabrication en série ou à l'unité. Il se fixe des objectifs esthétiques, techniques et financiers.

Les connaissances acquises au cours du bac pro lui permettent de choisir les matériaux, définir le processus et le planning de fabrication. Il développe les qualités nécessaires pour contrôler les stocks, rendre compte des besoins, segmenter et répartir le travail sur les postes de fabrication. Enfin, les enseignements suivis lui donnent les capacités pour régler les machines, réaliser tout ou partie de l'ouvrage à l'atelier ou sur le chantier et, le cas échéant, assurer le suivi des travaux d'une équipe.

DÉBOUCHÉS

Le bachelier peut travailler seul ou avec un concepteur créateur, à son propre compte ou pour un atelier. En entreprise, il peut progressivement accéder au contrôle de la fabrication et à la gestion de l'atelier. Dans l'ameublement, l'activité évolue vers l'agencement (placards, dressings, éléments de cuisine...), l'aménagement d'espaces ou la sous-traitance pour des enseignes ou des fabricants locaux (travail sur des pièces de meuble ou des éléments de mobilier, parfois dans des matériaux autres que le bois).

→ Exemples de métiers

Ébéniste

Menuisier(ière)

ACCÈS

Les accès sont décrits dans la fiche générale du bac professionnel p. 5.

PROGRAMME

Les enseignements généraux sont décrits dans la fiche générale du bac professionnel p. 5.

→ Enseignements professionnels

- Étude des matériaux bois, dérivés, matériaux associés intervenant dans la fabrication, la finition et le décor du mobilier.
- Technologie appliquée à l'ameublement, les arts appliqués liés à l'habitat et à l'aménagement du cadre de vie.
- Techniques manuelles ou automatiques propres au travail du bois (coupe et montage, assemblage et finition), l'informatique (logiciels CAO, DAO, devis).
- Histoire de l'art (styles, époques...), géométrie, dessin technique, lecture de plans.
- À partir d'un projet, les élèves apprennent à élaborer une fabrication en intégrant les aspects artistiques, techniques et financiers.

Sous statut scolaire, l'élève est en stage chez un ébéniste pendant 22 semaines réparties sur les 3 années du bac pro. Pendant la période de formation en milieu professionnel, l'élève utilise les documents et les matériels professionnels.

EXAMEN

Les épreuves générales sont décrites dans la fiche générale du bac professionnel p. 8.

Épreuves professionnelles

Pour les candidats de la voie scolaire dans un établissement public ou privé sous contrat, CFA ou section d'apprentissage habilités.

Épreuves	Durée	Mode	Coeff.
E 1 Épreuve scientifique et technique			3
Mathématiques		CCF	1,5
Sciences physiques et chimiques		CCF	1,5
E 2 Épreuve technologique et histoire de l'art			5,5
Art et technique analyse formelle et stylistique	2 h	Écrit	1,5
Étude d'un ouvrage et d'un système de fabrication	4 h	Écrit	2,5
Préparation d'une fabrication	3 h	Écrit	1,5
E 3 Épreuve pratique prenant en compte la formation en milieu professionnel			9
Économie-gestion		CCF	1
Évaluation de la formation en milieu professionnel		CCF	2
Lancement et fabrication d'un ouvrage		CCF	3
Prévention-santé-environnement		CCF	1
Projet d'art appliqué		CCF	2

Le diplôme est délivré aux candidats qui ont obtenu une moyenne générale supérieure ou égale à 10/20 à l'ensemble des épreuves générales et technologiques.

→ Diplôme intermédiaire

Les élèves de ce bac pro se présentent obligatoirement aux épreuves du CAP ébéniste (facultatif pour les apprentis).

POURSUITE D'ÉTUDES

Le bac pro a pour premier objectif l'insertion professionnelle mais, avec un très bon dossier ou une mention à l'examen, une poursuite d'études est envisageable en BTS, en DMA ou en BM.

→ Exemples

BM ébéniste

BMA ébéniste

BTS agencement de l'environnement architectural

DMA arts de l'habitat option décors et mobiliers

EN SAVOIR PLUS

Nombre d'établissements préparant au diplôme : 25.

Nombre d'établissements préparant au diplôme en apprentissage : 1.

Les métiers de l'artisanat d'art, Onisep, coll. « Parcours », 2009.

014

ARTISANAT ET MÉTIERS D'ART

option marchandisage visuel

OBJECTIFS

Les domaines de compétence de ce bac pro sont à la croisée des arts appliqués, des techniques d'installation ou de dépose de décor et des techniques commerciales et de gestion. Il forme les élèves à participer à la mise en valeur des produits d'un point de vue esthétique et commercial, ainsi qu'à la valorisation de l'identité visuelle d'une enseigne pour inciter à l'achat d'impulsion.

Les connaissances acquises au cours de la formation permettent à l'élève d'optimiser des ventes en aménageant les vitrines, les rayons ou les boutiques d'une grande enseigne commerciale ou d'un commerce indépendant.

Le bac pro forme aussi les élèves à la réalisation d'un prototype destiné à être reproduit en série limitée ou en grand nombre à partir de l'idée ou du projet d'un concepteur créateur.

Dans un bureau des méthodes et en fonction d'un cahier des charges, l'élève est préparé à procéder à un échantillonnage, choisir les matières ou matériaux appropriés, établir le planning de fabrication et calculer un prix prévisionnel.

DÉBOUCHÉS

Il exerce au sein de grandes enseignes commerciales, de commerces indépendants ou franchisés, voire des agences spécialisées en identité visuelle, pour des salons professionnels, showrooms, institutions culturelles, etc.

→ Exemples de métiers

Décorateur(trice)

Étalagiste

Visual merchandiser

ACCÈS

Les accès sont décrits dans la fiche générale du bac professionnel p. 5.

PROGRAMME

Les enseignements généraux sont décrits dans la fiche générale du bac professionnel p. 5.

→ Enseignements professionnels

- Histoire de l'art et des civilisations.
- Histoire des styles : architecture, ameublement, ornementation, mode.
- Étude des constituants plastiques : ligne, forme, valeur, volume, couleur, matière et matériaux.
- Modes et règles de représentation : plan, dessin côté, schéma, croquis, maquette, photographie, photomontage, infographie (logiciels de retouche d'images, de dessin vectoriel, traitement de texte, tableur, notion de modélisation 3D), perspectives, code et langages normalisés.
- Analyse, interprétation et réalisation de la demande à partir de la lecture d'un cahier des charges.
- Démarche de la réalisation d'une demande : application d'une peinture, d'un revêtement, technique de gainage des volumes, technique de mise en scène du produit, technique de mise en lumière, élaboration d'un rétro-planning, intégration des coûts.
- Techniques de communication orale (prise de parole dans un groupe, exposé, entretien...) et écrite (lettre, rapport, compte-rendu...).
- Respect des règles d'hygiène, de sécurité, d'ergonomie et de protection de l'environnement.

La dimension artistique de cette formation l'emporte sur la dimension commerciale et qu'elle forme des techniciens et non des créateurs.

Sous statut scolaire, l'élève est en stage pendant 22 semaines réparties sur les 3 années du bac pro.

EXAMEN

Les épreuves générales sont décrites dans la fiche générale du bac professionnel p. 8.

Épreuves professionnelles

Pour les candidats de la voie scolaire dans un établissement public ou privé sous contrat, CFA ou section d'apprentissage habilités.

Épreuves	Durée	Mode	Coeff.
E 1 Épreuve scientifique et technique			5,5
Étude d'un marchandisage visuel		CCF	2,5
Mathématiques		CCF	1,5
Sciences physiques et chimiques		CCF	1,5
E 2 Épreuve technologique et histoire de l'art			3
Art et technique : histoire de l'art, des styles et des tendances de marchandisage visuel	2 h	Écrit	1,5
Préparation d'une installation	3 h	Écrit	1,5
E 3 Épreuve pratique prenant en compte la formation en milieu professionnel			10
Économie-gestion		CCF	1
Pratique du marchandisage visuel		CCF	2
Prévention-santé-environnement		CCF	1
Projet d'art appliqué et réalisation de maquette		CCF	3
Réalisation technique et pose de produits		CCF	3

Le diplôme est délivré aux candidats qui ont obtenu une moyenne générale supérieure ou égale à 10/20 à l'ensemble des épreuves générales et technologiques.

→ Diplôme intermédiaire

Les élèves de ce bac pro se présentent obligatoirement aux épreuves du BEP métiers d'art-marchandisage visuel (facultatif pour les apprentis).

POURSUITE D'ÉTUDES

Le bac pro a pour premier objectif l'insertion professionnelle mais, avec un très bon dossier ou une mention à l'examen, une poursuite d'études est envisageable en BTS.

→ Exemples

BTS design de communication espace et volume

BTS design graphique option communication et médias imprimés

BTS design graphique option communication et médias numériques

EN SAVOIR PLUS

Nombre d'établissements préparant au diplôme : 20.

Nombre d'établissements préparant au diplôme en apprentissage : 0.

Les métiers de la mode, Onisep, coll. « Parcours », 2010.

015

ARTISANAT ET MÉTIERS D'ART

option métiers de l'enseigne et de la signalétique

OBJECTIFS

Le bac pro artisanat et métiers d'art option métiers de l'enseigne et de la signalétique forme des techniciens capables de s'adapter à des activités très variées d'artisanat (étude, fabrication et assemblage de pièces composant les enseignes) ou de négoce (achats pour détaillants, distribution, vente).

L'élève apprend les techniques de préparation des matériaux et de conception de pièces (coupe et découpe, rectification, collage, soufflage, courbage, formage, ceintrage, soudage, polissage, mise en peinture, câblage, etc.).

Les enseignements portent également sur les différentes contraintes liées aux matériaux utilisés (matières plastiques, métaux, matériaux souples, verre, gaz, colles, matériel électrique), les techniques de réparation-restauration et de pose, l'histoire de l'art, le suivi des réalisations, le contrôle qualité et les consignes de sécurité.

Soucieux de technique, traditionnelle ou innovante, autant que d'esthétique, les futurs bacheliers acquièrent une bonne connaissance des tendances du marché auquel ils sauront s'adapter.

DÉBOUCHÉS

Artisanat, négoce, le technicien peut exercer en atelier, sur un chantier ou comme conseiller itinérant, dans une entreprise artisanale ou industrielle.

→ Exemples de métiers

Verrier(ière) au chalumeau

ACCÈS

Les accès sont décrits dans la fiche générale du bac professionnel p. 5.

PROGRAMME

Les enseignements généraux sont décrits dans la fiche générale du bac professionnel p. 5.

➜ Enseignements professionnels

- Enseignes et signalétique : nomenclature, utilisation et fonctionnement des produits fabriqués.
- Matières d'œuvre : plastiques, métaux, matériaux souples, verre et leurs caractéristiques et contraintes. Traitements de surface (peinture, vernis, galvanisation). Gaz, colles, produits électriques. Manutention et gestion du stockage.
- Matériels et outillages : machines de coupe, soudage, pompage, etc. Outils de chauffe, de traçage, de maintien, etc.
- Procédures de mise en œuvre : les métaux (assemblages fixes ou démontables, pliage, débit, affûtage des outils de coupe) ; le plastique (découpe, usinage, mise en forme, collage, finition) ; le verre (soufflage-assemblage à chaud, recuisson, coloration) ; les matériaux plastiques souples (impression numérique, lamination et encapsulage, vinyles adhésifs, toiles tendues, supports) ; équipement électrique (transformateurs, locaux et espaces, éclairage) ; installations (règles et méthodologie)
- Maintenance et dépannage.
- Contrôle qualité et obligations contractuelles.
- Organisation des ateliers ou des chantiers.
- Gestion, comptabilité, commerce.
- Communication graphique, outils informatisés, moyens audiovisuels.
- Arts appliqués.
- Hygiène, sécurité, ergonomie et protection de l'environnement.
- Physique, chimie, mathématiques, etc.

Sous statut scolaire, l'élève est en stage pendant 22 semaines réparties sur les 3 années du bac pro.

EXAMEN

Les épreuves générales sont décrites dans la fiche générale du bac professionnel p. 8.

Épreuves professionnelles

Pour les candidats de la voie scolaire dans un établissement public ou privé sous contrat, CFA ou section d'apprentissage habilités.

Épreuves	Durée	Mode	Coeff.
E 1 Épreuve scientifique et technique			6
Analyse d'un système technique		CCF	3
Mathématiques		CCF	1,5
Sciences physiques et chimiques		CCF	1,5
E 2 Épreuve de technologie et arts appliqués			3
Histoire de l'art du verre et projet d'arts appliqués	3 h	Écrit	1
Technologie des matériaux, de leur transformation et de leur utilisation	3 h	Écrit	2
E 3 Épreuve pratique prenant en compte la formation en milieu professionnel			10
Analyse de fabrication et préparation en vue de sa réalisation		CCF	2
Économie-gestion		CCF	1
Évaluation de la formation en milieu professionnel et économie-gestion		CCF	2
Mise en œuvre d'un ensemble ou d'un sous-ensemble à partir d'un dessin de définition		CCF	4
Prévention-santé-environnement		CCF	1

Le diplôme est délivré aux candidats qui ont obtenu une moyenne générale supérieure ou égale à 10/20 à l'ensemble des épreuves générales et technologiques.

➜ Diplôme intermédiaire

Les élèves de ce bac pro se présentent obligatoirement aux épreuves du BEP métiers d'art-verre option métiers de l'enseigne et de la signalétique (facultatif pour les apprentis).

POURSUITE D'ÉTUDES

Le bac pro a pour principal objectif l'insertion professionnelle.

EN SAVOIR PLUS

Nombre d'établissements préparant au diplôme : 13.

Nombre d'établissements préparant au diplôme en apprentissage : 2.

Les métiers du graphisme et du design, Onisep, coll. « Parcours », 2013.

016

ARTISANAT ET MÉTIERS D'ART

option tapisserie d'ameublement

OBJECTIFS

Le bac pro artisanat et métiers d'art option tapisserie d'ameublement forme des élèves à garnir et habiller les sièges et la literie, en restauration ou en création. Il peut s'agir d'habiller aussi bien des sols que des murs et fenêtres de revêtements textiles : tissus muraux, moquettes, tapis, tentures, etc.

L'élève apprend les différentes techniques de pose et de mise en place d'une tapisserie. Il réalise le traçage avant toute opération en étudiant et mesurant la surface à aménager. Au cours de la formation, il acquiert également les différentes techniques de façonnage, d'assemblage et de finition : cloutage, collage, couture des tentures.

Les cours de gestion lui permettront d'assurer les flux d'approvisionnement, les suivis de fabrication et de chantier et d'organiser ensuite le contrôle qualité.

Attention, cette formation ne conduit pas au métier de décorateur : le travail du tapissier s'effectue la plupart du temps dans l'atelier.

DÉBOUCHÉS

Le diplômé travaille dans un atelier industriel ou chez un artisan. Dans les entreprises industrielles, il peut, par exemple, réaliser des sièges de voiture ou d'avion.

→ Exemples de métiers

Tapissier(ière) d'ameublement

ACCÈS

Les accès sont décrits dans la fiche générale du bac professionnel p. 5.

PROGRAMME

Les enseignements généraux sont décrits dans la fiche générale du bac professionnel p. 5.

→ Enseignements professionnels

- Connaissance des produits et des matériaux : les tissus et garnissages, leurs caractéristiques physiques et chimiques. Dégradation, altération, stabilité, séchage, vieillissement.
- Processus et procédés : les techniques de fabrication, manuelles ou automatiques, la coupe des matériaux, le montage, l'assemblage des tissus, les techniques de pose, la finition, ainsi que l'organisation de la fabrication.
- Systèmes de représentation : lecture d'un dessin technique ou d'un plan, mesures avant réalisation d'un ouvrage.
- Gestion : les stocks et l'approvisionnement, les coûts, les devis, la maintenance, les délais ; gestion d'un suivi de chantier et organisation du contrôle qualité.
- L'entreprise et son environnement : les intervenants, les systèmes économiques, les éléments comptables.
- Arts appliqués ; histoire de l'art et des styles : historique du mobilier, du décor intérieur, des tissus, de la garniture des sièges et des lits ; étude d'un projet ; présentation du projet d'étude grâce à l'expression graphique, volumique, chromatique ; communication publicitaire et promotion de produit.

Sous statut scolaire, l'élève est en stage pendant 22 semaines réparties sur les 3 années du bac pro.

EXAMEN

Les épreuves générales sont décrites dans la fiche générale du bac professionnel p. 8.

Épreuves professionnelles

Pour les candidats de la voie scolaire dans un établissement public ou privé sous contrat, CFA ou section d'apprentissage habilités.

Épreuves	Durée	Mode	Coeff.
E 1 Épreuve scientifique et technique			5,5
Mathématiques	CCF		1,5
Sciences physiques et chimiques	CCF		1,5
E 2 Épreuve technologique et histoire de l'art			5,5
Art et technique analyse formelle et stylistique	2 h	Écrit	1,5
Étude d'un ouvrage et d'un système de fabrication	4 h	Écrit	2,5
Préparation d'une fabrication	3 h	Écrit	1,5
E 3 Épreuve pratique prenant en compte la formation en milieu professionnel			9

Économie-gestion	CCF	1
Évaluation de la formation en milieu professionnel	CCF	2
Lancement et fabrication d'un ouvrage	CCF	3
Prévention-santé-environnement	CCF	1
Projet d'art appliqué	CCF	2

Le diplôme est délivré aux candidats qui ont obtenu une moyenne générale supérieure ou égale à 10/20 à l'ensemble des épreuves générales et technologiques.

→ Diplôme intermédiaire

Les élèves de ce bac pro se présentent obligatoirement aux épreuves du BEP métiers d'art tapissier(ière) d'ameublement (facultatif pour les apprentis).

POURSUITE D'ÉTUDES

Le bac pro a pour premier objectif l'insertion professionnelle mais, avec un très bon dossier ou une mention à l'examen, une poursuite d'études est envisageable en DMA. Il existe aussi des formations complémentaires d'initiative locale (FCIL) pour compléter sa formation en 1 an.

→ Exemples

DMA arts textiles et céramiques option arts textiles

EN SAVOIR PLUS

Nombre d'établissements préparant au diplôme : 23.

Nombre d'établissements préparant au diplôme en apprentissage : 1.

Les métiers de l'artisanat d'art, Onisep, coll. « Parcours », 2009.

017

ARTISANAT ET MÉTIERS D'ART

option verrerie scientifique et technique

OBJECTIFS

Ce bac pro forme à la maîtrise de la réalisation de pièces de verrerie à caractère scientifique, tels que les tubes à essai, les éprouvettes, les tubes à rayons X ou autres éléments utilisés en optique, en biotechnologie, en traitement thermique, en électrochimie, etc. L'élève apprend les caractéristiques du verre et ses applications, qu'il s'agisse de tubes, baguettes ou plaques. Il se familiarise aussi avec les différentes techniques de mise en œuvre du verre : soufflage, moulage, courbage, assemblage à chaud et à froid, soudage, en respectant les règles d'hygiène et de sécurité et en tenant compte des coûts de production. Les enseignements techniques permettent également d'étudier les méthodes de finition : coloration, ajustage, traçage, gravure. Grâce à sa formation en gestion, l'élève pourra assurer la maintenance, le service après-vente des pièces réalisées et la gestion des flux.

DÉBOUCHÉS

Ce technicien du verre peut travailler dans une entreprise artisanale ou industrielle, un bureau d'études, un laboratoire, un centre de recherche ou une université scientifique.

→ Exemples de métiers

Souffleur(euse) de verre

Technicien(ne) des industries du verre

Verrier(ière) au chalumeau

ACCÈS

Les accès sont décrits dans la fiche générale du bac professionnel p. 5.

PROGRAMME

Les enseignements généraux sont décrits dans la fiche générale du bac professionnel p. 5.

→ Enseignements professionnels

- Produits finis, ouvrages et applications : nomenclature, utilisation et fonctionnement des produits fabriqués, applications (distillation, extractions, tubes à rayons X, réactions, filtration, chromatographie, biotechnologie, traitement thermique, décoration, etc).
- Matières d'œuvre : les tubes d'épaisseurs différentes, les tubes capillaires, baguettes et plaques (verre de silice, au plomb, sodo-caliques, etc). Les composants en verre et en métal.
- Installations, matériels et outillages : machines de coupe, d'abrasion, recuisson, pompage, polissage, etc. Outils de contrôle, mesure, chalumeaux, brûleurs, moules, etc.
- Procédures de mise en œuvre : volumétrie, soufflage, courbage, moulage, assemblage à chaud ou à froid, cémentation, coloration, traçages préparatoires, coupe, ajustage, taille, ajout main ou chimique, produits d'étanchéité.
- Organisation des ateliers ou des chantiers, suivi des réalisations et contrôle qualité.
- Gestion, comptabilité, commerce.

- Communications techniques : communication graphique, outils informatisés, moyens audiovisuels.
- Arts appliqués.
- Physique, chimie, mathématiques, etc.

Sous statut scolaire, l'élève est en stage pendant 22 semaines réparties sur les 3 années du bac pro.

EXAMEN

Les épreuves générales sont décrites dans la fiche générale du bac professionnel p. 8.

Épreuves professionnelles

Pour les candidats de la voie scolaire dans un établissement public ou privé sous contrat, CFA ou section d'apprentissage habilités.

Épreuves	Durée	Mode	Coeff.
E 1 Épreuve scientifique et technique			6
Analyse d'un système technique		CCF	3
Mathématiques		CCF	1,5
Sciences physiques et chimiques		CCF	1,5
E 2 Épreuve technologique et arts appliqués			3
Histoire de l'art du verre et projet d'arts appliqués	3 h	Écrit	1
Technologie des matériaux, de leur transformation et de leur utilisation	3 h	Écrit	2
E 3 Épreuve pratique prenant en compte la formation en milieu professionnel			10
Analyse de fabrication et préparation en vue de sa réalisation		CCF	2
Économie-gestion		CCF	1
Évaluation de la formation en milieu professionnel		CCF	2
Mise en œuvre d'un ensemble ou de sous-ensemble(s) à partir d'un dessin de définition		CCF	4
Prévention-santé-environnement		CCF	1

Le diplôme est délivré aux candidats qui ont obtenu une moyenne générale supérieure ou égale à 10/20 à l'ensemble des épreuves générales et technologiques.

→ Diplôme intermédiaire

Les élèves de ce bac pro se présentent obligatoirement aux épreuves du BEP métiers d'art-verre option verrerie scientifique et technique (facultatif pour les apprentis).

POURSUITE D'ÉTUDES

Le bac pro a pour principal objectif l'insertion professionnelle mais, avec un très bon dossier ou une mention à l'examen, une poursuite d'études est envisageable en DMA.

→ Exemples

DMA décor architectural option arts du verre et du cristal

EN SAVOIR PLUS

Nombre d'établissements préparant au diplôme : 2.

Nombre d'établissements préparant au diplôme en apprentissage : 1.

018

AVIATION GÉNÉRALE

Ouverture à la rentrée 2013. 1re session d'examen en 2016

OBJECTIFS

L'objectif de ce bac pro est de former des spécialistes de la maintenance des aéronefs légers (avion, planeur, etc.), appareils de moins de deux tonnes non pressurisés à moteur à piston, couramment utilisés dans les aéroclubs et l'aviation d'affaire.

Pendant leur formation, les élèves étudient l'avion dans sa totalité : des structures (fuselage, aile, aileron...) aux systèmes (train d'atterrissage, moteur, éclairage, commandes, instruments de vol, câblages...). Ils acquièrent des connaissances en mécanique, électricité, électronique pour intervenir sur ces différents systèmes. Une large place est faite à l'étude des matériaux éventuellement associés qui composent les structures (bois et toile, tube et toile, métal, composite).

En atelier, ils apprennent à préparer et organiser les interventions techniques. Ils sont amenés à utiliser une documentation technique principalement en anglais : dossier de maintenance, de réparation, manuel de réparation des structures, de révision des équipement, de cablage... Ils sont formés à inspecter, rechercher des pannes et faire des essais. Ils réalisent des entretiens, des réparations et des réglages. Ils sont sensibilisés aux respects des procédures de qualité et de traçabilité fixées par la réglementation aéronautique, lors des interventions pour garantir la sécurité des vols.

Ce bac pro donne à son titulaire la possibilité après réussite à des examens réglementaires et une expérience professionnelle attestée d'acquérir la licence aéronautique B3 permettant de prononcer l'approbation de remise en service (APRS) des aéronefs légers à la suite des opérations de maintenance.

DÉBOUCHÉS

Ils peuvent travailler dans les entreprises industrielles petites et moyennes, les aéroclubs, les associations ou bien en activité libérale.

→ Exemples de métiers

Mécanicien(ne) d'entretien d'avion

ACCÈS

Les accès sont décrits dans la fiche générale du bac professionnel p. 5.

PROGRAMME

Les enseignements généraux sont décrits dans la fiche générale du bac professionnel p. 5.

→ Enseignements professionnels

- Analyse fonctionnelle, structurelle et comportementale : systèmes mécaniques, systèmes électriques, techniques digitales et systèmes électroniques, résistance des matériaux.
- Aérodynamique, théorie du vol et de la propulsion : statique et dynamique des fluides, écoulement compressible et incompressible, International Standard Atmosphere, l'hélice, masse et centrage, thermodynamique, thermopropulsion.
- Documentation technique en aéronautique : architecture de la documentation, la documentation technique du constructeur, dossier de construction, maintenance et réparation, procédures de maintenance, manuels de réparation, maintenance, révision, dépannage, câblage.
- Étude des matériaux et des produits associés : ferreux, non ferreux, magnétique, structure en bois, revêtement tissus, composites, problème de corrosion, essais des matériaux, métallisation.
- Procédés de production : mesures de sécurité, les outils, l'usinage, techniques de pose de fixations, techniques de freinage, techniques de serrage, tuyauteries, sertissage, connexion, fabrication de pièces métalliques, réparation structurale, application, métallisation, méthodes de positionnement, de réglage, techniques d'inspection, câbles électriques et connecteurs, harnais, soudage, brassage et collage, manutention et stockage des aéronefs, lubrification, pose et dépose d'équipements.
- Technologie : structures, systèmes, hélice, groupe propulseur, technologie mécanique, électrique, électronique.
- Qualité : organisation et gestion de la qualité, causes et effets de la non-qualité, management de la qualité, implication dans la démarche.
- Facteurs humains : généralités sur les facteurs humains, performances humaines et limites, facteurs affectant les performances, communication, erreur humaine, danger sur le lieu de travail.
- L'environnement réglementaire : personnel de certification (partie 66), organismes agréés, certification, maintien de navigabilité, spécifications nationales et internationales.

Sous statut scolaire, l'élève est en stage pendant 22 semaines réparties sur les 3 années du bac pro.

EXAMEN

Les épreuves générales sont décrites dans la fiche générale du bac professionnel p. 8.

Épreuves professionnelles

Pour les candidats de la voie scolaire dans un établissement public ou privé sous contrat, CFA ou section d'apprentissage habilités.

Épreuves	Durée	Mode	Coeff.
E 1 Épreuve scientifique			3
Mathématiques		CCF	1,5
Sciences physiques et chimiques		CCF	1,5
E 2 Exploitation de la documentation technique	4 h	Écrit	4
E 3 Épreuve prenant en compte la formation en milieu professionnel			10
Préparation et réalisation d'une opération de maintenance		CCF	5
Diagnostic, essais et compte rendu		CCF	3
Économie-gestion		CCF	1
Prévention-santé-environnement		CCF	1

Le diplôme est délivré aux candidats qui ont obtenu une moyenne générale supérieure ou égale à 10/20 à l'ensemble des épreuves générales et technologiques.

→ Diplôme intermédiaire

Les élèves de ce bac pro se présentent obligatoirement aux épreuves du CAP aéronautique option systèmes (facultatif pour les apprentis).

POURSUITE D'ÉTUDES

Le bac pro a pour premier objectif l'insertion professionnelle mais, avec un très bon dossier ou une mention à l'examen, une poursuite d'études est envisageable vers la MC aéronautique à option ou le BTS aéronautique.

→ Exemples

BTS aéronautique

MC aéronautique option avionique

MC aéronautique option avions à moteurs à pistons

MC aéronautique option avions à moteurs à turbines

MC aéronautique option hélicoptères à moteurs à pistons

MC aéronautique option hélicoptères à moteurs à turbines

EN SAVOIR PLUS

Nombre d'établissements préparant au diplôme : 1.

Nombre d'établissements préparant au diplôme en apprentissage : 0.

Les métiers de l'aéronautique, Onisep, coll. « Parcours », 2013.

L'industrie aéronautique et spatiale, Onisep, coll. « Pourquoi pas moi ? », 2013.

019

BIO-INDUSTRIES DE TRANSFORMATION

OBJECTIFS

Le bac pro BIT forme des opérateurs en bio-industries de transformation capables de prendre en charge les tâches liées à la conduite de lignes de fabrication ou de conditionnement semi-automatisées ou automatisées.

L'élève apprend à effectuer des opérations de montage, démontage et réglage des installations, à préparer et surveiller une ligne de production en tenant compte de la nature des matières premières et des instructions reçues. Il est entraîné à appliquer les mesures d'hygiène et de sécurité, à rendre compte de ses actions et des dysfonctionnements éventuels dans le cadre du respect du système assurance qualité de l'entreprise.

Une partie de l'enseignement porte sur la surveillance des paramètres de production et le contrôle des produits au moyen de prélèvements et de mesures. Sont aussi enseignées les opérations de nettoyage et de désinfection des installations et la gestion des déchets.

DÉBOUCHÉS

Le diplômé travaille dans les industries agroalimentaire, cosmétique ou pharmaceutique. Selon le secteur ou la taille de l'entreprise, il peut occuper des emplois de conducteur de production ou de technicien de fabrication. Il peut exercer son activité en travail posté et en horaires décalés.

→ Exemples de métiers

Conducteur(trice) de ligne de production alimentaire

Opérateur(trice) de fabrication de produits alimentaires

Opérateur(trice) de raffinerie

Pilote de ligne automatisée

ACCÈS

Les accès sont décrits dans la fiche générale du bac professionnel p. 5.

PROGRAMME

Les enseignements généraux sont décrits dans la fiche générale du bac professionnel p. 5.

→ Enseignements professionnels

- Connaissance des produits et des matières premières : biochimie, microbiologie, étude des aliments (lait, viande, végétaux...), mécanisme d'évolution des produits (oxydation, brunissement, etc.), travaux pratiques appliqués aux techniques d'extraction, de prélèvement d'échantillons, de fractionnement et d'identification des principaux constituants de la matière vivante.
- Processus technologiques : cours théoriques et travaux pratiques appliqués aux opérations unitaires (fractionnement, séparation, mélange...), calcul de bilan de matière, contrôles sur les matières premières et sur les produits pendant et en fin de fabrication. L'enseignement est basé sur des exemples concrets comme la fabrication d'un fromage ou de biscuits, d'un produit d'hydratation de la peau, de comprimés.
- Génie industriel : étude des opérations unitaires rencontrées dans les trois secteurs des bio-industries d'un point de vue technique (réseaux de distribution des fluides, production et distribution de la vapeur, du froid, automatismes, transferts thermiques, lecture et élaboration d'un schéma technique, traitement des eaux,

maintenance).

• Hygiène-qualité-sécurité-environnement : réglementation, hygiène, nettoyage et désinfection, la règle des 5 M, prévention des risques et des accidents, démarche qualité, tri et traitement des déchets.

• Gestion : organisation de l'entreprise, organisation de chantier.

Sous statut scolaire, l'élève est en stage pendant 22 semaines réparties sur les 3 années. L'un des objectifs des stages est d'intervenir sur des équipements grandeur réelle.

EXAMEN

Les épreuves générales sont décrites dans la fiche générale du bac professionnel p. 8.

Épreuves professionnelles

Pour les candidats de la voie scolaire dans un établissement public ou privé sous contrat, CFA ou section d'apprentissage habilités.

Épreuves	Durée	Mode	Coeff.
E 1 Épreuve scientifique et technique			6
Génie industriel		CCF	3
Mathématiques et sciences physiques		CCF	2
Travaux pratiques de sciences physiques		CCF	1
E 2 Technologie des bio-industries			4
Étude et suivi de dossier	3 h	Écrit	4
E 3 Épreuve pratique prenant en compte la formation en milieu professionnel			10
Soutenance du projet professionnel		CCF	4
Conduite d'une fabrication		CCF	4
Contrôle et connaissance des produits		CCF	2

Le diplôme est délivré aux candidats qui ont obtenu une moyenne générale supérieure ou égale à 10/20 à l'ensemble des épreuves générales et technologiques.

→ Diplôme intermédiaire

Les élèves de ce bac pro se présentent obligatoirement aux épreuves du BEPA alimentation et bio-industrie ou du BEP conduite de procédés industriels et transformations (facultatif pour les apprentis).

POURSUITE D'ÉTUDES

Le bac pro a pour premier objectif l'insertion professionnelle mais, avec un très bon dossier ou une mention à l'examen, une poursuite d'études est envisageable en BTS ou BTSA. Il existe également des certificats de spécialisation (CS) agricole.

→ Exemples

BTS biotechnologie

BTS qualité dans les industries alimentaires et les bio-industries

BTSA analyses agricoles, biologiques et biotechnologiques

BTSA sciences et technologies des aliments spécialité aliments et processus technologiques

BTSA sciences et technologies des aliments spécialité produits céréaliers

BTSA sciences et technologies des aliments spécialité produits laitiers

BTSA sciences et technologies des aliments spécialité viandes et produits de la pêche

CS production, transformation et commercialisation des produits fermiers

CS technicien spécialisé en transformation laitière

CS transformation des produits carnés

EN SAVOIR PLUS

Nombre d'établissements préparant au diplôme : 57.

Nombre d'établissements préparant au diplôme en apprentissage : 22.

Les métiers de la biologie et des biotechnologies, Onisep, coll. « Parcours », 2012.

020

BOUCHER CHARCUTIER TRAITEUR

OBJECTIFS

Ce bac pro forme des professionnels polyvalents rapidement opérationnels et aptes à prendre des responsabilités, voire gérer une entreprise. En effet, ils apprennent à maîtriser les métiers de la boucherie et de la charcuterie ainsi que les techniques de préparation traiteur. Ils assimilent les techniques de transformation et de conservation de la viande, de la volaille et des produits de la mer. Les sciences appliquées leur permettent de s'initier à la nutrition, à la toxicologie alimentaire et à la qualité. Les enseignements en droit, économie et gestion les préparent à la gestion d'un point de vente (stocks, commandes, etc.) et à l'animation d'équipe.

DÉBOUCHÉS

Ils exercent leur métier en entreprise artisanale, en supermarché ou dans l'industrie agroalimentaire. Rapidement, ils peuvent prendre la responsabilité d'un point de vente ou d'un rayon d'hypermarché. Les grossistes recrutent des diplômés de bac pro comme responsables techniques ou de commercialisation.

→ Exemples de métiers

Boucher(ère)

Charcutier(ière)-traiteur(euse)

Opérateur(trice) de fabrication de produits alimentaires

ACCÈS

Les accès sont décrits dans la fiche générale du bac professionnel p. 5.

PROGRAMME

Les enseignements généraux sont décrits dans la fiche générale du bac professionnel p. 5.

→ Enseignements professionnels

- Secteur d'activité : vocabulaire et produits de la boucherie et de la charcuterie, acteurs de la filière, organismes, qualité, normes et labels.
- Production : techniques professionnelles de préparation et de mise en vente de la viande, des produits tripiers, des volailles, des gibiers mais aussi des produits de la mer. Transformation des viandes (coupe, découpe, etc.), fabrication de charcuteries (farces, pâtés, terrines, gelées), techniques culinaires et préparations de base (pâtes à cake, cuissons, sauces, liaisons), élaboration de produits traiteur, réalisation de buffets.
- Sciences appliquées : propriétés physico-chimiques et nutritionnelles des aliments (additifs, etc.), nutrition, règles d'hygiène et de sécurité alimentaires à respecter, contrôle de la qualité.
- Économie, droit et gestion : recherche d'un emploi, création d'une entreprise, techniques de vente, organisation du travail et gestion du personnel.

Sous statut scolaire, l'élève est en stage pendant 22 semaines réparties sur les 3 années du bac pro. Il met en pratique les techniques de transformation de la viande et de fabrication de produits de charcuterie ou traiteur. Sous le contrôle de son tuteur, il acquiert le savoir-faire et la dextérité d'un professionnel.

EXAMEN

Les épreuves générales sont décrites dans la fiche générale du bac professionnel p. 8.

Épreuves professionnelles

Pour les candidats de la voie scolaire dans un établissement public ou privé sous contrat, CFA ou section d'apprentissage habilités.

Épreuves	Mode	Coeff.
E 1 Épreuve technologique et scientifique		4
Connaissances sur les sciences appliquées à l'alimentation, l'hygiène et l'environnement professionnel	CCF	2
Culture professionnelle, connaissances sur les matières premières et sur la technologie des transformations et des fabrications	CCF	2
E 2 Épreuve pratique prenant en compte la formation en milieu professionnel		9
Rédaction d'une fiche décrivant l'organisation prévue pour l'ensemble des commandes à effectuer	CCF	
Transformation de viandes, fabrication d'un produit de charcuterie et d'un produit traiteur	CCF	
Vente-communication	CCF	
E 3 Épreuve de gestion appliquée		6
Environnement économique, juridique et management	CCF	2
Mathématiques	CCF	1
Projet professionnel	CCF	2

Le diplôme est délivré aux candidats qui ont obtenu une moyenne générale supérieure ou égale à 10/20 à l'ensemble des épreuves générales et technologiques.

→ Diplôme intermédiaire

Les élèves de ce bac pro se présentent obligatoirement aux épreuves du BEP boucher-charcutier (facultatif pour les apprentis).

POURSUITE D'ÉTUDES

Le bac professionnel a pour premier objectif l'insertion professionnelle mais, pour s'installer comme artisan, une poursuite d'études en brevet professionnel ou brevet de maîtrise est possible.

→ Exemples

BM charcutier

BP boucher

BP charcutier-traiteur

EN SAVOIR PLUS

Nombre d'établissements préparant au diplôme : 29.

Nombre d'établissements préparant au diplôme en apprentissage : 20.

021

BOULANGER PÂTISSIER

OBJECTIFS

Ce bac pro forme des professionnels polyvalents en boulangerie et en pâtisserie qui peuvent rapidement prendre des responsabilités. Ils apprennent à organiser la production de produits de boulangerie et de pâtisserie. Ils se familiarisent avec les matières premières et les techniques de préparation et de cuisson des pains, viennoiseries, entremets, desserts. Ils sont formés également aux bases de la cuisine et de l'activité traiteur (quiche, pain surprise, canapé, etc.). Les sciences appliquées leur permettent de s'initier à la nutrition, la toxicologie alimentaire et la qualité. Les enseignements en droit, économie et gestion les préparent à la gestion d'un point de vente (stocks, commandes, etc.) et à l'animation d'équipe.

DÉBOUCHÉS

Ils exercent leur métier dans une entreprise artisanale, dans les usines agroalimentaires ou dans la grande distribution. Avec de l'expérience, ils pourront devenir responsable d'un point de vente, responsable technique dans l'industrie agroalimentaire ou responsable de restauration dans une chaîne de restaurant.

→ Exemples de métiers

Boulanger(ère)

Opérateur(trice) de fabrication de produits alimentaires

Pâtissier(ière)

ACCÈS

Les accès sont décrits dans la fiche générale du bac professionnel p. 5.

PROGRAMME

Les enseignements généraux sont décrits dans la fiche générale du bac professionnel p. 5.

→ Enseignements professionnels

- Secteur professionnel : secteur d'activité, vocabulaire, qualité, normes et labels.
- Production : produits et ingrédients en boulangerie et pâtisserie, préparation, fermentation et cuisson des pains et des viennoiseries, montage, décor et garnissage des pâtisseries, élaboration de produits traiteur (pizzas, toasts, tartes salées), conservation.
- Sciences appliquées : propriétés physico-chimiques et nutritionnelles des aliments (additifs...), nutrition, règles d'hygiène et de sécurité alimentaires à respecter, contrôle de la qualité.
- Économie, droit et gestion : recherche d'un emploi, création d'une entreprise, commercialisation, organisation du travail et gestion du personnel.

Sous statut scolaire, l'élève est en stage pendant 22 semaines réparties sur les 3 années du bac pro. Il fabrique des pains, viennoiseries, desserts et produits traiteur sous le contrôle de son tuteur. Ainsi, il acquiert le savoir-faire et la dextérité d'un professionnel.

EXAMEN

Les épreuves générales sont décrites dans la fiche générale du bac professionnel p. 8.

Épreuves professionnelles

Pour les candidats de la voie scolaire dans un établissement public ou privé sous contrat, CFA ou section d'apprentissage habilités.

Épreuves	Mode	Coeff.
E 1 - Épreuve technologique et scientifique		4
Connaissances sur les sciences appliquées à l'alimentation, l'hygiène et l'environnement professionnel	CCF	2
Culture professionnelle, connaissances sur les matières premières et sur la technologie des transformations et des fabrications	CCF	2
E 2 Épreuve pratique prenant en compte la formation en milieu professionnel		9
Fabrication de 3 produits de boulangerie, de 3 produits de pâtisserie, de 2 produits traiteur	CCF	
Rédaction d'un document décrivant l'organisation prévue pour l'ensemble des commandes à effectuer	CCF	
Présentation des produits et argumentation commerciale de la fabrication	CCF	
E 3 Épreuve de gestion appliquée		6
Environnement économique, juridique et management	CCF	4
Mathématiques	CCF	1
Projet professionnel	CCF	1

Le diplôme est délivré aux candidats qui ont obtenu une moyenne générale supérieure ou égale à 10/20 à l'ensemble des épreuves générales et technologiques.

→ Diplôme intermédiaire

Les élèves de ce bac pro se présentent obligatoirement aux épreuves du CAP boulanger ou du CAP pâtissier (facultatif pour les apprentis).

POURSUITE D'ÉTUDES

Le bac pro a pour premier objectif l'insertion professionnelle mais une poursuite en mention complémentaire est possible pour se spécialiser. Il est envisageable de poursuivre en brevet professionnel ou en brevet de maîtrise pour s'installer à son compte.

→ Exemples

BM boulanger

BM pâtissier-confiseur-glacier-traiteur

BP boulanger

EN SAVOIR PLUS

Nombre d'établissements préparant au diplôme : 78.

Nombre d'établissements préparant au diplôme en apprentissage : 31.

022

COMMERCE

OBJECTIFS

Ce bac pro forme les élèves à vendre, conseiller et participer à la fidélisation de la clientèle, à l'animation de la surface de vente, aux opérations d'information et aux ventes promotionnelles, et à assurer la gestion commerciale attachée à sa fonction : approvisionnement, mise en place, gestion de l'unité commerciale.

L'élève apprend à animer une surface de vente en mettant en place une signalétique, des actions de marchandisage, des facteurs d'ambiance et des actions promotionnelles.

Il acquiert des techniques de gestion qui lui permettent de réaliser le réassortiment, de préparer les commandes, de gérer les stocks, de participer à l'inventaire et de mesurer les performances commerciales des promotions. Il apprend les règles d'hygiène et de sécurité liées au personnel, aux clients, aux produits, aux équipements et aux locaux.

Enfin, les enseignements en techniques de vente lui donnent les capacités de présenter un produit, conseiller le client en argumentant, conclure une vente et contribuer à la fidélisation de la clientèle.

DÉBOUCHÉS

Le diplômé occupe des postes d'assistant de vente, de conseiller, de vendeur, d'employé de commerce ou d'adjoint du responsable de vente. Il peut exercer dans tout type d'unité commerciale.

→ Exemples de métiers

Commerçant(e) en alimentation

Télévendeur(euse)

Vendeur(euse)

ACCÈS

Les accès sont décrits dans la fiche générale du bac professionnel p. 5.

PROGRAMME

Les enseignements généraux sont décrits dans la fiche générale du bac professionnel p. 5.

→ Enseignements professionnels

- Démarche mercatique : le marché, la demande appliquée au point de vente, l'offre de l'unité commerciale.
- Plan de marchéage de l'unité : les produits, le prix, la distribution, la communication.
- Mercatique de fidélisation : les facteurs de fidélisation, les techniques de fidélisation et mercatique après-vente, les outils de mesure de la satisfaction.
- Mercatique appliquée à un produit.
- Gestion commerciale des produits : l'approvisionnement, la commande, le réassortiment, la réception, le prix de vente, la facturation et les paiements.
- Gestion des stocks : le cadre et la gestion économique des stocks.
- Marchandisage : l'espace vente, l'implantation des linéaires, les produits dans le linéaire.
- Indicateurs de gestion : l'analyse et le suivi des ventes.
- Environnement du point de vente : la réglementation en matière d'hygiène et de sécurité, les instances de contrôle, la démarche qualité.
- Déterminants de la communication : les dimensions et les techniques.
- Communication orale professionnelle : techniques de communication et situations de conflit face au client et au sein de l'équipe.
- Communication écrite : l'écrit professionnel et sa place dans la communication, la valorisation des messages.

→ Exemples

BP barman

BP restaurant

BP sommelier

BTS hôtellerie-restauration option A mercatique et gestion hôtelière

BTS hôtellerie-restauration option B art culinaire, art de la table et du service

BTS responsable d'hébergement (diplôme à référentiel commun européen)

EN SAVOIR PLUS

Nombre d'établissements préparant au diplôme : 314.

Nombre d'établissements préparant au diplôme en apprentissage : 69.

Les métiers de l'hôtellerie et de la restauration, Onisep, coll. « Parcours », 2011.

024

CONDUCTEUR TRANSPORT ROUTIER MARCHANDISES

OBJECTIFS

Le bac pro conducteur transport routier marchandises forme l'élève à préparer et à organiser une mission de transport (collecte et exploitation des informations, prise en charge du véhicule, chargement, itinéraire).

L'élève apprend à gérer les opérations d'enlèvement et de chargement des marchandises avec les moyens de manutention autorisés et adaptés en vue de réaliser le transport et la livraison (conduite en sécurité du véhicule, gestion du temps de conduite et de repos, localisation du site du client, mise à disposition du client de la marchandise et des documents, gestion des conditionnements). Il acquiert la maîtrise de la communication (compte rendu à l'entreprise, relation client, gestion des litiges ou incidents, communication avec les acteurs du domaine public...).

Il devient apte à clore sa mission de transport (restitution du véhicule conformément aux procédures de l'entreprise, restitution des documents).

DÉBOUCHÉS

Le diplômé exerce ses activités dans les entreprises pratiquant tout type de transport de marchandises et pouvant nécessiter la mise en œuvre de contrats de transport spécifiques, que ce soit pour le compte propre de l'entreprise ou pour le compte d'autrui.

→ Exemples de métiers

Conducteur(trice) routier(ière)

ACCÈS

Les accès sont décrits dans la fiche générale du bac professionnel p. 5.

PROGRAMME

Les enseignements généraux sont décrits dans la fiche générale du bac professionnel p. 5.

→ Enseignements professionnels

- Transport routier (réglementation du transport, contrats, réglementation sociale, cartes routières et plans d'agglomération, la marchandise...).
- Conduite des véhicules (règles de circulation et de sécurité routière, règles de conduite).
- Véhicule de transport de marchandises (différents types de véhicules et leur fonctionnement, dispositifs hydrauliques embarqués).
- Manutention (préparation du véhicule à la manutention, manutention mécanisée).
- Environnement et organisation de l'entreprise (environnement professionnel, gestion des entreprises de transport, communication).
- Qualité et sécurité dans le transport routier (démarche de qualité, prévention des risques professionnels, développement durable).

Sous statut scolaire, l'élève est en stage pendant 22 semaines réparties sur les 3 années du bac pro.

EXAMEN

Les épreuves générales sont décrites dans la fiche générale du bac professionnel p. 8.

Épreuves professionnelles

Pour les candidats de la voie scolaire dans un établissement public ou privé sous contrat, CFA ou section d'apprentissage habilités.

Épreuves	Mode	Coeff.
E 1 Épreuve scientifique et technique		6
Analyse d'une situation professionnelle de transport spécifique	CCF	3
Mathématiques	CCF	1,5
Sciences physiques et chimiques	CCF	1,5
E 2 Épreuve technologique		3
Étude de cas : préparation d'une activité de transport routier	CCF	3
E 3 Épreuve pratique prenant en compte la formation en milieu professionnel		11
Conduite avec mise à quai-conduite de chariot de manutention	CCF	2
Conduite d'un véhicule lourd articulé	CCF	5
Économie-gestion	CCF	1
Prévention-santé-environnement	CCF	1
Réalisation d'interventions en entreprise	CCF	2

Le diplôme est délivré aux candidats qui ont obtenu une moyenne générale supérieure ou égale à 10/20 à l'ensemble des épreuves générales et technologiques.

→ Diplôme intermédiaire

Les élèves de ce bac pro se présentent obligatoirement aux épreuves du CAP conducteur livreur de marchandises (facultatif pour les apprentis).

POURSUITE D'ÉTUDES

Le bac pro a pour objectif l'insertion professionnelle mais, avec un très bon dossier ou une mention à l'examen, une poursuite d'études est envisageable en BTS.

→ Exemples

BTS transport et prestations logistiques

EN SAVOIR PLUS

Nombre d'établissements préparant au diplôme : 58.

Nombre d'établissements préparant au diplôme en apprentissage : 1.

Les métiers du transport et de la logistique, Onisep, coll. « Parcours », 2010.

025

CONDUITE ET GESTION DE L'ENTREPRISE HIPPIQUE

OBJECTIFS

Le bac pro conduite et gestion de l'entreprise hippique forme des élèves au pilotage et à la gestion des entreprises hippiques.

L'élève acquiert toutes les techniques liées à l'élevage (soins, alimentation, reproduction...) et à la valorisation du cheval (préentraînement, entraînement, enseignement de l'équitation, animation de randonnées équestres...). Il apprend également à commercialiser les produits et les services d'une entreprise : achat et vente de chevaux ; commerce de services dans le secteur des courses (facturation, contrat, choix du cheval en fonction de la course, choix du jockey...) et dans le secteur des loisirs-compétition (suivi de clientèle, gestion des réservations, activités d'animation, organisation d'événements équestres, choix de la compétition...). Il devient apte à entretenir les bâtiments, les matériels, les équipements et la prairie. Enfin, les enseignements de gestion lui permettent de piloter l'entreprise (planification des investissements, choix des activités en fonction de leur rentabilité), de la gérer au quotidien (comptabilité, gestion administrative courante) et d'encadrer une équipe (recrutement, planning).

DÉBOUCHÉS

Le bachelier peut occuper des postes en écurie de trot ou de galop, en établissement équestre ou en écurie de propriétaire.

→ Exemples de métiers

Entraîneur(euse) de chevaux

Lad-jockey, lad-driver

ACCÈS

Les accès sont décrits dans la fiche générale du bac professionnel p. 5.

PROGRAMME

Les enseignements généraux sont décrits dans la fiche générale du bac professionnel p. 5.

→ Enseignements professionnels

- Pilotage de l'entreprise hippique : fonctionnement global, durabilité, diagnostic de la conduite de l'entreprise.
- Filière équine : principaux éléments de la filière, place dans le contexte économique, relations entre les acteurs, réglementation et politiques publiques, débouchés.
- Gestion de l'entreprise hippique : diagnostic financier, démarches d'installation, régimes fiscaux, organisation du travail, démarches de communication, clientèle.
- Zootechnie-hippologie : caractéristiques biologiques, physiologiques et comportementales des chevaux permettant de raisonner les choix techniques pour gérer une cavalerie (alimentation, santé, génétique, reproduction, croissance) et le travail du cheval.
- Gestion d'une cavalerie et des prairies associées : alimentation, santé, reproduction, bien-être des chevaux ; entretien de la prairie.
- Travail du cheval : organisation du travail de sport et de loisirs (élaboration du programme de travail du cheval, préparation physique...), entraînement du cheval de course (techniques d'entraînement, gestion des engagements, de la carrière du cheval, transport), éducation d'un poulain.
- Choix, utilisation et maintenance des équipements, bâtiments et installations associées de l'entreprise hippique.

Sous statut scolaire, l'élève est en stage durant 22 semaines réparties sur les 3 années du bac pro.

EXAMEN

Les épreuves générales sont décrites dans la fiche générale du bac professionnel p. 8.

Épreuves professionnelles

Pour les candidats de la voie scolaire dans un établissement public ou privé sous contrat, CFA ou section d'apprentissage habilités.

Épreuves	Durée	Mode	Coeff.
Choix techniques			2
Justification des choix techniques liés à la conduite des activités hippiques (liés à la gestion d'une cavalerie et au travail du cheval)	2 h 30	Écrit	2
Pilotage de l'entreprise			3
Élaboration d'un diagnostic global de l'entreprise hippique dans une perspective de durabilité	0 h 30	Oral	3
Pratiques professionnelles			5
Contexte des activités hippiques Réalisation de la gestion technico-économique, humaine et commerciale de l'entreprise dans une logique de développement durable Gestion d'une cavalerie dans une perspective de durabilité et de respect du bien-être de l'animal Gestion du travail du cheval en vue de développer ses potentialités dans le respect des règles de sécurité et du bien-être de l'animal Adaptation à des enjeux professionnels particuliers		CCF	5

Le diplôme est délivré aux candidats qui ont obtenu une moyenne générale supérieure ou égale à 10/20 à l'ensemble des épreuves générales et technologiques.

→ Diplôme intermédiaire

Les élèves de ce bac pro se présentent obligatoirement aux épreuves du BEPA cavalier-soigneur (facultatif pour les apprentis).

POURSUITE D'ÉTUDES

Le bac professionnel a pour premier objectif l'insertion professionnelle mais, avec un très bon dossier ou une mention à l'examen, une poursuite d'études est envisageable en BTSA. Quelques CS sont aussi accessibles.

→ Exemples

BP de la jeunesse, de l'éducation populaire et du sport spécialité activités équestres

BTSA analyse et conduite de systèmes d'exploitation

BTSA productions animales

CS conduite de l'élevage des équidés

CS éducation et travail des jeunes équidés

EN SAVOIR PLUS

Nombre d'établissements préparant au diplôme : 72.

Nombre d'établissements préparant au diplôme en apprentissage : 28.

Les métiers auprès des animaux, Onisep, coll. « Parcours », 2011.

026

CONDUITE ET GESTION DE L'EXPLOITATION AGRICOLE

option systèmes à dominante cultures

OBJECTIFS

Ce bac pro forme des élèves à devenir responsables d'exploitation agricole. Les enseignements leur permettent de maîtriser et d'organiser toutes les étapes du travail : choix du type de culture à effectuer sur les différentes parcelles, travail du sol, semis, surveillance des végétaux tout au long de leur croissance, épandage des engrais, récolte mais aussi enregistrement des données concernant le suivi des parcelles.

La formation aborde aussi l'élevage dans l'exploitation. La présence d'un élevage implique une organisation au niveau des cultures, des batiments et du stockage d'aliments, qui doit répondre au mieux à ses besoins.

L'élève apprend à utiliser et à entretenir des tracteurs, charrues, épandeurs, moissonneuses et à effectuer des réparations simples sur les équipements et les bâtiments.

Les connaissances acquises en gestion lui permettent de prendre toutes les décisions concernant la conduite de son entreprise, le choix de son mode de production, de ses fournisseurs et les décisions d'investissement.

Il est préparé à suivre la comptabilité et les dossiers administratifs de l'exploitation, à établir des prévisions et à négocier ses achats et ses ventes.

DÉBOUCHÉS

Ce bac pro permet l'obtention de la capacité professionnelle agricole (CPA) nécessaire pour obtenir les aides de l'État et s'installer comme jeune agriculteur. Les titulaires du diplôme peuvent aussi devenir employés hautement qualifiés dans une exploitation agricole ou dans une coopérative.

→ Exemples de métiers

Agriculteur(trice)
Chef d'exploitation agricole (blé, maïs, orge, colza...)
Chef d'exploitation de polyculture-élevage
Conducteur(trice) de machines agricoles
Ouvrier(ière) agricole

ACCÈS

Les accès sont décrits dans la fiche générale du bac professionnel p. 5.

PROGRAMME

Les enseignements généraux sont décrits dans la fiche générale du bac professionnel p. 5.

→ Enseignements professionnels

Enseignements communs aux options : économie du secteur agricole, analyse de la conduite d'une entreprise agricole, fonctionnement et gestion d'une exploitation, analyse de résultats comptables, notions de droit, de fiscalité, de gestion de ressources humaines.

Option systèmes à dominante cultures

- Bases scientifiques : agronomie, étude et observation des facteurs explicatifs du rendement et de la qualité (fonctionnement du peuplement végétal, étude du sol, climat...), diagnostic de parcelles.
- Mise en œuvre des systèmes de culture : choix d'itinétaire technique, mise en place et rotation des cultures, conduite de chantier de semis, traitements ou récolte, évaluation et optimisation de la fertilité des parcelles.
- Matériel : choix adapté, fonctionnement, conduite, réglage, entretien des matériels et des équipements de stockage.
- Zootechnie : place d'un élevage dans une exploitation de grandes cultures, alimentation animale, fonctionnalité des bâtiments d'élevage, impacts environnementaux, etc.

Sous statut scolaire, l'élève est en stage pendant 22 semaines réparties sur les 3 années du bac pro.

EXAMEN

Les épreuves générales sont décrites dans la fiche générale du bac professionnel p. 8.

Épreuves professionnelles

Pour les candidats de la voie scolaire dans un établissement public ou privé sous contrat, CFA ou section d'apprentissage habilités.

Épreuves	Durée	Mode	Coeff.
Sciences appliquées et technologies			2
Connaissances scientifiques et techniques nécessaires à la conduite de production	2 h 30	Écrit	
Pilotage de l'entreprise			3
Préparation et suivi d'une mise en œuvre sur chantier	0 h 30	Oral	
Pratique professionnelle			5

Adaptation à des enjeux professionnels particuliers	CCF	1
Contexte de la production et de la commercialisation des produits et des services	CCF	0,5
Gestion technico-économique d'une entreprise agricole	CCF	1,5
Mise en œuvre des équipements agricoles Conduite d'un processus de production à l'échelle du système de culture	CCF	2

Le diplôme est délivré aux candidats qui ont obtenu une moyenne générale supérieure ou égale à 10/20 à l'ensemble des épreuves générales et technologiques.

→ Diplôme intermédiaire

Les élèves de ce bac pro se présentent obligatoirement aux épreuves du BEPA travaux agricoles et conduite d'engins (facultatif pour les apprentis).

POURSUITE D'ÉTUDES

Le bac pro a pour objectif l'insertion professionnelle mais, avec un très bon dossier ou une mention à l'examen, une poursuite d'études est envisageable en BTSA. Quelques CS sont aussi accessibles.

→ Exemples

BTSA agronomie : productions végétales

BTSA développement de l'agriculture des régions chaudes

BTSA sciences et technologies des aliments spécialité produits céréaliers

CS agent de collecte approvisionnement

CS conduite de productions en agriculture biologique et commercialisation

CS plantes à parfum, aromatiques et médicinales à usage artisanal ou industriel

CS production cidricole

CS production, transformation et commercialisation des produits fermiers

EN SAVOIR PLUS

Nombre d'établissements préparant au diplôme : 79.

Nombre d'établissements préparant au diplôme en apprentissage : 25.

Les métiers de l'agriculture, Onisep, coll. « Parcours », 2009.

027

CONDUITE ET GESTION DE L'EXPLOITATION AGRICOLE

option systèmes à dominante élevage

OBJECTIFS

Ce bac pro forme des élèves à devenir responsables d'une exploitation agricole en élevage ou polyculture-élevage. Les enseignements portent sur les techniques d'élevage (bovins, porcs, volailles ou gibier) : composition d'une alimentation adaptée à l'âge et à la race des animaux, surveillance de la santé et du comportement, soins, contrôle de la reproduction, réalisation de la traite ou de la tonte, etc.

La formation aborde aussi les productions végétales. Le plus souvent, l'exploitation comporte des terres qui produisent le fourrage ou les céréales destinés à l'alimentation des animaux. Des cours sont consacrés au stockage des productions et à la maîtrise des installations mais aussi à l'utilisation et à l'entretien des bâtiments et du matériel agricole : tracteurs, moissonneuses-batteuses, trayeuses, systèmes de distribution de nourriture, ventilation.

Les connaissances acquises en gestion permettent à l'élève de prendre toutes les décisions concernant la conduite de l'entreprise, le choix du mode de production, des fournisseurs, les décisions d'investissment mais aussi de suivre la comptabilité et les dossiers administratifs de son exploitation et d'établir des prévisions. Il est préparé à négocier ses achats et ses ventes.

DÉBOUCHÉS

Le bac pro permet l'obtention de la capacité professionnelle agricole (CPA) nécessaire pour obtenir les aides de l'État et s'installer comme jeune agriculteur. Les titulaires du diplôme peuvent aussi devenir employés hautement qualifiés dans une exploitation agricole ou dans une coopérative.

→ Exemples de métiers

Agriculteur(trice)

Apiculteur(trice)

Éleveur(euse)

Ouvrier(ière) agricole

ACCÈS

Les accès sont décrits dans la fiche générale du bac professionnel p. 5.

PROGRAMME

Les enseignements généraux sont décrits dans la fiche générale du bac professionnel p. 5.

→ Enseignements professionnels

Enseignements communs aux options : économie du secteur agricole, analyse de la conduite d'une entreprise agricole, fonctionnement et gestion d'une exploitation, analyse de résultats comptables, notions de droit, de fiscalité, de gestion de ressources humaines.

Option systèmes à dominante élevage

- Bases scientifiques : agronomie, zootechnie, alimentation animale, reproduction, génétique.
- Conduite d'un élevage : fonctionnement de l'atelier d'élevage, calcul des rations alimentaires, suivi de la santé du troupeau, stratégie de sélection génétique, contrôle de la reproduction et enregistrement des données, analyse des résultats technico-économiques de l'élevage, valorisation et qualité des produits.
- Cultures associées à l'élevage : cultures liées à l'alimentation des animaux, conduite de systèmes fourragers, valorisation des effluents d'élevage en grande culture.
- Agroéquipement : tracteur, matériel de récolte, de fertilisation, automatismes d'alimentation, de régulation d'ambiance, fonctionnalité des bâtiments et bien-être animal, réglementation sanitaire, etc.

Sous statut scolaire, l'élève est en stage pendant 22 semaines réparties sur les 3 années du bac pro.

EXAMEN

Les épreuves générales sont décrites dans la fiche générale du bac professionnel p. 8.

Épreuves professionnelles

Pour les candidats de la voie scolaire dans un établissement public ou privé sous contrat, CFA ou section d'apprentissage habilités.

Épreuves	Durée	Mode	Coeff.
Sciences appliquées et technologies			2
Connaissances scientifiques et techniques nécessaires à la conduite de production	2 h 30	Écrit	2
Pilotage de l'entreprise			3
Préparation et suivi d'une mise en œuvre sur chantier	0 h 30	Oral	3
Pratique professionnelle			5
Adaptation à des enjeux professionnels particuliers	CCF		1
Contexte de la production et de la commercialisation des produits et des services	CCF		0,5
Gestion technico-économique d'une entreprise agricole	CCF		1,5
Mise en œuvre des équipements de l'élevage Conduite d'un atelier de production animale Conduite de cultures associées à l'élevage	CCF		2

Le diplôme est délivré aux candidats qui ont obtenu une moyenne générale supérieure ou égale à 10/20 à l'ensemble des épreuves générales et technologiques.

→ Diplôme intermédiaire

Les élèves de ce bac pro se présentent obligatoirement aux épreuves du BEPA travaux en exploitations d'élevage (facultatif pour les apprentis).

POURSUITE D'ÉTUDES

Le bac pro a pour premier objectif l'insertion professionnelle mais, avec un très bon dossier ou une mention à l'examen, une poursuite d'études est envisageable en BTSA. Quelques CS sont aussi accessibles.

→ Exemples

BTSA analyse et conduite de systèmes d'exploitation

BTSA développement de l'agriculture des régions chaudes

BTSA productions animales

CS commercialisation du bétail : acheteur estimateur

CS conduite de l'élevage de palmipèdes à foie gras et commercialisation des produits

CS conduite de l'élevage des équidés

CS conduite de l'élevage laitier

CS conduite de l'élevage ovin viande

CS conduite de l'élevage porcin

CS conduite de productions en agriculture biologique et commercialisation

CS conduite d'un élevage avicole et commercialisation des produits

CS conduite d'un élevage caprin et commercialisation des produits

CS conduite d'un élevage hélicicole et commercialisation des produits

CS éducation et travail des jeunes équidés

CS production, transformation et commercialisation des produits fermiers

EN SAVOIR PLUS

Nombre d'établissements préparant au diplôme : 240.

Nombre d'établissements préparant au diplôme en apprentissage : 38.

Les métiers de l'agriculture, Onisep, coll. « Parcours », 2009.

Les métiers auprès des animaux, Onisep, coll. « Parcours », 2011.

028

CONDUITE ET GESTION DE L'EXPLOITATION AGRICOLE

option vigne et vin

OBJECTIFS

Ce bac pro forme des élèves à devenir responsables d'une exploitation viticole. Les enseignements portent sur la mise en place d'un vignoble et la maîtrise de toutes les étapes du travail de la vigne, de la taille à la récolte. Pour la partie travail en cave, l'élève apprend à contrôler la transformation du raisin, de la récolte jusqu'à la mise en bouteilles.

Les connaissances acquises en gestion lui permettent de prendre toutes les décisions concernant la conduite de l'entreprise, le choix de son mode de production, de ses fournisseurs et les décisions d'investissement... Il est préparé à suivre la comptabilité et les dossiers administratifs de l'exploitation, à établir des prévisions et à négocier des achats et des ventes.

DÉBOUCHÉS

Ce bac pro permet l'obtention de la capacité professionnelle agricole (CPA) nécessaire pour obtenir les aides de l'État et s'installer comme jeune agriculteur. Les titulaires du diplôme peuvent aussi devenir employés hautement qualifiés dans une exploitation viticole ou dans une coopérative, plus rarement dans un organisme para-agricole, chez un négociant ou en laboratioire d'œnologie.

→ Exemples de métiers

Agriculteur(trice)

Arboriculteur(trice)

Caviste

Conducteur(trice) de machines agricoles

Ouvrier(ière) agricole

Viticulteur(trice)

ACCÈS

Les accès sont décrits dans la fiche générale du bac professionnel p. 5.

PROGRAMME

Les enseignements généraux sont décrits dans la fiche générale du bac professionnel p. 5.

→ Enseignements professionnels

Enseignements communs aux options : économie du secteur agricole, analyse de la conduite d'une entreprise agricole, fonctionnement et gestion d'une exploitation, analyse de résultats comptables, notions de droit, de fiscalité, de gestion de ressources humaines.

Option vigne et vin

- Bases scientifiques : caractéristiques biologiques de la vigne et du vin, agronomie.
- Viticulture : mise en place d'un vignoble, taille, entretien du sol, fertilisation, protection de la culture, suivi de l'état de la culture, suivi du chantier de récolte, renouvellement des cultures, gestion des effluents, des déchets et sous-produits.
- Vinification, œnologie : contrôle de maturité de la récolte, transformation du raisin en moût, élevage et conservation du vin, conditionnement et mise sur le marché.
- Agroéquipement : choix, utilisation et entretien des matériels et des équipements spécifiques à la production vitivinicole.
- Connaissance des terroirs.

Sous statut scolaire, l'élève est en stage pendant 22 semaines réparties sur les 3 années de bac pro.

EXAMEN

Les épreuves générales sont décrites dans la fiche générale du bac professionnel p. 8.

Épreuves professionnelles

Pour les candidats de la voie scolaire dans un établissement public ou privé sous contrat, CFA ou section d'apprentissage habilités.

Épreuves	Durée	Mode	Coeff.
Sciences appliquées et technologies			2
Connaissances scientifiques et techniques nécessaires à la conduite de production	2 h 30	Écrit	2
Pilotage de l'entreprise			3
Préparation et suivi d'une mise en œuvre sur chantier	0 h 30	Oral	3
Pratique professionnelle			5
Adaptation à des enjeux professionnels particuliers	CCF		1
Contexte de la production et de la commercialisation des produits et des services	CCF		0,5
Gestion technico-économique d'une entreprise agricole	CCF		1,5
Mise en œuvre des équipements viticoles et vinicoles Conduite d'un processus vitivinicole	CCF		2

Le diplôme est délivré aux candidats qui ont obtenu une moyenne générale supérieure ou égale à 10/20 à l'ensemble des épreuves générales et technologiques.

→ Diplôme intermédiaire

Les élèves de ce bac pro se présentent obligatoirement aux épreuves du BEPA travaux de la vigne et du vin (facultatif pour les apprentis).

POURSUITE D'ÉTUDES

Le bac pro a pour premier objectif l'insertion professionnelle mais, avec un très bon dossier ou une mention à l'examen, une poursuite d'études est envisageable en BTSA. Quelques CS sont aussi accessibles.

→ Exemples

BTSA agronomie : productions végétales

BTSA analyse et conduite de systèmes d'exploitation

BTSA technico-commercial

BTSA viticulture-œnologie

CS commercialisation des vins

CS conduite de productions en agriculture biologique et commercialisation

CS production cidricole

CS production, transformation et commercialisation des produits fermiers

CS technicien de cave

CS tourisme vert, accueil et animation en milieu rural

EN SAVOIR PLUS

Nombre d'établissements préparant au diplôme : 40.

Nombre d'établissements préparant au diplôme en apprentissage : 12.

Les métiers de l'agriculture, Onisep, coll. « Parcours », 2009.

029

CONDUITE ET GESTION DES ENTREPRISES MARITIMES

option commerce

OBJECTIFS

En bac pro CGEM option commerce, l'élève est formé à la conduite du navire (position, stabilité et manœuvre, planification du voyage, interprétation des conditions météorologiques et océanographiques).

Cette formation lui donne les compétences pour maîtriser la conduite et l'entretien des machines, des matériels électriques (préparatifs, démarrage, surveillance, entretien des moteurs, utilisation d'un contrôleur universel, etc.). En plus de l'enseignement sur le conditionnement, la manutention et l'arrimage des marchandises, il acquiert des connaissances nécessaires pour gérer et manager efficacement un projet d'installation ou d'acquisition (gestion des ressources humaines, application de la réglementation, comptabilité, encadrement...). Sécurité et communication figurent aussi au programme de cette formation.

DÉBOUCHÉS

D'abord matelot, le titulaire du baccalauréat professionnel peut devenir maître, patron ou capitaine selon son expérience professionnelle. La promotion sociale a toujours été un principe dans la marine marchande.

→ Exemples de métiers

Marin de commerce

Marin pêcheur

ACCÈS

Les accès sont décrits dans la fiche générale du bac professionnel p. 5.

PROGRAMME

Les enseignements généraux sont décrits dans la fiche générale du bac professionnel p. 5.

→ Enseignements professionnels

- Conduite du navire : règlement international, compas, radars, documents nautiques...
- Machines marines : identifications structurelle et fonctionnelle des machines, conduite et maintenance des machines (préparatifs, démarrage, montée en puissance, surveillance, stoppage), technologie d'atelier (découpages, ajustage, travaux sur tôle, etc.).
- Électrotechnique : le matériel de commande électrique (fonctionnement, dangers, conduite et maintenance).
- Maintenance préventive et corrective de la coque et des apparaux d'un navire de commerce (contrôle, équipements de contrôle, fréquence, personnes habilitées, mesures à prendre, résultats).
- Description du navire et stabilité : les différents types de navires, construction et structure du navire, stabilité transversale et longitudinale, notions de flottabilité et de stabilité après avarie.
- Gestion et management de l'entreprise maritime : gestion des ressources matérielles et humaines, environnement économique et politique de l'entreprise maritime de commerce, initiation à la comptabilité, commercialisation des prestations de commerce.
- Sécurité des navires, ergonomies et sécurité au travail.
- Environnement professionnel : l'administration chargée de la mer, le droit commercial maritime, le régime social de marins, les risques maritimes.
- Anglais maritime et technique : description du navire en langue anglaise, connaissance de la langue anglaise pour l'exercice de la fonction d'officier de pont.
- Cargaison : conditionnement de la marchandise, la manutention et l'arrimage de la cargaison, réglementation relative au transport des marchandises dangereuses.
- Systèmes de commande : systèmes automatisés (conduite et maintenance), le Grafcet, les automates.

Sous statut scolaire, l'élève est en stage pendant 22 semaines réparties sur les 3 années du bac pro. Pendant cette période de professionnalisation, l'élève appréhende concrètement la réalité des contraintes économiques, humaines et techniques de l'entreprise maritime.

EXAMEN

Les épreuves générales sont décrites dans la fiche générale du bac professionnel p. 8.

Épreuves professionnelles

Pour les candidats de la voie scolaire dans un établissement public ou privé sous contrat, CFA ou section d'apprentissage habilités.

Épreuves	Durée	Mode	Coeff.
E 1 Épreuve scientifique			3
Mathématiques		CCF	1,5
Sciences physiques et chimiques		CCF	1,5
E 2 Épreuve de technologie			6
Conduite de l'expédition maritime	3 h	Écrit	3
Gestion et management	2 h	Écrit	3
E 3 Épreuve pratique prenant en compte la formation en milieu professionnel			8
Navigation - Règles de barre - Tenue du quart		CCF	2
Maintenance des installations techniques - Atelier		CCF	3
Électrotechnique - Cargaison		CCF	2
Prévention-santé-environnement		CCF	1

Le diplôme est délivré aux candidats qui ont obtenu une moyenne générale supérieure ou égale à 10/20 à l'ensemble des épreuves générales et technologiques.

→ Diplôme intermédiaire

Les élèves de ce bac pro se présentent obligatoirement aux épreuves du BEPM marin du commerce (facultatif pour les apprentis).

POURSUITE D'ÉTUDES

Les titulaires du bac pro peuvent envisager de poursuivre leurs études par l'accès à la filière B de formation d'officier de l'École nationale supérieur maritime.

EN SAVOIR PLUS

Nombre d'établissements préparant au diplôme : 12.

Nombre d'établissements préparant au diplôme en apprentissage : 0.

Les métiers du transport et de la logistique, Onisep, coll. « Parcours », 2010.

030

CONDUITE ET GESTION DES ENTREPRISES MARITIMES

option pêche

OBJECTIFS

En bac pro CGEM option pêche, l'élève est formé à la conduite du navire (position, stabilité et manœuvre, planification du voyage, interprétation des conditions météorologiques et océanographiques). Il apprend à définir et à mettre en œuvre une stratégie de pêche et à en assurer l'organisation (détermination d'un lieu, d'une méthode, choix des moyens techniques en fonction de l'espèce recherchée...). Cette formation lui donne les moyens de maîtriser l'exploitation des engins de pêche, des appareils de mesure et de détection ainsi que les techniques de conservation et de traitement des captures. En plus de l'enseignement sur les circuits de commercialisation et de valorisation des produits de la mer, il acquiert des compétences pour gérer et manager efficacement un projet d'installation ou d'acquisition (gestion des ressources humaines, application de la réglementation, comptabilité, encadrement, gestion des ressources biologiques exploitées). Sécurité et communication figurent aussi au programme du bac pro.

DÉBOUCHÉS

Le diplômé peut conduire en toute sécurité un navire, en route ou en pêche. Le bac pro CGEM ouvre non seulement à des emplois en mer mais aussi à des emplois à terre, dans une entreprise du secteur maritime ou une organisation professionnelle.

→ Exemples de métiers

Marin de commerce

Marin pêcheur

ACCÈS

Les accès sont décrits dans la fiche générale du bac professionnel p. 5.

PROGRAMME

Les enseignements généraux sont décrits dans la fiche générale du bac professionnel p. 5.

→ Enseignements professionnels

- Conduite du navire : règlement international, compas, radars, documents nautiques, etc.
- Conduite de la pêche : définir et conduire les différentes phases du processus de pêche (recherche d'informations, utilisation des moyens informatiques et électroniques du bord pour détecter la présence des espèces recherchées, choix d'une technique de pêche, préparation, mise en œuvre et maintenance des engins de pêche...), écologie marine, localisation et migrations des espèces, pollutions physiques, chimiques et organiques, gestion rationnelle des ressources vivantes, analyse de la surexploitation.
- Traitement et valorisation des captures : traitement et conservation des captures, débarquement des produits de la pêche, contraintes commerciales.
- Maintenance préventive et corrective de la coque d'un navire de pêche, des apparaux, des équipements et des engins de pêche (contrôle, équipements de contrôle, fréquence, personnes habilitées, mesures à prendre, résultats).
- Description du navire et stabilité : les différents types de navires, construction et structure du navire, stabilité transversale et longitudinale, statique et dynamique, utilisation des documents réglementaires.
- Gestion et management de l'entreprise maritime : gestion des ressources matérielles et humaines, gestion de l'environnement économique et politique de l'entreprise maritime de pêche, la gestion comptable de l'entreprise, la commercialisation des produits de la pêche.
- Sécurité des navires (drôme de sauvetage, conduite à tenir en cas d'urgence, etc.), ergonomies et sécurité au travail (statistiques relatives aux accidents du travail maritime, prévention des risques).
- Environnement professionnel : l'administration chargée de la mer, le droit commercial maritime, le régime social des marins, les riques maritimes, les organisations professionnelles, le droit et la réglementation des pêches maritimes.
- Anglais maritime et technique : description du navire en langue anglaise, etc.

Sous statut scolaire, l'élève est en stage pendant 22 semaines réparties sur les 3 années du bac pro. Pendant cette période de professionnalisation, l'élève appréhende concrètement la réalité des contraintes économiques, humaines et techniques de l'entreprise maritime.

EXAMEN

Les épreuves générales sont décrites dans la fiche générale du bac professionnel p. 8.

Épreuves professionnelles

Pour les candidats de la voie scolaire dans un établissement public ou privé sous contrat, CFA ou section d'apprentissage habilités.

Épreuves	Durée	Mode	Coeff.
E 1 Épreuve scientifique et technique			3
Mathématiques	CCF		1,5
Sciences physiques et chimiques	CCF		1,5
E 2 Épreuve de technologie			6
Conduite de l'expédition maritime	3 h	Écrit	3
Gestion et management	2 h	Écrit	3
E 3 Épreuve pratique prenant en compte la formation en milieu professionnel			8
Navigation, règles de barre, tenue du quart	CCF		2
Maintenance, techniques de pêche, informatique embarquée	CCF		3
Traitement et valorisation des produits	CCF		2
Prévention-santé-environnement	CCF		1

Le diplôme est délivré aux candidats qui ont obtenu une moyenne générale supérieure ou égale à 10/20 à l'ensemble des épreuves générales et technologiques.

→ Diplôme intermédiaire

Les élèves de ce bac pro se présentent obligatoirement aux épreuves du BEPM pêche (facultatif pour les apprentis).

POURSUITE D'ÉTUDES

Les titulaires du bac pro vont en majorité s'embarquer sur un bateau de pêche. Ils peuvent aussi envisager de poursuivre leurs études par l'accès à la filière B de formation d'officier de l'École nationale supérieure maritime.

EN SAVOIR PLUS

Nombre d'établissements préparant au diplôme : 13.

Nombre d'établissements préparant au diplôme en apprentissage : 2.

Les métiers du transport et de la logistique, Onisep, coll. « Parcours », 2010.

031

CONDUITE ET GESTION DES ENTREPRISES MARITIMES

option plaisance professionnelle

1re session en 2014

OBJECTIFS

En bac pro CGEM option plaisance professionnelle, l'élève est formé à la conduite du navire (position, planification du voyage, interprétation des conditions météorologiques et océanographiques) et à la marche du navire à voile (navigation astronomique et orthodromique, manœuvre d'un voilier). Il apprend à définir et à mettre en œuvre un programme d'activités à la clientèle à bord et en escale en fonction de leurs attentes, à organiser des prestations de services à bord, à entretenir et approfondir sa culture maritime. Cette formation lui donne les moyens de maîtriser la technologie du navire à voile (constitution, coupe, conception, entretien, les allures et le réglage des voiles, la coque). En plus de l'enseignement sur le droit maritime ou le matelotage, il acquiert des connaissances lui permettant de gérer et manager efficacement un projet d'installation ou d'acquisition (gestion des ressources humaines, application de la réglementation, comptabilité, encadrement). Sécurité et communication figurent aussi parmi au programme du bac pro.

DÉBOUCHÉS

En plaisance professionnel, le titulaire du bac pro peut devenir skipper ou capitaine de Yacht.

→ Exemples de métiers

Skipper

Patron de plaisance voile

ACCÈS

Les accès sont décrits dans la fiche générale du bac professionnel p. 5

PROGRAMME

Les enseignements généraux sont décrits dans la fiche générale du bac professionnel p. 5.

→ Enseignements professionnels

- Conduite du navire : règlement international,

compas, radars, documents nautiques, navigation astronomique, orthodromie, manœuvre d'un voilier, etc.

- Relations commerciales à bord et à terre : culture maritime, prestations de service à bord (services hôteliers, de relations publiques...), rechercher et communiquer les informations d'ordre touristique et culturel.
- Propulsion vélique : les allures et le réglage des voiles, l'accastillage, les manœuvres.
- Maintenance des équipements, de la coque et des apparaux.
- Description du navire et stabilité : les différents types de navires, construction et structure du navire, notions de flottabilité et de stabilité après avarie, comportement du navire en mer, etc.
- Gestion et management de l'entreprise maritime : gestion des ressources matérielles et humaines, environnement économique et politique de l'entreprise maritime de plaisance, initiation à la comptabilité, commercialisation des prestations de l'entreprise.
- Sécurité des navires, ergonomies et sécurité au travail : moyens d'assèchement, conduite à tenir en cas d'urgence, prévention des risques liés aux activités communes à tout type de navire.
- Environnement professionnel : l'administration chargée de la mer, le droit commercial maritime, le régime social des marins, les risques maritimes.
- Anglais maritime et technique : la description du navire en langue anglaise, connaissance de la langue anglaise pour l'exercice de la fonction d'officier de pont.

Sous statut scolaire, l'élève est en stage pendant 22 semaines réparties sur les 3 années du bac pro. Pendant cette période de professionnalisation, l'élève appréhende concrètement la réalité des contraintes économiques, humaines et techniques de l'entreprise maritime.

EXAMEN

Les épreuves générales sont décrites dans la fiche générale du bac professionnel p. 8.

Épreuves professionnelles

Pour les candidats de la voie scolaire dans un établissement public ou privé sous contrat, CFA ou section d'apprentissage habilités.

Épreuves	Durée	Mode	Coeff.
E 1 Épreuve scientifique			3
Mathématiques	CCF		1,5
Sciences physiques et chimiques	CCF		1,5
E 2 Épreuve de technologie			6
Conduite de l'expédition maritime	3 h	Écrit	3
Gestion et management	2 h	Écrit	3
E 3 Épreuve pratique prenant en compte la formation en milieu professionnel			8
Navigation, règles de barre, tenue du quart	CCF		2
Maintenance des installations techniques, informatique embarquée	CCF		3
Relation commerciales - Service à la clientèle	CCF		2
Prévention-santé-environnement	CCF		1

Le diplôme est délivré aux candidats qui ont obtenu une moyenne générale supérieure ou égale à 10/20 à l'ensemble des épreuves générales et technologiques.

→ Diplôme intermédiaire

Les élèves de ce bac pro se présentent obligatoirement aux épreuves du BEPM marin du commerce (facultatif pour les apprentis).

POURSUITE D'ÉTUDES

Les titulaires du bac pro peuvent envisager de poursuivre leurs études par l'accès à la filière B d'officier de l'École nationale supérieure maritime.

EN SAVOIR PLUS

Nombre d'établissements préparant au diplôme : consulter le site Onisep.fr

Les métiers du transport et de la logistique, Onisep, coll. « Parcours », 2010.

032

CONDUITE ET GESTION D'UNE ENTREPRISE DU SECTEUR CANIN ET FÉLIN

OBJECTIFS

Le bac pro conduite et gestion d'une entreprise du secteur canin et félin forme des élèves à l'élevage de chiens et de chats. L'élève assimile les techniques lui permettant de s'occuper des animaux : les nourrir, les surveiller, les soigner, suivre leur éducation de base, repérer les caractéristiques des chiens et des chats... Il acquiert les techniques de sélection et de reproduction, et apprend également à entretenir les locaux (nettoyage, désinfection), les équipements et les matériels dans le respect du bien-être des animaux et des règles d'hygiène et de sécurité.

Les connaissances acquises au cours du bac pro lui donnent la capacité de faire un suivi de trésorerie, d'établir les documents comptables propres à la gestion de l'élevage et de faire les ajustements nécessaires pour atteindre les objectifs fixés. L'élève assimile aussi les techniques de communication, de promotion, de conseil en vue de la commercialisation des animaux en sa possession.

DÉBOUCHÉS

Le diplômé exerce son activité au sein d'une entreprise qui vise la production d'animaux de compagnie (chiens et/ou chats) destinés à la vente. Il peut être le chef de l'entreprise ou le responsable de l'élevage.

→ Exemples de métiers

Éleveur(euse)

Vendeur(euse) en animalerie

ACCÈS

Les accès sont décrits dans la fiche générale du bac professionnel p. 5.

PROGRAMME

Les enseignements généraux sont décrits dans la fiche générale du bac professionnel p. 5.

→ Enseignements professionnels

- Conduite des activités d'élevage et de pension : alimentation, sélection et reproduction (mise bas), sevrage, hygiène et santé des chiens et des chats.
- Techniques de socialisation et d'éducation : caractéristiques comportementales du chien et du chat (interactions entre l'animal et son environnement), présenter un chien ou un chat en exposition.
- Contrôle des conditions d'hébergement des animaux : maintenance et entretien des bâtiments et des matériels, contrôle des paramètres d'ambiance et de confort en respectant le bien-être animal.
- Commercialisation des chiens et des chats : négociation avec les acheteurs, acte de vente, prospection, techniques de communication, analyse du comportement du consommateur, élaboration d'une stratégie commerciale, conseil.
- Réglementation : dimensions juridiques et fiscales de l'entreprise, cadre réglementaire lié à la protection animale.
- Santé et sécurité : prévention des risques professionnels.
- Gestion économique et administrative d'une entreprise : fonctionnement d'une entreprise, enregistrement des données comptables, suivi de production, analyse des résultats économiques et financiers, prévision et suivi de trésorerie.

Sous statut scolaire, l'élève est en stage pendant 22 semaines réparties sur les 3 années du bac pro.

EXAMEN

Les épreuves générales sont décrites dans la fiche générale du bac professionnel p. 8.

Épreuves professionnelles

Pour les candidats de la voie scolaire dans un établissement public ou privé sous contrat, CFA ou section d'apprentissage habilités.

Épreuves	Durée	Mode	Coeff.
Choix techniques			2
Justification des choix techniques liés à la conduite des activités d'élevage, de pension et d'éducation	2 h 30	Écrit	2
Pilotage de l'entreprise			3
Élaboration d'un diagnostic global de l'entreprise dans un contexte de durabilité	0 h 30	Oral	3
Pratiques professionnelles			5
Adaptation à des enjeux professionnels particuliers Commercialisation des animaux d'élevage et les services associés Conduite des activités d'élevage et de pension Conduite des opérations de socialisation et d'éducation des animaux Contexte socio-économique de l'entreprise et le marché du chien et du chat Réalisation de la gestion technico-économique de l'entreprise		CCF	5

Le diplôme est délivré aux candidats qui ont obtenu une moyenne générale supérieure ou égale à 10/20 à l'ensemble des épreuves générales et technologiques.

→ Diplôme intermédiaire

Les élèves de ce bac pro se présentent obligatoirement aux épreuves du BEPA travaux de l'élevage canin et félin (facultatif pour les apprentis).

POURSUITE D'ÉTUDES

Ce bac pro est surtout destiné à l'insertion immédiate sur le marché du travail.

EN SAVOIR PLUS

Nombre d'établissements préparant au diplôme : 23.

Nombre d'établissements préparant au diplôme en apprentissage : 6.

Les métiers auprès des animaux, Onisep, coll. « Parcours », 2011.

033

CONSTRUCTION DES CARROSSERIES

OBJECTIFS

La formation permet, en carrosserie industrielle, d'acquérir les techniques de réalisation, d'agencement, de transformation ou de reconditionnement de voitures, poids lourds, autocars, caravanes, bureaux mobiles, ambulances, à l'unité ou en petite série.

En réalisation ou en adaptation, l'élève devient capable de mettre en place l'intervention : analyse de dossier, production de dessins, calcul de résistance, protection de certains éléments, préparation des matériels et outillages.

Il développe des compétences pour prendre en charge la réalisation : mise en œuvre des matériels et outillages, conduite et maintenance du système de production, essais et paramétrages, mise en forme et réception des montages et outillages de carrosserie, assemblage des éléments, essais et retouches.

DÉBOUCHÉS

Qu'il s'agisse d'automobiles, trains, avions, bateaux, le carrossier travaille pour une grande marque, un constructeur de véhicules utilitaires, ses sous-traitants, un propriétaire de voitures de société, un carrossier indépendant, etc.

→ Exemples de métiers

Ajusteur(euse)-monteur(euse)

Carrossier(ière)

Contrôleur(euse) technique automobile

ACCÈS

Les accès sont décrits dans la fiche générale du bac professionnel p. 5.

PROGRAMME

Les enseignements généraux sont décrits dans la fiche générale du bac professionnel p. 5.

→ Enseignements professionnels

- Analyse des produits (ensembles carrossés, organisation mécanique et électrique, ouvrants, mécanisme de carrosserie, étanchéité et anticorrosion, insonorisation, aérodynamisme, visibilité, sécurité, expertise, matériaux) et de leur représentation graphique (perspective, géométrie descriptive et projection).

- Systèmes et techniques de production et de manutention : typologie des systèmes et caractéristiques des machines ; performances ; techniques de production par découpage, conformation, assemblage ; organisation des systèmes et gestion de la production.

- Travail des matériaux : choix des procédés, outillages sur machines (typologie, choix, gestion, optimisation de la production et des circuits des produits et informations).

- Prévention, sécurité, ergonomie : identification, analyse des risques et stratégie de prévention ; ergonomie et conditions de travail ; accidents du travail et maladies professionnelles ; protection de l'environnement.

- Mécanique : analyse des comportements des véhicules et mécanismes spécifiques (liaisons et actions mécaniques s'exerçant sur un solide, équilibre et mouvement des corps : statique et cinématique, éléments de résistance des matériaux).

- Qualité : organisation, mesure, suivi de la qualité en production.

- Traitement informatisé de l'information (appliqué à la spécialisation) : utilisation des outils informatiques (programmation du système de production, exploitation du système tridimensionnel à mesurer).

Sous statut scolaire, l'élève est en stage pendant 22 semaines réparties sur les 3 années du bac pro.

EXAMEN

Les épreuves générales sont décrites dans la fiche générale du bac professionnel p. 8.

Épreuves professionnelles

Pour les candidats de la voie scolaire dans un établissement public ou privé sous contrat, CFA ou section d'apprentissage habilités.

Épreuves	Mode	Coeff.
E 1 Épreuve scientifique et technique		5
Analyse d'un système technique	CCF	2
Mathématiques	CCF	1,5
Sciences physiques et chimiques	CCF	1,5
E 2 Épreuve technologique		3
Étude de cas : préparation d'une production	CCF	3
E 3 Épreuve pratique prenant en compte la formation en milieu professionnel		11
Économie-gestion	CCF	1
Intervention de contrôle et mise en conformité sur un système mettant en œuvre des énergies	CCF	3
Mesures, contrôles, réception et mise en conformité d'un véhicule	CCF	3
Prévention-santé-environnement	CCF	1
Réalisation d'interventions en entreprise	CCF	3

Le diplôme est délivré aux candidats qui ont obtenu une moyenne générale supérieure ou égale à 10/20 à l'ensemble des épreuves générales et technologiques.

→ Diplôme intermédiaire

Les élèves de ce bac pro se présentent obligatoirement aux épreuves du CAP construction des carrosseries (facultatif pour les apprentis).

POURSUITE D'ÉTUDES

Le bac pro a pour premier objectif l'insertion professionnelle mais, avec un très bon dossier ou une mention à l'examen, une poursuite d'études est envisageable en BTS.

→ Exemples

BTS conception et réalisation de carrosseries

EN SAVOIR PLUS

Nombre d'établissements préparant au diplôme : 19.

Nombre d'établissements préparant au diplôme en apprentissage : 7.

034

CUISINE

OBJECTIFS

Ce bac pro permet d'acquérir une connaissance extensive des produits (poissons, viandes, etc.). L'élève apprend à élaborer un plat, à maîtriser les cuissons, par exemple à la plancha, et à dresser les assiettes. Il est formé à l'organisation de la production culinaire et du travail des personnels de cuisine (fiches techniques, élaboration des consignes...). En cours de gestion, il approfondit les techniques et les outils de gestion des stocks, de maîtrise des coûts et d'analyse des ventes. Les cours de communication le préparent aux relations professionnelles (au sein de l'équipe, avec les fournisseurs...) et commerciales (élaboration d'une carte). La réglementation, les règles de sécurité et la nutrition sont des éléments de la démarche qualité en restauration qu'il devra assimiler et mettre en œuvre.

DÉBOUCHÉS

Le diplômé peut exercer dans les restaurants traditionnels et gastronomiques mais aussi dans la restauration collective.

→ Exemples de métiers

Adjoint(e) au chef de cuisine
Commis(e) de cuisine
Cuisinier(ière)
Chef de cuisine
Chef gérant(e)
Directeur(trice) de restaurant
Gérant(e) de restauration collective
Responsable de production

ACCÈS

Les accès sont décrits dans la fiche générale du bac professionnel p. 5.

PROGRAMME

Les enseignements généraux sont décrits dans la fiche générale du bac professionnel p. 5.

→ Enseignements professionnels

- Organisation et production culinaire : choix des produits ; planification et répartition du travail de l'équipe de cuisine ; préparation du matériel ; préparation des entrées (potages, hors-d'œuvre), des plats (poissons, viandes et garnitures) et des desserts (pâtisseries, sorbets, etc.). Ils maîtrisent les bases de la cuisine comme les sauces, les cuissons et la présentation des plats.

- Animation et gestion d'équipe : gestion des plannings, animation de l'équipe, recrutement, participation à l'évaluation et à la formation du personnel.
- Gestion des approvisionnements et d'exploitation : détermination des besoins en matériel, équipements et produits en vue d'un cahier des charges, contrôle des produits et du stockage, élaboration de tableaux de gestion des stocks, des coûts et des ventes.
- Communication et commercialisation : relations avec les membres de l'équipe de la restauration, avec les fournisseurs, élaboration de fiches produits, de fiches techniques ou d'enquêtes de satisfaction.
- Démarche qualité : respect des règles d'hygiène, de santé et de sécurité, initiation au développement durable, à la nutrition et à la diététique.

Ces enseignements permettent de mener une réflexion sur l'activité et de la faire évoluer selon les besoins de la clientèle et l'évolution du secteur d'activité.

Une partie du programme est commun avec celui du bac professionnel commercialisation et services en restauration.

Sous statut scolaire, l'élève est en stage pendant 22 semaines réparties sur les 3 années du bac pro. Il produit les plats au menu de restaurants de chaîne ou traditionnels et en restauration collective (établissements scolaires, maisons de retraite, etc.).

EXAMEN

Les épreuves générales sont décrites dans la fiche générale du bac professionnel p. 8.

Épreuves professionnelles

Pour les candidats de la voie scolaire dans un établissement public ou privé sous contrat, CFA ou section d'apprentissage habilités.

Épreuves	Mode	Coeff.
E 1 Épreuve scientifique et technique		5
Mathématiques	CCF	1
Sciences appliquées	CCF	2
Technologie	CCF	2
E 2 Épreuve de gestion et de dossier professionnel		5
Gestion appliquée : études de cas sur l'organisation de la production en cuisine et la gestion commerciale d'un établissement de restauration.	CCF	2
Présentation du dossier professionnel et entretien		3
E 3 Épreuve professionnelle		9
Pratique professionnelle : - 1re partie : rédaction d'une fiche technique à partir d'une commande de 3 plats pour 8 personnes - 2e partie : réalisation et dressage de plats commandés avec l'aide d'un commis	CCF	8
Prévention-santé-environnement	CCF	1

Le diplôme est délivré aux candidats qui ont obtenu une moyenne générale supérieure ou égale à 10/20 à l'ensemble des épreuves générales et technologiques.

→ Diplôme intermédiaire

Les élèves de ce bac pro se présentent obligatoirement aux épreuves du diplôme intermédiaire du domaine (facultatif pour les apprentis).

POURSUITE D'ÉTUDES

Le bac professionnel a pour objectif l'insertion professionnelle mais, avec un très bon dossier ou une mention à l'examen, une poursuite d'études est envisageable en BTS. Il est possible de se spécialiser en mention complémentaire et de se préparer à l'installation de son établissement en brevet professionnel ou brevet de maîtrise.

→ Exemples

BM cuisinier

BP cuisinier

BTS hôtellerie-restauration option A mercatique et gestion hôtelière

BTS hôtellerie-restauration option B art culinaire, art de la table et du service

BTS responsable d'hébergement (diplôme à référentiel commun européen)

MC cuisinier en desserts de restaurant

EN SAVOIR PLUS

Nombre d'établissements préparant au diplôme : 319.

Nombre d'établissements préparant au diplôme en apprentissage : 74.

Les métiers de l'hôtellerie et de la restauration, Onisep, coll. « Parcours », 2011.

035

CULTURES MARINES

Arrêté de création non publié

À titre indicatif, nous publions l'ancienne réglementation du bac pro.

Pour en savoir plus sur ce bac pro en cours de définition, consultez le site ucem-nantes.fr.

OBJECTIFS

Le bac pro cultures marines forme à la gestion d'une entreprise et à la vente de produits conchylicoles (huitres, moules...) et de poissons (truites de mer, bars, daurades...).

En biologie, l'élève apprend à caractériser les espèces marines. Il étudie leur milieu de vie (écosystèmes, eaux salées...), leur cycle de développement et de reproduction en vue d'être capable d'optimiser toutes les étapes de l'élevage et d'assurer une production de qualité. Il est formé aux différentes techniques de suivi du milieu de l'exploitation (observations, prélévements, lutte contre les parasites).

Les enseignements d'écologie lui permettent d'analyser l'implantation de l'entreprise dans son environnement. Il se prépare à utiliser les équipements et matériels et à en assurer la maintenance. Manœuvrer une embarction ou revoir le circuit d'une installation électrique est également au programme de la formation.

Les enseignements de gestion amènent l'élève à calculer des coûts de production, à réaliser un budget. L'acquisition des techniques de négociation commerciale et des méthodes de vente lui permet de définir l'acheminement des produits vers les points de vente et autres circuits de distribution.

DÉBOUCHÉS

Le diplômé peut exercer dans une entreprise d'aquaculture traditionnelle (ostréiculture, mytiliculture) ou nouvelle (aquaculture de poissons marins, d'algues marines). Il peut aussi trouver un emploi dans une organisation professionnelle ou un établissement de commercialisation et de valorisation de produits marins comme dans une unité de mise sur le marché.

Le bac pro cultures marines donne la capacité professionnelle exigée pour obtenir une autorisation d'exploitation. Il permet aussi d'obtenir les aides financières pour s'installer comme exploitant.

→ Exemples de métiers

Aquaculteur(trice)
Contremaître(esse)
Responsable logistique
Responsable technique d'une unité de production
Responsable technique et commerciale

ACCÈS

Les accès sont décrits dans la fiche générale du bac professionnel p. 5.

PROGRAMME

Les enseignements généraux sont décrits dans la fiche générale du bac professionnel p. 5.

→ Enseignements professionnels

- Biologie : les espèces des cultures marines (milieu de vie, nutrition, cycles de leur développement et de leur reproduction).
- Écologie : site de production, écosystèmes, topographie, environnement du site, facteurs météorologiques, eaux salées, pollutions, etc.
- Production, qualité (critères, normes, cahier des charges, organisation, contrôle), techniques de suivi du milieu de production (observations et prélèvements) et de suivi des individus (planification). Protection contre des prédateurs ou des parasites. Préparation d'une ration alimentaire ou mise en œuvre d'une thérapie.
- Moyens de production : choix, utilisation et gestion des équipements et des moyens de transport (matériaux, matériels électriques et électroniques, moteurs, systèmes d'approvisionnement et de traitement de l'eau, embarcations).
- Gestion économique et financière : achats, opérations de vente, budget, fiscalité, coûts de production, seuil de rentabilité.
- Économie et commercialisation : démarche stratégique, démarche mercatique. Les partenaires de l'entreprise (fournisseurs, clients, organismes financiers, sociétés d'assurance, etc.), les canaux de distribution (magasins traditionnels, grande distribution...), les méthodes de vente, les composants d'une étude de marché, le comportement du consommateur, les échanges internationaux. Techniques de négociation commerciale.

Sous statut scolaire, l'élève est en stage pendant 22 semaines réparties sur les 3 années du bac pro.

EXAMEN

Les épreuves générales sont décrites dans la fiche générale du bac professionnel p. 8.

Épreuves professionnelles

Pour les candidats de la voie scolaire dans un établissement public ou privé sous contrat, CFA ou section d'apprentissage habilités.

Le tableau d'épreuves ci-dessous correspond à l'ancienne réglementation. Il est donné à titre indicatif.

Épreuves	Durée	Mode	Coeff.
E 1 Épreuve technologique			7
Économie et commerce	2 h	Écrit	3
Techniques de production	3 h	Écrit	4
E 2 Épreuves de gestion et mathématiques			3
Gestion	2 h	Écrit	2
Mathématiques	1 h	Écrit	1
E 3 Épreuve pratique prenant en compte la formation en milieu professionnel			6
Évaluation de la période de formation en milieu professionnel		CCF	4
Évaluation de la pratique professionnelle en établissement de formation		CCF	2

Le diplôme est délivré aux candidats qui ont obtenu une moyenne générale supérieure ou égale à 10/20 à l'ensemble des épreuves générales et technologiques.

→ Diplôme intermédiaire

Les élèves de ce bac pro se présentent obligatoirement aux épreuves du BEP cultures marines (facultatif pour les apprentis).

POURSUITE D'ÉTUDES

Le bac pro a pour premier objectif l'insertion professionnelle mais, avec un très bon dossier ou une mention à l'examen, une poursuite d'études est envisageable en BTSA.

→ Exemples

BTSA aquaculture

EN SAVOIR PLUS

Nombre d'établissements préparant au diplôme : 10.

Nombre d'établissements préparant au diplôme en apprentissage : 3.

Les métiers auprès des animaux, Onisep, coll. « Parcours », 2011.

036

ÉLECTROMÉCANICIEN MARINE

Arrêté de création non publié

À titre indicatif, nous publions l'ancienne réglementation du bac pro.

Pour en savoir plus sur ce bac pro en cours de définition, consultez le site ucem-nantes.fr.

OBJECTIFS

Ce bac pro forme à la conduite et à la maintenance des machines de navire de pêche ou de commerce. Au cours de la formation, l'élève apprend le fonctionnement des machines marines, des installations (installations hydrauliques, de conditionnement d'air, machines frigorifiques...) et des équipements spécifiques aux navires de pêche : manœuvre des engins (chaluts, filets, treuils, etc.), installations de traitement et de conservation des captures sur les navires de pêche. Ces équipements sont différents pour les navires de commerce : navires à passagers, pétroliers, porte-conteneurs...

Les cours d'électrotechnique amènent le bachelier à mettre en œuvre des circuits et des machines électriques, à faire des essais, à détecter les défaillances des installations ou des machines principales et auxiliaires. Ces apprentissages le mettent en situation de poser un diagnostic et d'intervenir pour mettre en œuvre les réparations éventuelles sur des vannes, des compresseurs ou lors d'opérations de maintenance préventive. Dans tous les cas, il doit pouvoir assurer le quart machine en toute sécurité. Un navire en mer devant toujours être en mesure de manœuvrer, initiative, rapidité de réaction et autonomie sont de mise. Les enseignements en anglais sont importants car il s'agit de la langue de communication parlée sur toutes les mers du monde. C'est aussi la langue des documents et des notices techniques.

DÉBOUCHÉS

L'électromécanicien marine débute comme ouvrier chargé de la surveillance et de la maintenance des moteurs et des installations électriques. Il pourra ensuite occuper les fonctions de maître électricien ou de maître mécanicien, situé entre l'équipage et les officiers. Après un certain temps de navigation, il pourra accéder aux fonctions de chef mécanicien, responsable du service machine sur des navires de pêche de puissance limitée.

Il peut aussi occuper un emploi à terre, comme agent de maîtrise dans des entreprises du secteur maritime ou paramaritime (chantiers navals, services techniques des armements...). En outre, les employeurs d'autres secteurs apprécient aussi les connaissances techniques, la polyvalence et l'autonomie de ce jeune marin.

→ Exemples de métiers

Marin de commerce

Marin-pêcheur(euse)

Mécanicien(ne) bateaux

ACCÈS

Les accès sont décrits dans la fiche générale du bac professionnel p. 5.

PROGRAMME

Les enseignements généraux sont décrits dans la fiche générale du bac professionnel p. 5.

→ Enseignements professionnels

- Machines marines (moteurs diesel, chaudières à vapeur, turbines et auxiliaires) : identifications structurelle et fonctionnelle des machines, installations hydrauliques, apparaux de manœuvre, machines frigorifiques, installations de conditionnement d'air, équipements de pêche et de traitement des captures. Conduite d'engins, fonctionnement, incidents de fonctionnement et mesures à prendre.
- Maintenance : planification et suivi des opérations et travaux à bord. Exploitation des documents, manuels et notices techniques. Travaux d'entretien et de contrôle courants. Rédaction d'un rapport technique.
- Électrotechnique : mise en œuvre des circuits et machines électriques, essais, détection des défaillances, maintenance et remise en état éventuelle. Initiation à la conduite et à la maintenance des systèmes automatisés à bord.
- Communication : anglais technique.
- Gestion de l'environnement humain et technique : gestion d'une équipe d'entretien, d'un planning de maintenance et approvisionnement en pièces de rechange.
- Sécurité : maintenance des certificats et documents réglementaires de sécurité, drome de sauvetage, consignes en cas d'urgence, ergonomie et sécurité au travail.

Sous statut scolaire, l'élève est en stage pendant 22 semaines réparties sur les 3 années du bac pro.

EXAMEN

Les épreuves générales sont décrites dans la fiche générale du bac professionnel p. 8.

Épreuves professionnelles

Pour les candidats de la voie scolaire dans un établissement public ou privé sous contrat, CFA ou section d'apprentissage habilités.

Le tableau d'épreuves ci-dessous correspond à l'ancienne réglementation. Il est donné à titre indicatif.

Épreuves	Durée	Mode	Coeff.
E 1 Épreuve scientifique et technique			3
Mathématiques et sciences physiques	2 h	Écrit	2
Travaux pratiques de sciences physiques	45 min	Pratique	1
E 2 Épreuve technologique			4
Électrotechnique	2 h	Écrit	2
Machines marines	3 h	Écrit	2
E 3 Épreuve pratique prenant en compte la formation en milieu professionnel			9
Conduite et maintenance des installations électriques	CCF		2
Conduite et maintenance des machines marines	CCF		2
Environnement professionnel-gestion-économie	CCF		1
Sécurité et stabilité	CCF		2
Systèmes de commande	CCF		2

Le diplôme est délivré aux candidats qui ont obtenu une moyenne générale supérieure ou égale à 10/20 à l'ensemble des épreuves générales et technologiques.

POURSUITE D'ÉTUDES

Si la majorité des diplômés du bac pro va s'embarquer sur un navire de commerce ou de pêche, certains bacheliers peuvent envisager de continuer des études vers la filière B de formation des officiers de l'École nationale supérieure maritime.

EN SAVOIR PLUS

Nombre d'établissements préparant au diplôme : 15.

Nombre d'établissements préparant au diplôme en apprentissage : 0.

Les métiers du transport et de la logistique, Onisep, coll. « Parcours », 2010.

037

ÉLECTROTECHNIQUE, ÉNERGIE, ÉQUIPEMENTS COMMUNICANTS

Applications : habitat tertiaire / industriel

OBJECTIFS

Le bac pro ELEEC permet à l'élève d'acquérir, dans différents domaines d'application, les compétences nécessaires pour intervenir dans la production, le transport, la distribution et la transformation de l'énergie électrique.

En étude : réalisation de schémas en CAO ou DAO, synthétisation d'un cahier des charges, des normes et des textes réglementaires, d'une documentation technique de fabricant.

En organisation : établissement de la liste du matériel nécessaire, répartition des tâches, planification (en tenant compte des interventions des autres corps de métiers et du plan de charge de l'entreprise), détermination des coûts du chantier.

En réalisation : câblage et raccord des tableaux, des armoires électriques, des compteurs, des installations et des réseaux ; adaptation, si nécessaire, de l'implantation et de la pose du matériel ; vérification de la conformité de réalisation de l'ouvrage et coordination des activités liées aux intervenants du chantier.

Mise en service : essais, réglages et corrections nécessaires à la réception de l'ouvrage ; livraison de l'ouvrage et explication des guides d'utilisation.

Maintenance : détection d'anomalies et de leur origine, réparation et remise de l'ouvrage en état de marche.

Relation clientèle-entreprise : exposition des solutions retenues auprès du client, réception et transcription de ses remarques.

DÉBOUCHÉS

Le diplômé peut exercer dans des entreprises de toutes tailles et de différents secteurs d'activité : électricité du bâtiment, construction électrique, automatismes industriels, électricité générale, maintenance et services techniques.

→ Exemples de métiers

Ascensoriste

Chef de chantier en installations électriques

Électricien(ne)-installateur(trice)

Électromécanicien(ne)

Installateur(trice) en télécoms

Monteur(euse)-câbleur(euse)

Technicien(ne) de maintenance industrielle

Technicien(ne) d'intervention clientèle gaz

ACCÈS

Les accès sont décrits dans la fiche générale du bac professionnel p. 5.

PROGRAMME

Les enseignements généraux sont décrits dans la fiche générale du bac professionnel p. 5.

→ Enseignements professionnels

Un approfondissement est prévu, au choix, en applications industrielles ou domestiques.

- Électrotechnique : lois fondamentales du courant continu et alternatif, des machines électriques (moteurs, transformateurs) ; calculs et mesures pour effectuer les dimensionnements et les choix de composants.
- Énergie (distribution, utilisation, commande) : gestion de l'énergie (haute tension mais surtout basse tension) comme le délestage ; les différentes applications terminales dont les moteurs, l'électrothermie par résistance, par rayonnement, par induction, l'éclairage (petit tertiaire, local industriel, espace extérieur) ; les interrupteurs (tout ou rien) et les modulateurs, dans le bâtiment et l'industrie.
- Communication et traitement de l'information : connaissance et mise en place (avec quelques notions de programmation) des installations communicantes (détecteur d'incendie, vidéosurveillance, etc.), des réseaux (téléphoniques, informatiques, Internet...).
- Qualité, sécurité et réglementation : connaissance des normes, textes et réglementations à respecter impérativement en ayant conscience des risques ; éléments de prévention.

Sous statut scolaire, l'élève est en stage pendant 22 semaines réparties sur les 3 années du bac pro.

EXAMEN

Les épreuves générales sont décrites dans la fiche générale du bac professionnel p. 8.

Épreuves professionnelles

Pour les candidats de la voie scolaire dans un établissement public ou privé sous contrat, CFA ou section d'apprentissage habilités.

Épreuves	Durée	Mode	Coeff.
E 1 Épreuve scientifique et technique			3
Mathématiques		CCF	1,5

Sciences physiques et chimiques		CCF	1,5
E 2 Étude d'un ouvrage	5 h	Écrit	5
E 3 Épreuve pratique prenant en compte la formation en milieu professionnel			9
Économie - gestion		CCF	1
Maintenance d'un ouvrage		CCF	1,5
Mise en service d'un ouvrage		CCF	1,5
Prévention-santé-environnement		CCF	1
Réglage, paramétrage, contrôle, modification liés au champ d'application*		CCF	2
Situations de travail spécifiées et réalisées en milieu professionnel		CCF	2

* Le candidat choisit le champ d'application au moment de l'inscription à l'examen (habitat/tertiaire ou industriel).

Le diplôme est délivré aux candidats qui ont obtenu une moyenne générale supérieure ou égale à 10/20 à l'ensemble des épreuves générales et technologiques.

→ Diplôme intermédiaire

Les élèves de ce bac pro se présentent obligatoirement aux épreuves du BEP électrotechnique, énergie, équipements communicants (facultatif pour les apprentis).

POURSUITE D'ÉTUDES

Le bac pro a pour premier objectif l'insertion professionnelle mais, avec un très bon dossier ou une mention à l'examen, une poursuite d'études est envisageable en BTS. Une spécialisation est possible en MC ou FCIL.

→ Exemples

BTS assistance technique d'ingénieur

BTS conception et réalisation de systèmes automatiques

BTS contrôle industriel et régulation automatique

BTS domotique

BTS électrotechnique

BTS fluides, énergies, environnements option C génie frigorifique

BTS maintenance industrielle

MC technicien(ne) ascensoriste (service et modernisation)

MC technicien(ne) en réseaux électriques

Technicien de maintenance des ascenseurs

Technicien de réparation des ascenseurs

EN SAVOIR PLUS

Nombre d'établissements préparant au diplôme : 732.

Nombre d'établissements préparant au diplôme en apprentissage : 139.

Les métiers de l'électrotechnique, Onisep, coll. « Voie pro », 2010.

038

ENVIRONNEMENT NUCLÉAIRE

OBJECTIFS

Ce bac pro a pour objectif de former de futurs responsables d'équipes opérationnelles intervenant en environnement nucléaire : opérations de maintenance nucléaire, participation à la gestion des déchets des industries nucléaires et contribution aux opérations de démantèlement d'installations des acteurs du nucléaire (EDF, Areva, CEA).

Le futur bachelier acquiert la maîtrise des outillages utilisés et de leur entretien courant, des techniques de l'information et de la communication (planification), des connaissances réglementaires, économiques et commerciales liées à son environnement.

Les enseignements de management qualité lui permettent d'évaluer de façon permanente les travaux en cours et de proposer des actions de prévention et de correction dans une activité qui tend vers le « zéro défaut ». Cette formation lui donne les capacités nécessaires pour participer aux appels d'offres, à la préparation, à l'organisation et aux interventions : correction et enregistrement des dysfonctionnements, conditionnement des produits générés par les travaux, repli de chantier.

DÉBOUCHÉS

Responsable d'équipe, il peut aussi être conducteur de machines ou d'outils complexes. Les emplois se trouvent dans les secteurs de la production, de la logistique nucléaire, de l'assainissement-décontamination ou du traitement des déchets, mais également en fabrication ou utilisation de sources radioactives (produits radiopharmaceutiques), chez les prestataires en radioprotection ou les organismes d'intervention en cas d'incidents radioactifs.

→ Exemples de métiers

Conducteur(trice) de machines ou d'outils complexes

Responsable d'équipe

Technicien(ne) nucléaire

ACCÈS

Les accès sont décrits dans la fiche générale du bac professionnel p. 5.

PROGRAMME

Les enseignements généraux sont décrits dans la fiche générale du bac professionnel p. 5.

→ Enseignements professionnels

- Physique nucléaire, détection de rayonnements, radioprotection, installations nucléaires et exploitants.
- Mathématiques.
- Sciences physiques et chimiques ; TP de physique.
- Analyse et préparation d'un chantier en environnement nucléaire : recherche d'informations, conditions de préparation d'une équipe, données géographiques et espace professionnel, planification, organisation matérielle, analyse et interventions en fonction des risques.
- Communication, gestion : communication des éléments de dossier nécessaires à l'intervention et à sa gestion ; liaison avec la hiérarchie sur le déroulement des interventions.
- Intervention en environnement nucléaire : mise en œuvre des matériels, tri et stockage des déchets, intervention en cas d'incident ou d'accident, contrôle des paramètres de l'environnement, contrôle de la qualité, opérations de démantèlement, assistance en radioprotection.
- Management d'équipe : organisation du travail d'une équipe (encadrer, former, distribuer et coordonner les tâches), intervention en cas d'accident.
- Prévention-santé-environnement : prévention des risques ionisants, contrôles et mesures en radioprotection, qualité et sûreté, prévention des risques conventionnels.

Une période de stage en milieu professionnel de 22 semaines est répartie sur les années du bac pro.

EXAMEN

Les épreuves générales sont décrites dans la fiche générale du bac professionnel p. 8.

Épreuves professionnelles

Pour les candidats de la voie scolaire dans un établissement public ou privé sous contrat, CFA ou section d'apprentissage habilités.

Épreuves	Durée	Mode	Coeff.
E 1 Épreuve scientifique et technique			7
Mathématiques		CCF	2
Physique nucléaire, détection des rayonnements, radioprotection		CCF	3
Sciences physiques et chimiques		CCF	2
E 2 Analyser et préparer un chantier en environnement nucléaire	4 h	Écrit	4
E 3 Épreuve pratique prenant en compte la formation en milieu professionnel			10
Économie-gestion		CCF	1
Gestion, communication, compte-rendu		CCF	2
Intervention en milieu nucléaire		CCF	3
Organisation du travail d'une équipe		CCF	3
Prévention-santé-environnement		CCF	1

Le diplôme est délivré aux candidats qui ont obtenu une moyenne générale supérieure ou égale à 10/20 à l'ensemble des épreuves générales et technologiques.

→ Diplôme intermédiaire

Les élèves de ce bac pro se présentent obligatoirement aux épreuves du BEP maintenance des produits et équipements industriels (facultatif pour les apprentis).

POURSUITE D'ÉTUDES

Le bac pro a pour premier objectif l'insertion professionnelle mais, avec un très bon dossier ou une mention à l'examen, une poursuite d'études est envisageable en BTS.

→ Exemples

BTS contrôle des rayonnements ionisants et applications techniques de protection

BTS environnement nucléaire

EN SAVOIR PLUS

Nombre d'établissements préparant au diplôme : 13.

Nombre d'établissements préparant au diplôme en apprentissage : 7.

Les métiers de l'énergie, Onisep, coll. « Parcours », 2013.

039

ESTHÉTIQUE COSMÉTIQUE PARFUMERIE

OBJECTIFS

Le bac pro esthétique cosmétique parfumerie forme des élèves à réaliser des soins esthétiques, et à vendre des services et des produits de parfumerie.

L'élève acquiert les techniques professionnelles nécessaires pour concevoir et réaliser divers soins esthétiques pour le visage et le corps en utilisant des procédés manuels, des produits cosmétiques et des appareils adaptés (épilation, bronzage, pose de prothèses ongulaires, soins du visage et du corps, maquillage).

L'enseignement des méthodes de vente lui permet de vendre des produits cosmétiques ou de parfumerie et des services, en fonction du besoin des clients, et de participer à l'animation de l'espace de vente (organisation d'actions de promotion, par exemple). Il apprend également à gérer les produits et les équipements (rangement des produits et de l'outillage, gestion des matériels, suivi des stocks). Enfin, il développe les compétences nécessaires pour assurer la gestion administrative et financière courante (prévision des ventes, opérations bancaires...).

DÉBOUCHÉS

Le bachelier peut travailler dans les instituts de beauté et les parfumeries, dans les entreprises de distribution de produits et de matériels. Il peut également travailler dans les entreprises de fabrication de produits et de matériels professionnels, dans des établissements de soins, des établissements de thalassothérapie, des organismes culturels, des médias, etc.

→ Exemples de métiers

Animateur(trice) de pôle de vente
Animateur(trice) itinérant(e)
Conseiller(ère) en image
Directeur(trice) technique
Esthéticien(ne)-cosméticien(ne)

ACCÈS

Les accès sont décrits dans la fiche générale du bac professionnel p. 5

PROGRAMME

Les enseignements généraux sont décrits dans la fiche générale du bac professionnel p. 5.

→ Enseignements professionnels

- Biologie humaine : le corps humain (système locomoteur, système nerveux, etc.), la dermatologie (maladies de peau, etc.), l'hygiène de vie et la santé (équilibre alimentaire, activité physique), les biocontaminations et leur prévention (bactéries, hygiène personnelle, hygiène des locaux).
- Méthodes et techniques (conseil en esthétique, techniques de soins du visage et du corps, maquillage, parfums, manucure et beauté des pieds, épilation, bronzage, coloration-décoloration).
- Cadre organisationnel : ergonomie-hygiène-sécurité, aménagement des locaux, réglementation professionnelle, qualité des services.
- Gestion de l'entreprise : création ou rachat d'un institut, pilotage de l'entreprise, opérations comptables et administratives courantes, gestion du personnel, conseil-vente.

Sous statut scolaire, l'élève est en stage pendant 22 semaines réparties sur les 3 années du bac pro. Il doit participer à des activités de vente-conseil, des activités techniques de soins esthétiques, et découvrir différents secteurs d'activité : instituts mais aussi milieu hospitalier, entreprises de fabrication de produits cosmétiques pour l'aider à définir son projet professionnel.

EXAMEN

Les épreuves générales sont décrites dans la fiche générale du bac professionnel p. 8.

Épreuves professionnelles

Pour les candidats de la voie scolaire dans un établissement public ou privé sous contrat, CFA ou section d'apprentissage habilités.

Épreuves	Durée	Mode	Coeff.
E 1 Épreuve scientifique et technique			7
Étude de situations professionnelles en esthétique-cosmétique-parfumerie	4 h	Écrit	4
Mathématiques		CCF	1,5
Sciences physiques et chimiques		CCF	1,5
E 2 Épreuve technologique : Organisation et gestion d'activités professionnelles	3 h	Écrit	2
E 3 Épreuve pratique prenant en compte la formation en milieu professionnel			10
Maquillage		CCF	2
Prévention-santé-environnement		CCF	1
Soins esthétiques		CCF	4
Suivi de clientèle et animation		CCF	3

Le diplôme est délivré aux candidats qui ont obtenu une moyenne générale supérieure ou égale à 10/20 à l'ensemble des épreuves générales et technologiques.

→ Diplôme intermédiaire

Les élèves de ce bac pro se présentent obligatoirement aux épreuves du CAP esthétique-cosmétique-parfumerie (facultatif pour les apprentis).

POURSUITE D'ÉTUDES

Le bac pro a pour premier objectif l'insertion professionnelle mais, avec un très bon dossier ou une mention à l'examen, une poursuite d'études est envisageable en BTS.

→ Exemples

BM esthéticienne cosméticienne

BTS métiers de l'esthétique-cosmétique-parfumerie option A : management

BTS métiers de l'esthétique-cosmétique-parfumerie option B : formation-marques

BTS métiers de l'esthétique-cosmétique-parfumerie option C : cosmétologie

EN SAVOIR PLUS

Nombre d'établissements préparant au diplôme : 199.

Nombre d'établissements préparant au diplôme en apprentissage : 9.

040

ÉTUDE ET DÉFINITION DE PRODUITS INDUSTRIELS

OBJECTIFS

Futur dessinateur en construction mécanique, l'élève du bac pro étude et définition de produits industriels se forme au déroulement de l'étude d'un produit nouveau ou de l'amélioration d'un produit existant. Il développe les capacités nécessaires pour fournir les plans ou les images 3D qui vont servir à la fabrication de pièces, d'outillages, d'installations. L'apprentissage comprend la phase de l'étude du cahier des charges du produit et la collecte de la documentation notamment des produits qui existent déjà. À ce stade, il ne peut ignorer le comportement des systèmes mécaniques puisque plusieurs solutions mécaniques peuvent répondre au problème posé. Il apprend à faire la synthèse en réalisant des schémas, en effectuant les calculs de dimensionnement, en donnant des éléments permettant de chiffrer le coût du produit.

Il acquiert de solides compétences en CAO-DAO pour réaliser les documents qui décrivent précisément le produit à fabriquer (plans, images de la pièce en 3D, cotations) ou pour produire des représentations graphiques pour catalogues, notices de montage ou de maintenance.

DÉBOUCHÉS

Il peut travailler dans les entreprises de fabrication de pièces pour l'industrie qui relèvent de la mécanique, de la chaudronnerie, de la construction métallique, de l'automobile, etc.

Le diplôme minimum requis pour exercer est le bac pro mais la part des BTS et des DUT augmente dans la profession.

→ Exemples de métiers

Dessinateur(trice) en construction mécanique

ACCÈS

Les accès sont décrits dans la fiche générale du bac professionnel p. 5.

PROGRAMME

Les enseignements généraux sont décrits dans la fiche générale du bac professionnel p. 5.

→ Enseignements professionnels

- Analyse fonctionnelle et structurelle (notion de système pluritechnique, analyse d'un produit industriel, analyse d'une pièce d'un produit industriel).
- Compétitivité des produits industriels (typologies de produits industriels, cycle de vie d'un produit, cahier des charges fonctionnel, coûts, qualité, analyse de la valeur, innovation, techniques de recherche de solutions, ingénierie simultanée, relation produit/procédé/matériau, intégration de la sécurité dans la conception des machines ou appareils).
- Représentation d'un produit technique (en phase de conception-modification ou d'exploitation)
- Comportement des systèmes mécaniques : vérification et dimensionnement (modélisation des actions mécaniques, cinématique, statique des solides, résistance des matériaux, dynamique énergétique).
- Solutions constructives, procédés, matériaux (solutions constructives associées aux liaisons, étanchéité et lubrification, constituants des chaînes cinématiques, solutions constructives de structures, matériaux, procédés d'élaboration des pièces).
- Ergonomie, sécurité (ergonomie-conditions de travail, sécurité).

Sous statut scolaire, l'élève est en stage pendant 22 semaines réparties sur les 3 années du bac pro.

EXAMEN

Les épreuves générales sont décrites dans la fiche générale du bac professionnel p. 8.

Épreuves professionnelles

Pour les candidats de la voie scolaire dans un établissement public ou privé sous contrat, CFA ou section d'apprentissage habilités.

Épreuves	Durée	Mode	Coeff.
E 1 Épreuve scientifique et technique			6
Étude du comportement mécanique d'un système technique		CCF	3
Mathématiques		CCF	1,5
Sciences physiques et chimiques		CCF	1,5
E 2 Épreuve technologique : étude de produit industriel	5 h	Écrit et graphique	5
E 3 Épreuve pratique prenant en compte la formation en milieu professionnel			11
Définition d'un produit industriel		CCF	2
Économie-gestion		CCF	1
Élaboration de documents techniques		CCF	1
Évaluation de la formation en milieu professionnel		CCF	2
Prévention-santé-environnement		CCF	1
Réalisation d'un projet industriel en CAO		CCF	4

Le diplôme est délivré aux candidats qui ont obtenu une moyenne générale supérieure ou égale à 10/20 à l'ensemble des épreuves générales et technologiques.

→ Diplôme intermédiaire

Les élèves de ce bac pro se présentent obligatoirement aux épreuves du BEP représentation informatisée de produits industriels (facultatif pour les apprentis).

POURSUITE D'ÉTUDES

Le bac pro a pour premier objectif l'insertion professionnelle mais, avec un très bon dossier ou une mention à l'examen, une poursuite d'études est envisageable en BTS.

→ Exemples

BTS assistance technique d'ingénieur

BTS conception de produits industriels

BTS conception et industrialisation en microtechniques

EN SAVOIR PLUS

Nombre d'établissements préparant au diplôme : 62.

Nombre d'établissements préparant au diplôme en apprentissage : 8.

041

FAÇONNAGE DE PRODUITS IMPRIMÉS, ROUTAGE

OBJECTIFS

Ce bac pro forme des élèves aux deux dernières étapes de la transformation d'un produit imprimé : le façonnage industriel et le routage. Le façonnage (finition) regroupe toutes les opérations permettant de réaliser une brochure, un magazine, un livre. Le routage recouvre les opérations du conditionnement du produit imprimé jusqu'à sa distribution.

En formation, l'élève apprend à préparer et à régler différentes machines, comme les machines de finition industrielle (massicot, plieuse, assembleuse, couseuse, chaîne de brochage, chaîne de reliure, encarteuse-piqueuse) ou des machines de conditionnement et d'expédition de produits imprimés (machines de mise sous film, mise sous enveloppes, avec leurs applications : adressage, personnalisation).

Il acquiert les compétences nécessaires pour gérer des fichiers numériques et leur donner forme, exploiter des documents techniques pour contrôler la conformité du produit avec le cahier des charges techniques, assurer le contrôle qualité des produits (matières utilisées, process...) mais aussi l'entretien et la maintenance des équipements et matériels et le tri sélectif des déchets de la production.

DÉBOUCHÉS

Le diplômé est un technicien hautement qualifié des industries graphiques. Dans les entreprises spécialisées de façonnage (entreprises de reliure-brochure) ou en imprimeries hors presse (affiches, revues, imprimés publicitaires...), il occupe des postes de régleur et conducteur de machines industrielles complexes à systèmes de pilotage automatisés (massicot, encarteuse, plieuse, piqueuse, chaîne de brochage). Il encadre ou coordonne le travail d'une équipe d'opérateurs.

→ Exemples de métiers

Façonnier(ière) des industries graphiques

ACCÈS

Les accès sont décrits dans la fiche générale du bac professionnel p. 5.

PROGRAMME

Les enseignements généraux sont décrits dans la fiche générale du bac professionnel p. 5.

→ Enseignements professionnels

- Communication technique : chaîne graphique, cahier des charges, flux numérique, systèmes de traitement du texte et de l'image, législation de l'imprimé, de l'édition, du transport et de la distribution des productions imprimées.
- Organisation de la production : processus de fabrication (dossier de fabrication, plannings, ordonnancement, GPAO), contraintes techniques (méthodologie de coupe, pliage, encartage, brochage, reliure), techniques connexes au façonnage (gaufrage, dorure, rainage, pelliculage).
- Santé, sécurité au travail, ergonomie, environnement : prévention des risques, réglementation, sauvetage-secourisme, impact environnemental des activités industrielles des industries graphiques.
- Contrôle qualité : conformité du dossier de fabrication, contrôle des machines, des matériaux, du produit façonné et routé, amélioration de la production.
- Matières d'œuvre, produits semi-finis ou finis : papiers imprimés ou non et autres supports (nature, format, grammage), traitements préalables au façonnage (vernissage, pelliculage, séchage des encres), matières premières de production (caractéristiques des fils, colles, films), matériaux de conditionnement pour l'expédition (qualité des films, enveloppes, emballages, gestion des stocks).
- Matériels, outillages, périphériques : procédés d'impression par systèmes informatiques, procédés de façonnage (massicot droit, plieuse, encarteuse-piqueuse, chaîne de brochage, couseuse, chaîne de reliure, assembleuse-piqueuse) et de routage (mise sous enveloppes, mise sous film).
- Maintenance : maîtrise des matériels et procédures (analyse des défaillances, usure, prédiagnostic, maintenance de premier niveau).

Sous statut scolaire, l'élève est en stage pendant 22 semaines réparties sur les 3 années du bac pro. Il se déroule obligatoirement dans les deux environnements industriels : façonnage et routage. L'élève conduit des machines complexes (chaîne de brochage, chaîne de reliure, assembleuse-piqueuse) et des opérations de façonnage sous la tutelle d'un technicien qualifié ou en autonomie. La période de formation en milieu professionnel permet d'apprécier l'importance de la qualité dans toutes les étapes du façonnage et celle des règles de sécurité.

EXAMEN

Les épreuves générales sont décrites dans la fiche générale du bac professionnel p. 8.

Épreuves professionnelles

Pour les candidats de la voie scolaire dans un établissement public ou privé sous contrat, CFA ou section d'apprentissage habilités.

Épreuves	Mode	Coeff.
E 1 Épreuve scientifique et technique		5
Analyse d'un processus de fabrication	CCF	2
Mathématiques	CCF	1,5
Sciences physiques et chimiques	CCF	1,5
E 2 Étude d'une situation de production	CCF	3
E 3 Épreuve pratique prenant en compte la formation en milieu professionnel		12
Économie-gestion	CCF	1
Évaluation de la formation en milieu professionnel	CCF	6
Préparation d'une production	CCF	4
Prévention-santé-environnement	CCF	1

Le diplôme est délivré aux candidats qui ont obtenu une moyenne générale supérieure ou égale à 10/20 à l'ensemble des épreuves générales et technologiques.

→ Diplôme intermédiaire

Les élèves de ce bac pro se présentent obligatoirement aux épreuves du BEP industries graphiques option façonnage de produits imprimés (facultatif pour les apprentis).

POURSUITE D'ÉTUDES

Le bac pro a pour premier objectif l'insertion professionnelle mais, avec un très bon dossier ou une mention à l'examen, une poursuite d'études est envisageable en BTS.

→ Exemples

BTS communication et industries graphiques option A étude et réalisation de produits graphiques

BTS communication et industries graphiques option B étude et réalisation de produits imprimés

EN SAVOIR PLUS

Nombre d'établissements préparant au diplôme : 7.

Nombre d'établissements préparant au diplôme en apprentissage : 4.

042

FONDERIE

OBJECTIFS

Le bac pro fonderie forme des futurs techniciens spécialisés dans la fabrication de pièces métalliques par coulage d'un alliage dans un moule. L'élève acquiert une bonne connaissance des divers alliages et de leur élaboration. Les alliages étudiés sont : les fontes, les aciers moulés, les alliages à base d'aluminium, de magnésium, les alliages cuivreux et de zinc. Il apprend les caractéristiques des sables utilisés pour faire les moules et les noyaux et l'évolution de leurs propriétés en fonction de la proportion de composants introduits et du temps de malaxage.

Il pratique pour les maîtriser les différents procédés de moulage et ceux de fabrication des noyaux : moulage sable, à la cire perdue, moulage en coquille gravitaire, moulage sous pression ; noyautage manuel, noyautage sériel, noyautage en sable autodurcissant, noyautage en sable à prise par gazage, noyautage en sable à prise thermique. Les procédés de fusion des alliages, les techniques de parachèvement, c'est-à-dire de finition de la pièce, viennent s'ajouter à ce panel de savoir-faire. Il s'initie aussi à la conduite maîtrisée d'un système automatisé de production. Le contrôle qualité appliqué aux matériaux (sable, alliage) dans leurs divers états et à la pièce finale complète sa formation.

DÉBOUCHÉS

Le diplômé travaille comme conducteur ou préparateur de four de fusion dans les entreprises de fonderie au service de l'aéronautique, du nucléaire, de l'industrie spatiale et navale, des télécommunications, des transports ou des travaux publics, en atelier de production ou en laboratoire de contrôles et d'essais.

→ Exemples de métiers

Bronzier(ière)

Monteur(se)-régleur(euse)

Mouleur(euse)-noyauteur(euse)

Régleur(euse)

ACCÈS

Les accès sont décrits dans la fiche générale du bac professionnel p. 5.

PROGRAMME

Les enseignements généraux sont décrits dans la fiche générale du bac professionnel p. 5.

→ Enseignements professionnels

- Communication technique : étude des systèmes mécaniques automatisés et informatisés, DAO, CAO.
- Organisation et gestion de la production : gestion de la fabrication, analyse des coûts, méthodologie de l'entreprise.
- Hygiène, sécurité, ergonomie : modes d'utilisation des moyens de secours, protection individuelle et collective, ergonomie et conditions de travail.
- Contrôle et gestion de la qualité : vérifications de la conformité des produits en fonction du cahier des charges, analyse des défauts, remèdes et actions correctives.
- Les matières d'œuvre, les alliages et autres matériaux : désignation des alliages, leurs étapes de transformation ; nature des matériaux des moules et des noyaux, leurs propriétés.
- Connaissance des machines et outillages.
- Processus et conduite de cellule de fabrication : moulage sable, à la cire perdue, en coquille gravitaire, moulage pression ; préparation des sables de moulage, de noyautage, fabrication de moules, de noyaux ; élaboration des alliages (fusion), parachèvement (meulage, ébardage, granaillage, sablage) ; traitement thermique ; automatismes.
- Maintenance : électrique, hydraulique et pneumatique ; mesures, contrôle, lecture de schémas.

Sous statut scolaire, l'élève est en stage pendant 22 semaines réparties sur les 3 années du bac pro.

EXAMEN

Les épreuves générales sont décrites dans la fiche générale du bac professionnel p. 8.

Épreuves professionnelles

Pour les candidats de la voie scolaire dans un établissement public ou privé sous contrat, CFA ou section d'apprentissage habilités.

Épreuves	Mode	Coeff.
E 1 Épreuve scientifique et technique		3
Mathématiques	CCF	1,5
Sciences physiques et chimiques	CCF	1,5
E 2 Épreuve technologique		5
Préparation du travail	CCF	5
E 3 Épreuve pratique prenant en compte la formation en milieu professionnel		9
Conduite d'un poste de travail	CCF	3
Économie-gestion	CCF	1
Prévention-santé-environnement	CCF	1
Production en entreprise	CCF	4

Le diplôme est délivré aux candidats qui ont obtenu une moyenne générale supérieure ou égale à 10/20 à l'ensemble des épreuves générales et technologiques.

→ Diplôme intermédiaire

Les élèves de ce bac pro se présentent obligatoirement aux épreuves du CAP métiers de la fonderie (facultatif pour les apprentis).

POURSUITE D'ÉTUDES

Le bac pro a pour premier objectif l'insertion professionnelle mais, avec un très bon dossier ou une mention à l'examen, une poursuite d'études est envisageable en BTS.

→ Exemples

BTS fonderie

EN SAVOIR PLUS

Nombre d'établissements préparant au diplôme : 11.

Nombre d'établissements préparant au diplôme en apprentissage : 7.

Les métiers du travail des métaux, Onisep, coll. « Voie pro », 2010.

043

FORÊT

OBJECTIFS

Le bac pro forêt forme à la sylviculture et à l'exploitation du bois. L'élève apprend à reconnaître les arbres et à évaluer leur volumétrie. Il apprend donc comment s'organise le travail en équipe sur un chantier et comment adapter son comportement et ses gestes techniques en fonction de la nature du terrain et l'objectif du chantier.

Il est entraîné à réaliser des travaux d'entretien et de renouvellement de peuplements forestiers tels que semis et plantations, élagage. Il effectue des travaux d'abattage, de façonnage et de débardage pour évacuer les bois abattus. L'enseignement porte également sur la maîtrise de l'utilisation en toute sécurité des équipements et des engins forestiers et sur leur premier niveau de maintenance. Les connaissances acquises en gestion lui permettent de savoir analyser la situation financière et économique de l'entreprise et de participer à l'établissement de devis.

DÉBOUCHÉS

Le diplômé travaille chez un prestataire de services, dans une exploitation forestière, une scierie, une coopérative ou un groupement forestier. Il peut aussi trouver un emploi chez un propriétaire, un expert forestier ou à l'Office national des forêts (sur concours). Il peut aussi s'installer à son compte et devenir chef d'entreprise.

→ Exemples de métiers

Chef d'équipe
Conducteur(trice) de machines agricoles
Ouvrier(ière) forestier(ière)
Technicien(ne) forestier(ière)

ACCÈS

Les accès sont décrits dans la fiche générale du bac professionnel p. 5.

PROGRAMME

Les enseignements généraux sont décrits dans la fiche générale du bac professionnel p. 5.

→ Enseignements professionnels

- Éléments de contexte de l'activité forestière : économie du secteur, contraintes juridiques, enjeux écologiques, différents modes de gestion.
- Chantier forestier : fonctionnement de l'organisation d'un chantier, objectifs et enjeux.
- Organisation d'un chantier : organisation du travail en équipe, sécurité et conditions de travail, gestion économique du chantier (devis, rentabilité, interprétation d'un compte de résultat), connaissance des types de contrats de travail.
- Travaux de sylviculture : repérage des limites topographiques d'un chantier, analyse des caractéristiques d'une zone de culture, reconnaissance des essences forestières, biologie des arbres (nutrition, croissance, reproduction, état sanitaire), travaux pratiques.
- Travaux d'exploitation forestière : stratégie d'intervention selon la nature du terrain et du chantier, identification de la chaîne chronologique des opérations techniques, identification de la volumétrie et de la qualité du bois, bûcheronnage manuel et mécanisé, travaux pratiques.
- Maintenance des équipements forestiers : les différents équipements, interprétation de la documentation technique, travail en sécurité, éléments liés à l'ergonomie et au confort de travail, maintenance préventive et corrective de premier niveau, gestion du dysfonctionnement d'un équipement.

Sous statut scolaire, l'élève est en stage pendant 22 semaines réparties sur les 3 années du bac pro.

EXAMEN

Les épreuves générales sont décrites dans la fiche générale du bac professionnel p. 8.

Épreuves professionnelles

Pour les candidats de la voie scolaire dans un établissement public ou privé sous contrat, CFA ou section d'apprentissage habilités.

Épreuves	Durée	Mode	Coeff.
Choix techniques			2
Justification de choix techniques selon des critères socio-économiques, environnementaux et réglementaires	2 h 30	Écrit	2
Expérience en milieu professionnel			3
Situation de l'entreprise dans son environnement socioprofessionnel	0 h 30	Oral	3
Pratiques professionnelles			5
Organisation du travail d'une équipe en sécurité sur un chantier forestier Réalisation de travaux de sylviculture et d'amélioration des peuplements Réalisation de travaux d'exploitation forestière manuels et mécanisés Entretien des équipements forestiers Adaptation à des enjeux professionnels particuliers	CCF		5

Le diplôme est délivré aux candidats qui ont obtenu une moyenne générale supérieure ou égale à 10/20 à l'ensemble des épreuves générales et technologiques.

→ Diplôme intermédiaire

Les élèves de ce bac pro se présentent obligatoirement aux épreuves du BEPA travaux forestiers (facultatif pour les apprentis).

POURSUITE D'ÉTUDES

Le bac pro a pour objectif l'insertion professionnelle mais, avec un très bon dossier ou une mention à l'examen, une poursuite d'études est envisageable en BTSA. Quelques CS sont aussi accessibles.

→ Exemples

BTSA gestion forestière
CS technicien cynégétique

EN SAVOIR PLUS

Nombre d'établissements préparant au diplôme : 44.

Nombre d'établissements préparant au diplôme en apprentissage : 17.

Les métiers du bois, Onisep, coll. « Zoom », 2009.

044

GESTION DES MILIEUX NATURELS ET DE LA FAUNE

OBJECTIFS

Le bac pro gestion des milieux naturels et de la faune forme des élèves à la surveillance et au suivi de l'évolution des espaces, des milieux et des dynamiques des populations sur un terrain donné.

Les connaissances acquises leur permettent de justifier des choix techniques d'intervention de génie écologique en fonction d'enjeux sociaux, économiques et environnementaux. Les divers enseignements leur donnent les capacités pour analyser les conditions de mise en œuvre d'une action de génie écologique, pour conduire des travaux d'entretien d'espaces naturels et de reconstitution d'écosystèmes, pour réaliser des actions de protection et de surveillance de l'environnement. Ils acquièrent les techniques de mise en œuvre d'activités d'accueil du public et d'animation nature pour sensibiliser à l'environnement et à l'écologie.

DÉBOUCHÉS

Le travail est le plus souvent salarié avec une dominante d'emploi public, notamment dans les collectivités territoriales, au sein des structures gestionnaires d'espaces naturels protégés (réserves, parcs régionaux et nationaux, conservatoires et sites Natura 2000). Le secteur associatif peut recruter pour des missions essentiellement d'animation et de conduite de chantier.

→ Exemples de métiers

Animateur(trice) nature

Garde (chasse, pêche, littoral, rivière, parcs nationaux)

Technicien(ne) forestier(ière)

ACCÈS

Les accès sont décrits dans la fiche générale du bac professionnel p. 5.

PROGRAMME

Les enseignements généraux sont décrits dans la fiche générale du bac professionnel p. 5.

→ Enseignements professionnels

- Contexte d'une action de génie écologique : acquérir une méthodologie d'analyse par l'étude d'une action de génie écologique dans son contexte.
- Caractéristiques des pratiques de génie écologique : analyser les éléments qui conditionnent tout projet et activité de génie écologique et justifier les choix des interventions techniques.
- Organisation d'un chantier de génie écologique : organiser le travail de l'équipe dans le cadre du chantier et participer à sa gestion économique.
- Travaux d'entretien d'espaces naturels et reconstitution d'écosystèmes : conduire des travaux de génie écologique en utilisant les équipements, matériels et outils adaptés.
- Protection et valorisation des espaces et de la biodiversité : assurer le suivi de la biodiversité dans un objectif de veille environnementale.
- Accueil du public et animation nature : valoriser les espaces naturels par la mise en œuvre d'actions d'accueil du public et d'animation nature.

Sous statut scolaire, l'élève est en stage pendant 22 semaines réparties sur les 3 années du bac pro.

EXAMEN

Les épreuves générales sont décrites dans la fiche générale du bac professionnel p. 8.

Épreuves professionnelles

Pour les candidats de la voie scolaire dans un établissement public ou privé sous contrat, CFA ou section d'apprentissage habilités.

Épreuves	Durée	Mode	Coeff.
Choix techniques			2
Justification de choix techniques d'intervention de génie écologogique en fonction d'enjeux sociaux, économiques et environnementaux	2 h 30	Écrit	2
Expérience en milieu professionnel			3
Analyse des conditions de mise en œuvre d'une action de génie écologique	0 h 30	Oral	3
Pratiques professionnelles			5
Conduite en sécurité du travail d'une équipe sur une intervention de génie écologique dans une perspective de durabilité	CCF		1

Conduite en sécurité des travaux d'entretien d'espaces naturels et de reconstitution d'écosystèmes	CCF	1
Réalisation d'actions de protection et de surveillance de l'environnement Mise en œuvre d'activités d'accueil du public et d'animation nature	CCF	2,5
Adaptation à des enjeux professionnels particuliers	CCF	0,5

Le diplôme est délivré aux candidats qui ont obtenu une moyenne générale supérieure ou égale à 10/20 à l'ensemble des épreuves générales et technologiques.

→ Diplôme intermédiaire

Les élèves de ce bac pro se présentent obligatoirement aux épreuves du BEPA travaux d'entretien de l'environnement (facultatif pour les apprentis).

POURSUITE D'ÉTUDES

Le bac pro a pour premier objectif l'insertion professionnelle mais, avec un très bon dossier ou une mention à l'examen, une poursuite d'études est envisageable en BTSA.

→ Exemples

BTSA aménagements paysagers

BTSA gestion et protection de la nature

BTSA gestion forestière

EN SAVOIR PLUS

Nombre d'établissements préparant au diplôme : 67.

Nombre d'établissements préparant au diplôme en apprentissage : 3.

045

GESTION DES POLLUTIONS ET PROTECTION DE L'ENVIRONNEMENT

Ouverture à la rentrée 2013. 1re session d'examen en 2016

OBJECTIFS

Le bac pro gestion des pollutions et protection de l'environnement forme les élèves à la prise en charge de chantiers dans le secteur de l'assainissement et du nettoyage de sites industriels et de la dépollution des sites naturels pollués. L'élève apprend les techniques de collecte, de tri, de traitement, de valorisation, de conditionnement et d'élimination des déchets. Il apprend à répondre à une demande de client, en analyser les besoins et proposer une solution technique.

Les connaissances acquises au cours du bac pro lui permettent d'organiser des chantiers (durée, méthode, matériels, matériaux, personnel), de les mettre en place et d'en assurer le suivi. Les enseignements de sciences et technologies de la protection de l'environnement lui donnent les capacités de contrôler ou expertiser l'application des réglementations, la gestion des risques, la maitrise de la qualité. Apte à évaluer les pollutions et les nuisances sur les écosystèmes, il est formé pour proposer des actions préventives et correctives.

DÉBOUCHÉS

Le diplômé occupe des postes de conducteur de travaux ou de chef de chantiers dans des PME ou TPE relevant des secteurs de l'assainissement et du nettoyage industriel, du nettoiement, de la collecte, du tri et du conditionnement des déchets solides. Il peut travailler au sein d'installations industrielles et pétrolières, de réseaux de collecte, de stockage et d'évacuation des eaux et des déchets industriels.

→ Exemples de métiers

Chef de chantier

Conducteur(trice) de travaux

ACCÈS

Les accès sont décrits dans la fiche générale du bac professionnel *p. 5.*

PROGRAMME

Les enseignements généraux sont décrits dans la fiche générale du bac professionnel *p. 5.*

→ Enseignements professionnels

- Techniques d'assainissement (cadre réglementaire de la maintenance d'un réseau d'assainissement collectif, véhicules et matériels de contrôle et d'entretien des réseaux).
- Hygiène immobilière (diversité des activités d'hygiène immobilière, matériel spécifique, techniques d'intervention).
- Nettoyage et dépollution des sites industriels (modalités d'intervention et cadre réglementaire, véhicules et matériels, techniques d'intervention).

- Techniques de nettoiement (diversité des activités de nettoiement, véhicules et matériels, techniques d'intervention).
- Collecte des déchets solides (diversité des collectes, véhicules et matériels, techniques de collecte).
- Tri des déchets et conditionnement en vue de la réutilisation des matières premières (matériels, techniques de réception, de tri et de déconditionnement).
- Sciences et technologies de la protection de l'environnement (écologie et biodiversité, microbiologie appliquée, catastrophes et incidences environnementales, impact des pollutions sur les écosystèmes, gestion des déchets et protection de l'environnement).

Sous statut scolaire, l'élève est en stage pendant 22 semaines réparties sur les 3 années du bac pro. Pendant la période de formation en milieu professionnel, l'élève intervient sur des équipements d'intervention et des outillages spécifiques. Il est amené à mettre en œuvre des compétentes relationnelles dans le domaine de la communication au sein des équipes de travail et avec les clients.

EXAMEN

Les épreuves générales sont décrites dans la fiche générale du bac professionnel p. 8.

Épreuves professionnelles

Pour les candidats de la voie scolaire dans un établissement public ou privé sous contrat, CFA ou section d'apprentissage habilités.

Épreuves	Durée	Mode	Coeff.
E 1 Épreuve scientifique			3
Mathématiques		CCF	1,5
Sciences physiques		CCF	1,5
E 2 Sciences et technologies	3 h	Écrit	4
E 3 Épreuve prenant en compte la formation en milieu professionnel			10
Techniques professionnelles et analyse de pratique professionnelle		CCF	5
Organisation prévisionnelle de chantier		CCF	3
Économie-gestion		CCF	1
Prévention-santé-environnement		CCF	1

Le diplôme est délivré aux candidats qui ont obtenu une moyenne générale supérieure ou égale à 10/20 à l'ensemble des épreuves générales et technologiques.

→ Diplôme intermédiaire

Les élèves de ce bac pro se présentent obligatoirement aux épreuves du BEP gestion des pollutions et protection de l'environnement (facultatif pour les apprentis).

POURSUITE D'ÉTUDES

Le bac pro gestion des pollutions et protection de l'environnement a pour premier objectif l'insertion professionnelle mais, avec un très bon dossier ou une mention à l'examen, une poursuite d'études est envisageable en BTS.

→ Exemples

BTS hygiène propreté environnement

BTS métiers de l'eau

EN SAVOIR PLUS

Nombre d'établissements préparant au diplôme : 4.

Nombre d'établissements préparant au diplôme en apprentissage : 0.

Les métiers de la propreté et de l'environnement, Onisep, coll. « Voie pro », 2009.

Les métiers de l'environnement, Onisep, coll. « Parcours », 2011.

046

GESTION ADMINISTRATION

Ouverture à la rentrée 2012. 1re session d'examen en 2015

OBJECTIFS

Le bac pro gestion administration forme les élèves à prendre en charge l'ensemble des activités relevant de la gestion administrative. Dans le cadre des processus d'achat et de vente, l'élève étudie les différentes procédures, les contrats, les documents commerciaux, l'évaluation des stocks, le traitement des litiges afin d'assurer la gestion administrative des relations avec les fournisseurs et les clients (commandes, devis, factures, livraisons...). Maîtrise de l'orthographe, de la syntaxe et des procédés d'écriture font partie des exigences mises au programme du bac pro. L'élève étudie le fonctionnement des différentes administrations et les enjeux de l'accomplissement des formalités afin de pouvoir les prendre en charge.

La formation aborde la législation du travail, les modes de classement et d'archivage, la gestion électronique des données, permettant d'assurer la tenue et le suivi des dossiers du personnel, les formalités liées au recrutement, au suivi des carrières et au contrôle des bulletins de salaire.

Afin d'améliorer la productivité administrative interne à l'entreprise, l'élève apprend à collecter, rechercher et diffuser les informations, à traiter le courrier et les appels téléphoniques, à assurer le suivi des contrats et des abonnements, à gérer les agendas, à planifier des activités.

À l'issue de la formation, le diplômé est capable d'accompagner des projets en participant à l'élaboration de documents de synthèse, en assurant toutes les formalités, en présentant des données budgétaires et en organisant la communication entre les acteurs.

DÉBOUCHÉS

Le diplômé occupe des postes de gestionnaire administratif ou de technicien des services administratifs, d'employé ou secrétaire administratif, d'assistant ou d'adjoint administratif. Il peut aussi exercer comme assistant de gestion, gestionnaire commercial ou gestionnaire du personnel. Les débouchés se trouvent principalement au sein d'entreprises de petite et moyenne taille (artisanat, commerces, TPE, PME-PMI...), de collectivités territoriales, d'administrations et d'associations.

→ Exemples de métiers

Assistant(e) de gestion en PME

Assistant(e) en ressources humaines

Secrétaire

Secrétaire administratif(ve)

ACCÈS

Les accès sont décrits dans la fiche générale du bac professionnel p. 5.

PROGRAMME

Les enseignements généraux sont décrits dans la fiche générale du bac professionnel p. 5.

→ Enseignements professionnels

- Gestion administrative des relations externes avec les fournisseurs et sous-traitants, les clients et les usagers, les partenaires (banques, administrations, etc.).
- Gestion administrative des relations avec le personnel concernant la gestion courante, les ressources humaines, les rémunérations, les budgets de personnel, les relations sociales.
- Gestion administrative interne concernant la gestion des informations, la gestion des modes de travail, la gestion des espaces de travail et des ressources, la gestion des agendas, la planification et le suivi des activités de l'organisation.
- Gestion administrative des projets concernant le suivi opérationnel et son évaluation.
- Nouvelles technologies de l'information : gestion électronique des documents (GED), progiciel de gestion intégré (PGI).
- Savoirs juridiques et économiques liés aux activités : types de structure des organisations, les biens et les services, le contrat de vente, les obligations et la responsabilité contractuelle, le crédit, le rôle des banque, les conventions collectives, la législation du travail, etc.
- Savoirs rédactionnels : structuration des documents, argumentation, réfutation, codes et règles du courrier aux administrations ou au personnel, prise de notes, compte rendu de réunion, synthèse, annonce d'une offre d'emploi, etc.

Passeport professionnel : document obligatoire permettant à l'élève de répertorier l'ensemble des situations professionnelles rencontrées en cours des trois ans de formation (stage inclus). Accessible à l'ensemble de l'équipe pédagogique, le passeport constitue un support privilégié pour les épreuves de certification.

Sous statut scolaire, l'élève est en stage pendant 22 semaines réparties sur les 3 ans du bac pro incluant les 6 semaines nécessaires à la validation du diplôme intermédiaire.

EXAMEN

Les épreuves générales sont décrites dans la fiche générale du bac professionnel p. 8.

Épreuves professionnelles

Pour les candidats de la voie scolaire dans un établissement public ou privé sous contrat, CFA ou section d'apprentissage habilités.

Épreuves	Durée	Mode	Coeff.
E 1 Épreuve scientifique et technique			2
Économie-droit		CCF	1
Mathématiques		CCF	1
E 2 Gestion administrative des relations avec le personnel	3 h	Écrit	4
E 3 Épreuve pratique prenant en compte la formation en milieu professionnel			10
Gestion administrative des relations externes		CCF	3
Gestion administrative interne		CCF	4
Gestion administrative des projets		CCF	2
Prévention-santé-environnement		CCF	1

Le diplôme est délivré aux candidats qui ont obtenu une moyenne générale supérieure ou égale à 10/20 à l'ensemble des épreuves générales et technologiques.

→ Diplôme intermédiaire

Les élèves de ce bac professionnel se présentent obligatoirement aux épreuves du BEP métiers administratifs (facultatif pour les apprentis).

POURSUITE D'ÉTUDES

Le bac professionnel a pour premier objectif l'insertion professionnelle mais, avec un très bon dossier ou une mention à l'examen, une poursuite d'études est envisageable en BTS.

→ Exemples

BTS assistant de gestion de PME PMI à référentiel commun européen

BTS assistant de manager

EN SAVOIR PLUS

Nombre d'établissements préparant au diplôme : 955.

Nombre d'établissements préparant au diplôme en apprentissage : 35.

Les métiers de la gestion, de la comptabilité et des ressources humaines, Onisep, coll. « Parcours », 2013.

047

HYGIÈNE, PROPRETÉ, STÉRILISATION

Ouverture à la rentrée 2013. 1re session d'examen en 2016

OBJECTIFS

Le bac pro hygiène, propreté, stérilisation forme les élèves à la prise en charge de chantiers dans les secteurs de la propreté, de l'hygiène et de la stérilisation. L'élève apprend les techniques appliquées à la gestion des déchets, aux opérations de stérilisation des dispositifs médicaux et de propreté/hygiène des locaux en zone à risques. Il apprend à répondre à une demande de client, en analyser les besoins et proposer une solution technique.

Les connaissances acquises au cours du bac pro lui permettent d'organiser des chantiers (durée, méthode, matériels, matériaux, personnel), de les mettre en place et d'en assurer le suivi. Les enseignements de sciences appliquées lui donnent les capacités de contrôler ou expertiser l'application des réglementations, la gestion des risques, la maîtrise de la qualité.

DÉBOUCHÉS

Le diplômé occupe des postes d'agent qualifié, chef de chantier, chef de site dans des PME ou des TPE relevant des secteurs de la propreté, de l'hygiène et de la stérilisation. Il peut travailler dans des organisations (entreprises, collectivités) dont les activités sont liées à la stérilisation des dispositifs médicaux (hôpitaux, cliniques, etc.) ainsi qu'à l'entretien des locaux hors zones à risques (locaux commerciaux, administratifs, industriels, sportifs, culturels) et des locaux en zone à risques (établissements de soins, médico-sociaux, laboratoires).

→ Exemples de métiers

Agent(e) de propreté et d'hygiène

Agent(e) de propreté urbaine

Chef de chantier

ACCÈS

***Les accès sont décrits dans la fiche générale du bac professionnel** **p. 5**.*

PROGRAMME

Les enseignements généraux sont décrits dans la fiche générale du bac professionnel p. 5.

→ Enseignements professionnels

- Technologie appliquée aux opérations de stérilisation.
- Technologie appliquée aux opérations de propreté et d'hygiène (entretien courant, remise en état).
- Gestion des déchets (tri, devenir, mesures de prévention).
- Étude des matériaux (caractéristiques, classifications).
- Savoirs scientifiques appliqués (microbiologie appliquée, biologie appliquée).

Sous statut scolaire, l'élève est en stage pendant 22 semaines réparties sur les 3 années du bac pro (cette durée ne peut être fractionnée en plus de 6 périodes, la durée de chaque période ne pouvant être inférieure à 3 semaines). Pendant la formation en milieu professionnel, l'élève doit effectuer au moins une période dans chacun des trois secteurs suivants : entretien des locaux hors zones à risques, entretien des locaux en zone à risques, stérilisation des dispositifs médicaux.

EXAMEN

Les épreuves générales sont décrites dans la fiche générale du bac professionnel p. 8.

Épreuves professionnelles

Pour les candidats de la voie scolaire dans un établissement public ou privé sous contrat, CFA ou section d'apprentissage habilités.

Épreuves	Durée	Mode	Coeff.
E 1 Épreuve scientifique			3
Mathématiques		CCF	1,5
Sciences physiques et chimiques		CCF	1,5
E 2 Analyse de situations professionnelles	3 h	Écrit	4
E 3 Épreuve prenant en compte la formation en milieu professionnel			11
Techniques de stérilisation des dispositifs médicaux		CCF	3
Techniques de propreté		CCF	3
Techniques d'hygiène des locaux en zones à risques		CCF	3
Économie-gestion		CCF	1
Prévention-sécurité-environnement		CCF	1

Le diplôme est délivré aux candidats qui ont obtenu une moyenne générale supérieure ou égale à 10/20 à l'ensemble des épreuves générales et technologiques.

→ Diplôme intermédiaire

Les élèves de ce bac pro se présentent obligatoirement aux épreuves du BEP hygiène-propreté (facultatif pour les apprentis).

POURSUITE D'ÉTUDES

Le bac pro a pour premier objectif l'insertion professionnelle mais, avec un très bon dossier ou une mention à l'examen, une poursuite d'études est envisageable en BTS.

→ Exemples

BTS hygiène, propreté, environnement

EN SAVOIR PLUS

Nombre d'établissements préparant au diplôme : 63.

Nombre d'établissements préparant au diplôme en apprentissage : 8.

Les métiers de la propreté et de l'environnement, Onisep, coll. « Voie pro », 2009.

Les métiers de l'environnement, Onisep, coll. « Parcours », 2011.

048

INTERVENTIONS SUR LE PATRIMOINE BÂTI

OBJECTIFS

Le bac pro interventions sur le patrimoine bâti forme des élèves à effectuer des travaux de gros entretien concernant ou ayant un impact sur la structure d'un édifice.

L'élève apprend à restaurer ou restituer tout ou partie de l'édifice, dans le respect des règles relatives à la conservation du patrimoine architectural. Tout en veillant à l'intégralité de l'édifice, son style et son identité, les enseignements dispensés le rendent capable d'apporter les modifications nécessaires répondant aux normes et à un usage contemporain ou bien d'effectuer des aménagements dans la perspective d'un changement d'usage d'un bâtiment. L'élève est aussi formé à réaliser des ajouts en harmonie avec les ouvrages en place.

Les connaissances acquises au cours du bac pro lui permettent ainsi de préparer les ouvrages à l'intervention (diagnostic du bâti, études techniques, relevés...) pour la réalisation des techniques de restauration ou de réhabilitation nécessaires en maçonnerie, charpente ou couverture. Il devient apte à organiser son chantier et son équipe.

DÉBOUCHÉS

Le titulaire du diplôme est ouvrier du bâtiment hautement qualifié qui exerce dans le domaine de la maçonnerie, de la charpente ou de la couverture. Il travaille principalement au sein d'entreprises des domaines de la réhabilitation, restauration, entretien et conservation du patrimoine bâti. Il peut travailler dans des entreprises qui ont ou recherchent une qualification dans le domaine du patrimoine architectural, par exemple un certificat de qualification Qualibat monuments historiques, patrimoine ancien ou matériaux régionaux.

→ Exemples de métiers

Charpentier(ière) bois

Couvreur(euse)

Maçon(ne)

Tailleur(euse) de pierre

ACCÈS

Les accès sont décrits dans la fiche générale du bac professionnel p. 5.

PROGRAMME

Les enseignements généraux sont décrits dans la fiche générale du bac professionnel p. 5.

→ Enseignements professionnels

- Contexte administratif et juridique de la construction : procédures, partenaires.
- Connaissance du bâti ancien : les différents types et caractéristiques de bâti, histoire des techniques et outils, etc.
- Confort de l'habitat dont l'accessibilité des personnes.
- Technologie de construction : matériaux du bâtiment, électricité, évolution des techniques, écologie de l'habitat ancien.
- Techniques d'intervention et de mise en œuvre : analyse et diagnostic, tracé, maçonnerie, charpente, couverture.
- Santé et sécurité au travail.
- Matériel et outillage : manutention, échafaudage.
- Gestion des travaux et suivi de chantier : planification, organisation des postes de travail, prévision des moyens matériels, démarche qualité...

Sous statut scolaire, l'élève est en stage pendant 22 semaines réparties sur les 3 années du bac pro.

EXAMEN

Les épreuves générales sont décrites dans la fiche générale du bac professionnel p. 8.

Épreuves professionnelles

Pour les candidats de la voie scolaire dans un établissement public ou privé sous contrat, CFA ou section d'apprentissage habilités.

Épreuves	Durée	Mode	Coeff.
E 1 Épreuve scientifique			3
Mathématiques		CCF	1,5
Sciences physiques et chimiques		CCF	1,5
E 2 Épreuve de préparation des travaux			5
Étude préalable à une intervention	3 h	Écrit	2
Analyse diagnostique	2 h	Écrit	2
Organisation des travaux	2 h	Écrit	1
E 3 Réalisation des travaux			9
Présentation d'un dossier d'activité		CCF	2
Réalisation d'une intervention		CCF	4
Travaux annexes		CCF	1
Économie-gestion		CCF	1
Prévention-santé-environnement		CCF	1

Le diplôme est délivré aux candidats qui ont obtenu une moyenne générale supérieure ou égale à 10/20 à l'ensemble des épreuves générales et technologiques.

POURSUITE D'ÉTUDES

Le bac pro a pour premier objectif l'insertion professionnelle mais, avec un très bon dossier ou une mention à l'examen, une poursuite d'études est envisageable en BTS du secteur.

Des dispenses d'unités d'enseignement sont prévues pour les élèves désirant préparer un second bac pro technicien du bâtiment : organisation et réalisation du gros œuvre.

→ Exemples

BTS bâtiment

BTS charpente-couverture

BTS enveloppe du bâtiment : façades étanchéité

BTS études et économie de la construction

EN SAVOIR PLUS

Nombre d'établissements préparant au diplôme : 27.

Nombre d'établissements préparant au diplôme en apprentissage : 11.

Les métiers du bâtiment, Onisep, coll. « Zoom », 2009

Les métiers du bâtiment et des travaux publics, Onisep, coll. « Parcours », 2012..

049

LABORATOIRE CONTRÔLE QUALITÉ

OBJECTIFS

Le bac pro laboratoire contrôle qualité forme des élèves aux activités d'analyse et de contrôle (physico-chimiques, biochimiques, microbiologiques et biologiques).

Au cours de sa formation, l'élève apprend à réaliser un prélèvement ou un échantillon, à conduire des analyses et des contrôles des matières premières, produits manufacturés ou en cours de fabrication, dans le respect des procédures en vigueur. L'analyse peut aussi porter sur des échantillons de sol, d'eau, de déchets. Les enseignements dispensés rendent l'élève apte à mettre en œuvre un protocole selon une procédure définie.

Il est formé aux méthodes de planification et de gestion du fonctionnement d'un laboratoire. Il acquiert des compétences pour organiser le travail et prévoir les tâches à effectuer selon les procédures en vigueur (hygiène des locaux, sécurité au travail, normes de référence), assurer le bon fonctionnement des appareils de mesure (métrologie) et des installations, assurer l'entretien des équipements et les opérations de maintenance courantes. Il devient capable de gérer le suivi de l'activité du laboratoire ainsi que la transmission des résultats : enregistrement, interprétation des résultats d'analyse (identifier les résultats non conformes) et rédaction de comptes-rendus.

De plus, ses connaissances lui permettront de contribuer à la mise en place des procédures et au suivi de la démarche qualité.

DÉBOUCHÉS

Il peut travailler au sein de laboratoires de contrôle dans des entreprises, dans des laboratoires d'analyses privés ou dans des organismes publics de recherche ou de contrôle (laboratoires départementaux, Inra, écoles vétérinaires ou d'agronomie).

→ Exemples de métiers

Technicien(ne) analyse-contrôle chimie

Technicien(ne) bactériologiste contrôle, fabrication

Technicien(ne) d'analyses

Technicien(ne) de contrôle analytique industrie pharmaceutique

Technicien(ne) de laboratoire

Technicien(ne) de laboratoire de contrôle de fabrication des industries de process

ACCÈS

Les accès sont décrits dans la fiche générale du bac professionnel p. 5.

PROGRAMME

Les enseignements généraux sont décrits dans la fiche générale du bac professionnel p. 5.

→ Enseignements professionnels

- Contexte socioprofessionnel des laboratoires : découverte de la diversité des structures de laboratoire, activités des différents secteurs.
- Organisation et fonctionnement du laboratoire : organisation du laboratoire, démarche qualité, opérations de maintenance courante des appareils et équipements, mise en œuvre de la métrologie, gestion des stocks et des déchets, santé et sécurité au travail et environnement.
- Analyses : objectifs des analyses, méthodes d'analyse physico-chimiques, biochimiques, microbiologiques et biologiques, choix des méthodes.
- Travail en laboratoire : préparation d'échantillons, opérations d'analyse en fonction des instructions et des modes opératoires fournis, mise en œuvre des analyses, traitement des résultats.

Sous statut scolaire, l'élève est en stage pendant 22 semaines réparties sur les 3 années du bac pro.

EXAMEN

Les épreuves générales sont décrites dans la fiche générale du bac professionnel p. 8.

Épreuves professionnelles

Pour les candidats de la voie scolaire dans un établissement public ou privé sous contrat, CFA ou section d'apprentissage habilités.

Épreuves	Durée	Mode	Coeff.
E 5 Techniques professionnelles			2
Situer les activités d'analyse et de contrôle dans leur contexte Choix des méthodes et appareillages	3 h	Écrit	2
E 6 Expérience en milieu professionnel		*	3
Situer l'activité des laboratoires dans leur contexte socioprofessionnel Communiquer en situation professionnelle Contribuer à la gestion et au fonctionnement du laboratoire dans le respect des procédures et des règles en matière de santé, de sécurité au travail et d'environnement	0 h 30		3
E 7 Pratiques professionnelles		CCF	5
Réaliser les analyses physico-chimiques, biochimiques, microbiologiques et biologiques adaptées aux objectifs retenus dans le respect des procédures et des règles en matière de santé, de sécurité au travail et d'environnement		CCF	4
S'adapter à des enjeux professionnels particuliers		CCF	1

EPT : épreuve ponctuelle terminale
(*) évaluation du dossier écrit + oral de 30 min.

Le diplôme est délivré aux candidats qui ont obtenu une moyenne générale supérieure ou égale à 10/20 à l'ensemble des épreuves générales et technologiques.

→ Diplôme intermédiaire

Les élèves de ce bac pro se présentent obligatoirement aux épreuves du BEPA travaux de laboratoire (facultatif pour les apprentis).

POURSUITE D'ÉTUDES

Le bac pro a pour premier objectif l'insertion professionnelle mais, avec un très bon dossier ou une mention à l'examen, une poursuite d'études est envisageable en BTS ou BTSA.

→ Exemples

BTS bioanalyses et contrôles

BTSA analyses agricoles, biologiques et biotechnologiques

EN SAVOIR PLUS

Nombre d'établissements préparant au diplôme : 33.

Nombre d'établissements préparant au diplôme en apprentissage : 3.

Les métiers de la biologie et des biotechnologies, Onisep, coll. « Parcours », 2012.

Les métiers de la chimie, Onisep, coll. « Parcours », 2013.

050

LOGISTIQUE

OBJECTIFS

Le but de ce bac pro est de former un technicien qui intervient à tous les niveaux de la chaîne logistique : polyvalence, rigueur et qualités de communication sont indispensables.

L'élève apprend à préparer et à réaliser les opérations de réception et de stockage (flux entrants), à gérer des commandes ou le déstockage et l'expédition des marchandises (flux sortants) ainsi qu'à maîtriser des logiciels de gestion des stocks.

Il est formé à la conduite d'engins de manutention et au respect des procédures, des règles de sécurité et des normes qualité et environnementales.

Il acquiert des connaissances en gestion administrative et commerciale de l'entreprise et se familiarise avec la communication en français ou en langue étrangère avec les partenaires externes (fournisseurs, prestataires, transporteurs, clients) ou internes (services logistiques, administratifs, commerciaux et comptables).

DÉBOUCHÉS

Il exerce principalement dans les organisations suivantes : prestataires logistiques, plates-formes de distribution, entreprises de transport assurant des prestations logistiques, certaines autres organisations (hôpitaux, associations).

Dans le cadre d'une première insertion professionnelle, il peut être opérateur polyvalent, agent logisticien, magasinier-cariste, réceptionnaire, préparateur de commandes.

Après une première expérience, il sera chef d'équipe (réception/stockage/préparation de commandes/expédition), chef de quai, responsable magasinier, responsable d'une petite unité logistique ou de dépôt, agent qualité en logistique, approvisionneur, gestionnaire de stocks.

→ Exemples de métiers

Agent(e) de transit

Magasinier(ière)-cariste

ACCÈS

Les accès sont décrits dans la fiche générale du bac professionnel p. 5.

PROGRAMME

Les enseignements généraux sont décrits dans la fiche générale du bac professionnel p. 5.

→ Enseignements professionnels

- Maîtrise des flux de marchandises : prise en charge des flux entrants (préparation de la réception et réception des marchandises, participation au traitement des litiges, transfert des marchandises) et des flux sortants (préparation des commandes, expédition des marchandises et suivi des expéditions) ; suivi et optimisation du stockage (gestion des emplacements, contrôle des stocks, réapprovisionnement, gestion des emballages consignés, valorisation des déchets).
- Conduite en sécurité des chariots automoteurs de manutention à conducteur porté (choix d'un chariot, pilotage, prise et levage d'une charge).
- Relations avec les partenaires : communication avec les interlocuteurs internes et externes à l'entreprise.
- Gestion de l'entreprise : données administratives, commerciales et notions juridiques et économiques.

Sous statut scolaire, l'élève est en stage pendant 22 semaines réparties sur les 3 années du bac pro.

EXAMEN

Les épreuves générales sont décrites dans la fiche générale du bac professionnel p. 8.

Épreuves professionnelles

Pour les candidats de la voie scolaire dans un établissement public ou privé sous contrat, CFA ou section d'apprentissage habilités.

Épreuves	Durée	Mode	Coeff.
E 1 Épreuve scientifique et technique			2
Économie-droit		CCF	1
Mathématiques		CCF	1
E 2 Épreuve d'étude de situations professionnelles	3 h	Écrit	5
E 3 Épreuve pratique prenant en compte la formation en milieu professionnel			9
Pratique de la logistique en milieu professionnel		CCF	7
Conduite d'engins de manutention		CCF	1
Prévention-santé-environnement		CCF	1

Le diplôme est délivré aux candidats qui ont obtenu une moyenne générale supérieure ou égale à 10/20 à l'ensemble des épreuves générales et technologiques.

→ Diplôme intermédiaire

Les élèves de ce bac pro se présentent obligatoirement aux épreuves du BEP logistique et transport (facultatif pour les apprentis).

POURSUITE D'ÉTUDES

Le bac pro a pour premier objectif l'insertion professionnelle mais, avec un très bon dossier ou une mention à l'examen, une poursuite d'études est envisageable en BTS ou dans des formations en écoles spécialisées du transport et de la logistique (AFT-Iftim, Promotrans) délivrant des titres homologués par l'État.

→ Exemples

BTS transport et prestations logistiques

EN SAVOIR PLUS

Nombre d'établissements préparant au diplôme : 185.

Nombre d'établissements préparant au diplôme en apprentissage : 60.

Les métiers du transport et de la logistique, Onisep, coll. « Parcours », 2010.

051

MAINTENANCE DE VÉHICULES AUTOMOBILES

option motocycles

OBJECTIFS

Le bac pro maintenance de véhicules automobiles option motocycles forme des techniciens d'atelier qui assurent l'entretien et la réparation des motos. L'élève apprend les règles et les outils de la communication écrite et orale. Cette compétence lui sera utile pour accueillir le client, le conseiller, lui proposer un équipement, une intervention complémentaire. Elle lui sera également indispensable pour analyser les informations données par le client, de façon à établir un prédiagnostic. Il se familiarise avec les outils informatiques pour établir le diagnostic final.

Au cours de sa formation, le futur technicien acquiert les connaissances en mécanique, hydraulique, électricité et pneumatique nécessaires pour effectuer la maintenance et la réparation des motos, en conformité avec les cahiers des charges fournis par les constructeurs.

DÉBOUCHÉS

Le bachelier trouvera du travail dans les concessions moto et dans les garages indépendants. Dans de petits ateliers, il travaillera en contact direct avec la clientèle.

→ Exemples de métiers

Contrôleur(euse) technique automobile
Mécanicien(ne) et technicien(ne) moto
Responsable du service après-vente

ACCÈS

Les accès sont décrits dans la fiche générale du bac professionnel p. 5.

PROGRAMME

Les enseignements généraux sont décrits dans la fiche générale du bac professionnel p. 5.

→ Enseignements professionnels

L'enseignement professionnel concerne aussi bien les fonctions techniques que les activités de service.

- Motorisation : transformation de l'énergie, alimentation en carburant et en air, carburation, allumage, antipollution.
- Transmission : embrayages, boîte de vitesses, réducteurs, couples, régime puissance.
- Liaison au sol : suspension, pneumatiques, direction, freinage, cadre.
- Production et utilisation de l'énergie électrique, production et utilisation des énergies auxiliaires.
- Confort, aide à la conduite, sécurité.
- Activités de service : communication et commercialisation, organisation de la maintenance, qualité, prévention des risques professionnels.

Sous statut scolaire, l'élève est en stage pendant 22 semaines réparties en 4 séquences au maximum dans des entreprises d'activités différentes ou, dans une même entreprise, dans des services différents.

Les stages doivent permettre au candidat de réaliser des diagnostics et interventions sur des systèmes complexes et des technologies actuelles. Pendant leurs stages, les futurs techniciens ont l'occasion d'observer et d'analyser, au travers de situations réelles, les différents éléments d'une stratégie de qualité et de percevoir concrètement les coûts induits de la non-qualité. À la fin des stages, le candidat rédige un rapport d'activités.

EXAMEN

Les épreuves générales sont décrites dans la fiche générale du bac professionnel p. 8.

Épreuves professionnelles

Pour les candidats de la voie scolaire dans un établissement public ou privé sous contrat, CFA ou section d'apprentissage habilités.

Épreuves	Durée	Mode	Coeff.
E 1 Épreuve scientifique et technique	CCF		5
Analyse d'un système technique	CCF		2
Mathématiques	CCF		1,5
Sciences physiques et chimiques	CCF		1,5
E 2 Épreuve technologique			3
Étude de cas-expertise technique	3 h	Écrit	3
E 3 Épreuve pratique prenant en compte la formation en milieu professionnel	CCF		10
Économie-gestion	CCF		1
Évaluation de la formation en milieu professionnel	CCF		2
Intervention sur véhicules	CCF		3
Intervention sur système de haute technicité	CCF		3
Prévention-santé-environnement	CCF		1

Le diplôme est délivré aux candidats qui ont obtenu une moyenne générale supérieure ou égale à 10/20 à l'ensemble des épreuves générales et technologiques.

→ Diplôme intermédiaire

Les élèves de ce bac pro se présentent obligatoirement aux épreuves du CAP maintenance des véhicules automobiles option véhicules motocycles (facultatif pour les apprentis).

POURSUITE D'ÉTUDES

Le bac pro a pour premier objectif l'insertion professionnelle mais, avec un très bon dossier ou une mention à l'examen, une poursuite d'études est envisageable en BTS.

→ Exemples

BTS après-vente automobile option motocycles

EN SAVOIR PLUS

Nombre d'établissements préparant au diplôme : 76.

Nombre d'établissements préparant au diplôme en apprentissage : 26.

052

MAINTENANCE DE VÉHICULES AUTOMOBILES

option véhicules industriels

OBJECTIFS

Polarisé sur les poids lourds, ce bac pro forme les élèves à rechercher une panne, démonter et réparer des pièces, effectuer les réglages, etc. L'élève s'initie au travail de mécanicien réparateur en s'appuyant sur ses connaissances en électronique, dont les véhicules sont désormais équipés : ABS, direction assistée, boîtiers de commande pour diriger le freinage, les suspensions.

Il développe des compétences informatiques utiles pour établir le diagnostic qui est largement informatisé et se fait sur ordinateur, en passant par un logiciel spécialisé qui localise, sur schéma, l'endroit possible de la panne. Il est également préparé à vérifier ensuite le diagnostic, démonter, changer ou réparer les pièces défectueuses, puis réaliser les réglages conformément aux données du constructeur.

De plus, les enseignements dispensés lui permettent d'effectuer les révisions et les contrôles périodiques des véhicules : graissage, vidange, examen d'usure des pièces, changement de pneus.

Enfin, il acquiert les notions indispensables pour établir la facture, compléter les documents de suivi de la maintenance et expliquer au client l'intervention effectuée.

DÉBOUCHÉS

Le diplômé trouvera un emploi dans les entreprises qui dépendent des réseaux constructeurs (succursales, concessionnaires, agents), dans les entreprises qui traitent des véhicules toutes marques, dans les flottes autoroutières, les administrations ou les services de maintenance des entreprises de transport.

→ Exemples de métiers

Contrôleur(euse) technique automobile

Électronicien(ne) automobile

Responsable du service après-vente

Technicien(ne) automobile

ACCÈS

Les accès sont décrits dans la fiche générale du bac professionnel p. 5.

PROGRAMME

Les enseignements généraux sont décrits dans la fiche générale du bac professionnel p. 5.

→ Enseignements professionnels

- Mécanique : lecture des dessins, des schémas, des graphes ; compréhension des liaisons mécaniques et des éléments qui composent un système ; étude des mouvements des divers constituants d'un véhicule : actionneurs (vérins, moteurs fluides, moteurs électriques), transmetteurs et convertisseurs de mouvements (engrenages, chaînes et courroies, vis, écrous), constituants de mise en service et d'arrêt (embrayage, freins), fonctionnement des systèmes, relations entre les différentes pièces.
- Hydraulique, pneumatique, électricité, électronique et systèmes automatisés.
- À l'atelier : ordinateurs de diagnostic, dossiers techniques, catalogues et documentation du constructeur, schémas.
- Communication, commercialisation, organisation de la maintenance : accueil et conseil, évaluation du temps de réparation, ordre de réparation, éléments de facturation, carnets d'entretien et fichiers clients, démarche qualité.

Sous statut scolaire, l'élève est en stage pendant 22 semaines réparties en 4 séquences maximum dans des entreprises d'activités différentes ou, dans une même entreprise, dans des services différents.

Les stages doivent permettre au candidat de réaliser des diagnostics et interventions sur des systèmes complexes et des technologies actuelles. Pendant leurs stages, les futurs techniciens ont l'occasion d'observer et d'analyser, au travers de situations réelles, les différents éléments d'une stratégie de qualité et de percevoir concrètement les coûts induits de la non-qualité. À la fin des stages, le candidat rédige un rapport d'activités.

EXAMEN

Les épreuves générales sont décrites dans la fiche générale du bac professionnel p. 8.

Épreuves professionnelles

Pour les candidats de la voie scolaire dans un établissement public ou privé sous contrat, CFA ou section d'apprentissage habilités.

Épreuves	Durée	Mode	Coeff.
E 1 Épreuve scientifique et technique			5
Analyse d'un système technique		CCF	2
Mathématiques		CCF	1,5
Sciences physiques et chimiques		CCF	1,5
E 2 Épreuve technologique			3
Étude de cas - expertise technique	3 h	Écrit	3
E 3 Épreuve pratique prenant en compte la formation en milieu professionnel			10
Économie-gestion		CCF	1
Évaluation de la formation en milieu professionnel		CCF	2
Intervention sur véhicules		CCF	3
Intervention sur système de haute technicité		CCF	3
Prévention-santé-environnement		CCF	1

Le diplôme est délivré aux candidats qui ont obtenu une moyenne générale supérieure ou égale à 10/20 à l'ensemble des épreuves générales et technologiques.

→ Diplôme intermédiaire

Les élèves de ce bac pro se présentent obligatoirement aux épreuves du CAP maintenance des véhicules automobiles option véhicules industriels (facultatif pour les apprentis).

POURSUITE D'ÉTUDES

Ce bac pro a pour premier objectif l'insertion professionnelle mais, avec un très bon dossier ou une mention à l'examen, une poursuite d'études est envisageable en BTS.

→ Exemples

BTS moteurs à combustion interne

EN SAVOIR PLUS

Nombre d'établissements préparant au diplôme : 76.

Nombre d'établissements préparant au diplôme en apprentissage : 33.

053

MAINTENANCE DE VÉHICULES AUTOMOBILES

option voitures particulières

OBJECTIFS

Le bac pro forme des techniciens automobiles qui assurent l'entretien et la réparation des voitures particulières. L'élève apprend les règles et les outils de la communication écrite et orale. Cette compétence lui sera utile pour accueillir le client, le conseiller, lui proposer un équipement, une intervention complémentaire. Elle lui sera également indispensable pour analyser les informations données par le client de façon à établir un prédiagnostic. Il se familiarise avec les outils informatiques pour établir le diagnostic final. Au cours de sa formation, le futur technicien acquiert les connaissances nécessaires en mécanique, hydraulique, électricité et pneumatique pour effectuer la maintenance et la réparation des voitures en conformité avec les cahiers des charges fournis par les constructeurs car il doit respecter les règles de la législation en vigueur.

DÉBOUCHÉS

Le diplômé peut travailler dans le réseau après-vente d'un constructeur, un centre auto, un centre de réparation rapide, en atelier de maintenance d'entreprise de transport ou de certaines administrations, un garage indépendant.

→ Exemples de métiers

Contrôleur(euse) technique automobile
Électronicien(ne) automobile
Responsable du service après-vente
Technicien(ne) automobile

ACCÈS

Les accès sont décrits dans la fiche générale du bac professionnel p. 5.

PROGRAMME

Les enseignements généraux sont décrits dans la fiche générale du bac professionnel p. 5.

→ Enseignements professionnels

L'enseignement professionnel porte sur les fonctions techniques et sur les activités de service.

- Motorisation : transformation de l'énergie, alimentation en carburant et en air, allumage, antipollution.
- Transmission : embrayages, boîte de vitesses, réducteurs, ponts, arbres de transmission, couples, régime, puissance.
- Liaison au sol : trains roulants, suspension, pneumatiques, direction, freinage, châssis.
- Production et utilisation de l'énergie électrique.
- Production et utilisation des énergies auxiliaires.
- Confort, aide à la conduite, sécurité.
- Activités de service : communication et commercialisation, organisation de la maintenance, qualité, prévention des risques professionnels.

Sous statut scolaire, l'élève est en stage pendant 22 semaines réparties en 4 séquences maximum dans des entreprises d'activités différentes ou, dans une même entreprise, dans des services différents.

Les stages doivent permettre au candidat de réaliser des diagnostics et interventions sur des systèmes complexes et des technologies actuelles. Pendant leurs stages, les futurs techniciens ont l'occasion d'observer et d'analyser, au travers de situations réelles, les différents éléments d'une stratégie de qualité et de percevoir concrètement les coûts induits de la non-qualité. À la fin des stages, le candidat rédige un rapport d'activités.

EXAMEN

Les épreuves générales sont décrites dans la fiche générale du bac professionnel p. 8.

Épreuves professionnelles

Pour les candidats de la voie scolaire dans un établissement public ou privé sous contrat, CFA ou section d'apprentissage habilités.

Épreuves	Durée	Mode	Coeff.
E 1 Épreuve scientifique et technique			5
Analyse d'un système technique		CCF	2
Mathématiques		CCF	1,5
Sciences physiques et chimiques		CCF	1,5
E 2 Épreuve technologique			3
Étude de cas-expertise technique	3 h	Écrit	3
E 3 Épreuve pratique prenant en compte la formation en milieu professionnel			10
Économie-gestion		CCF	1
Évaluation de la formation en milieu professionnel		CCF	2
Intervention sur véhicules		CCF	3
Intervention sur système de haute technicité		CCF	3
Prévention-santé-environnement		CCF	1

Le diplôme est délivré aux candidats qui ont obtenu une moyenne générale supérieure ou égale à 10/20 à l'ensemble des épreuves générales et technologiques.

→ Diplôme intermédiaire

Les élèves de ce bac pro se présentent obligatoirement aux épreuves du CAP maintenance des véhicules automobiles option véhicules particuliers (facultatif pour les apprentis).

POURSUITE D'ÉTUDES

Le bac pro a pour premier objectif l'insertion professionnelle mais, avec un très bon dossier ou une mention à l'examen, une poursuite d'études est envisageable en BTS ou en formation spécifique de constructeur automobile.

→ Exemples

BTS moteurs à combustion interne

EN SAVOIR PLUS

Nombre d'établissements préparant au diplôme : 342.

Nombre d'établissements préparant au diplôme en apprentissage : 136.

054

MAINTENANCE DES ÉQUIPEMENTS INDUSTRIELS

OBJECTIFS

Ce bac pro forme des techniciens dont la mission consiste à entretenir et à réparer les matériels des équipements de production et à participer activement aux divers travaux de l'équipe de maintenance. L'élève apprend à réparer ou à dépanner tout ce qui concerne la mécanique, l'électricité, le pneumatique et l'hydraulique. Par l'étude de leurs comportements, il acquiert les compétences nécessaires pour analyser les systèmes mécaniques ou automatisés.

La pratique de diverses méthodes de maintenance lui permette de diagnostiquer des pannes, de préparer l'intervention et de formuler des propositions d'amélioration.

Autre compétence développée pendant la formation : la communication tant au niveau de la réception que de la transmission d'informations. Il se prépare à rédiger et argumenter des comptes rendus d'intervention de maintenance.

DÉBOUCHÉS

Le technicien peut exercer son métier dans de nombreux secteurs de la production de biens d'équipement industriel ou de produits manufacturés tels que la métallurgie, l'aéronautique, l'agroalimentaire, le bois, les papiers-cartons, la chimie, le pétrole, les produits pharmaceutiques, sans oublier le matériel ferroviaire.

Les conditions d'exercice diffèrent dans les services maintenance selon que l'entreprise est productrice de biens ou de services. Dans le second cas, il peut être nécessaire de se déplacer là où est implanté l'équipement dont la maintenance doit être assurée (ascenseur, par exemple).

→ Exemples de métiers

Ajusteur(euse)-monteur(euse)
Ascensoriste
Électromécanicien(ne)
Technicien(ne) de maintenance industrielle
Technicien(ne) en automatismes

ACCÈS

Les accès sont décrits dans la fiche générale du bac professionnel** **p. 5.

PROGRAMME

Les enseignements généraux sont décrits dans la fiche générale du bac professionnel** **p. 5.

→ Enseignements professionnels

- Réaliser les interventions de maintenance : mettre en service un bien dans le respect des procédures ; identifier les risques, définir et mettre en œuvre les mesures de prévention adaptées ; diagnostiquer les pannes et remettre en état de bon fonctionnement ; réparer un composant ; exécuter des opérations de surveillance et d'inspection, des travaux d'amélioration ou de modification du bien.
- Analyser le fonctionnement d'un bien : analyser le fonctionnement et l'organisation d'un système, analyser les solutions mécaniques réalisant les fonctions opératives, les solutions de gestion, de distribution, de conversion d'énergie pneumatique, hydraulique et électrique.
- Organiser et optimiser son activité de maintenance : préparer son intervention, émettre des propositions d'amélioration du bien.
- Communiquer des informations : recevoir et transmettre des informations, rédiger et argumenter des comptes rendus.

Sous statut scolaire, l'élève est en stage pendant 22 semaines réparties sur les 3 années du bac pro.

EXAMEN

Les épreuves générales sont décrites dans la fiche générale du bac professionnel** **p. 8.

Épreuves professionnelles

Pour les candidats de la voie scolaire dans un établissement public ou privé sous contrat, CFA ou section d'apprentissage habilités.

Épreuves	Durée	Mode	Coeff.
E 1 Épreuve scientifique et technique			7
Analyse et exploitation de données techniques		CCF	3
Mathématiques		CCF	2
Sciences physiques et chimiques		CCF	2
E 2 Épreuve technologique			4
Analyse et préparation d'une intervention de maintenance	4 h	Écrit	4
E 3 Épreuve pratique prenant en compte la formation en milieu professionnel			10
Surveiller, améliorer, modifier les équipements		CCF	2
Intervention sur un équipement mécanique		CCF	3
Maintenance d'un système automatisé		CCF	3
Économie-gestion		CCF	1
Prévention-santé-environnement		CCF	1

Le diplôme est délivré aux candidats qui ont obtenu une moyenne générale supérieure ou égale à 10/20 à l'ensemble des épreuves générales et technologiques.

→ Diplôme intermédiaire

Les élèves de ce bac pro se présentent obligatoirement aux épreuves du BEP maintenance des produits et équipements industriels (facultatif pour les apprentis).

POURSUITE D'ÉTUDES

Le bac pro a pour premier objectif l'insertion professionnelle mais, avec un très bon dossier ou une mention à l'examen, une poursuite d'études est envisageable en BTS. Il existe également plusieurs possibilités de spécialisation, notamment d'ascensoriste, en FCIL ou en MC.

→ Exemples

BTS assistance technique d'ingénieur

BTS conception et réalisation de systèmes automatiques

BTS maintenance et après-vente des engins de travaux publics et de manutention

BTS maintenance industrielle

MC agent de contrôle non destructif

MC maintenance des installations oléohydrauliques et pneumatiques

MC technicien(ne) ascensoriste (service et modernisation)

MC technicien(ne) en réseaux électriques

Technicien de maintenance des ascenseurs

Technicien de réparation des ascenseurs

EN SAVOIR PLUS

Nombre d'établissements préparant au diplôme : 460.

Nombre d'établissements préparant au diplôme en apprentissage : 111.

Les métiers de l'électrotechnique, Onisep, coll. « Voie pro », 2010.

055

MAINTENANCE DES MATÉRIELS

option A : agricoles

OBJECTIFS

Ce bac pro forme des techniciens dont la mission consiste à entretenir et à réparer les matériels agricoles : tracteurs, matériels de labour, semoirs et planteuses, moissonneuses, matériels d'étables ou d'irrigation. Pendant la formation, l'élève acquiert les connaissances techniques en mécanique, électricité, thermodynamique nécessaires pour effectuer des travaux de maintenance ou de réparation sur ce type d'appareils. Grâce à l'utilisation d'outils de diagnostic, il apprend à identifier les causes de dysfonctionnement des machines en cas de panne, ainsi qu'à effectuer la maintenance périodique du matériel (vidanges, graissage, contrôle des pièces).

Autre compétence développée pendant la formation : conseiller les utilisateurs, les clients, en matière de sécurité, d'entretien, d'utilisation, d'achat de matériels agricoles.

DÉBOUCHÉS

Le titulaire de ce bac pro peut travailler dans les entreprises de vente, de distribution et de location de matériels, les entreprises de maintenance, ou encore les collectivités utilisatrices de matériels agricoles.

→ Exemples de métiers

Conducteur(trice) de machines agricoles

Mécanicien(ne)-réparateur(trice) en matériel agricole

ACCÈS

Les accès sont décrits dans la fiche générale du bac professionnel p. 5.

PROGRAMME

Les enseignements généraux sont décrits dans la fiche générale du bac professionnel p. 5.

→ Enseignements professionnels

- Fonctions opératoires des matériels agricoles : milieux d'intervention, gammes et fonctions opératoires.
- Analyse, représentation et étude prédictive des systèmes : analyse des systèmes, représentations, technologie de construction, mécanique appliquée.
- Génération de puissance mécanique primaire : motorisation thermique, motorisation électrique.
- Transmission et utilisation de puissance : transmissions mécaniques, hydrocinétiques, hydrauliques et hydrostatiques ; production, gestion et utilisation de l'énergie électrique embarquée ; climatisation ; propulsion, conduite et freinage des engins.
- Automatisation des systèmes : architecture et classification des systèmes automatisés ; acquisition, traitement et communication des données ; dialogue ; commande de puissance ; préactionneurs ; actionneurs ; systèmes automatiques, régulés et asservis.
- Mise en œuvre : matériels agricoles ; techniques de manutention ; appareils de mesure ; techniques élémentaires d'assemblage ; techniques de réglage, de mise au point, de maintenance, de diagnostic et d'affûtage.
- Organisation, gestion des interventions et communication : équipements informatiques, domaine de l'organisation, domaine commercial, domaine de la communication.
- Sécurité, règlements et certification : sécurité dans l'entreprise et sur le site, réglementations et

procédures applicables aux matériels agricoles, qualité.

Sous statut scolaire, l'élève est en stage pendant 22 semaines réparties sur les 3 années du bac pro.

EXAMEN

Les épreuves générales sont décrites dans la fiche générale du bac professionnel p. 8.

Épreuves professionnelles

Pour les candidats de la voie scolaire dans un établissement public ou privé sous contrat, CFA ou section d'apprentissage habilités.

Épreuves	Durée	Mode	Coeff.
E 1 Épreuve scientifique et technique			5
Étude d'un système technique		CCF	2
Mathématiques		CCF	1,5
Sciences physiques et chimiques		CCF	1,5
E 2 Épreuve technologique			3
Analyse et diagnostic	3 h	Écrit	1,5
Préparation d'une intervention	2 h	Écrit	1,5
E 3 Épreuve pratique prenant en compte la formation en milieu professionnel			9
Économie-gestion		CCF	1
Élaboration d'un processus de diagnostic		CCF	2,5
Évaluation de la formation en milieu professionnel		CCF	3
Organisation d'un poste de travail, élaboration d'un processus d'intervention et réparation		CCF	1,5
Prévention-santé-environnement		CCF	1

Le diplôme est délivré aux candidats qui ont obtenu une moyenne générale supérieure ou égale à 10/20 à l'ensemble des épreuves générales et technologiques.

→ Diplôme intermédiaire

Les élèves de ce bac pro se présentent obligatoirement aux épreuves du CAP maintenance des matériels option tracteurs et matériels agricoles.

POURSUITE D'ÉTUDES

Le bac pro a pour premier objectif l'insertion professionnelle mais, avec un très bon dossier ou une mention à l'examen, une poursuite d'études est envisageable en BTS ou BTSA.

→ Exemples

BTS agroéquipement

BTSA génie des équipements agricoles

CAP maintenance des matériels option tracteurs et matériels agricoles

EN SAVOIR PLUS

Nombre d'établissements préparant au diplôme : 59.

Nombre d'établissements préparant au diplôme en apprentissage : 25.

056

MAINTENANCE DES MATÉRIELS

option B : travaux publics et manutention

OBJECTIFS

Ce bac pro forme des techniciens dont la mission consiste à entretenir et réparer les engins de chantier et de manutention : grues, bulldozers, chariots élévateurs... Pendant la formation, l'élève acquiert des connaissances techniques en mécanique, électricité, thermodynamique. Ces compétences sont nécessaires pour effectuer des travaux de maintenance ou de réparation sur ce type d'appareils. Grâce à l'utilisation d'outils de diagnostic, il apprend à identifier les causes de dysfonctionnement des machine, en cas de panne, ainsi qu'à effectuer la maintenance périodique des engins de chantier (vidanges, graissage, contrôle des pièces...).

Autre compétence développée pendant la formation : conseiller les utilisateurs, les clients, en matière de sécurité, d'entretien, d'utilisation, d'achat de matériels.

DÉBOUCHÉS

Le titulaire de ce bac pro travaille dans les entreprises du secteur des travaux publics : les concessionnaires, les entreprises de vente, de maintenance ou de location de matériels.

→ Exemples de métiers

Conducteur(trice) d'engins de travaux publics

Technicien(ne) en engins de travaux publics

ACCÈS

Les accès sont décrits dans la fiche générale du bac professionnel p. 5.

PROGRAMME

Les enseignements généraux sont décrits dans la fiche générale du bac professionnel p. 5.

→ Enseignements professionnels

- Connaissance des matériels : les limites d'emploi des engins en fonction des caractéristiques des sols ; les techniques de manutention et d'assemblage (moteur, transmission, direction, freinage, climatisation, éclairage et signalisation) ; les équipements de commande et l'automatisme.
- Techniques de réglage et de mise au point, de maintenance et de diagnostic, mécanique appliquée : statique, résistance des matériaux, cinématique, dynamique, énergétique, thermodynamique.
- Communication : informer et conseiller l'utilisateur, participer à une opération de promotion.
- Sécurité, règlements et certification : sécurité dans l'entreprise et sur le site ; réglementations et procédures applicables aux engins de chantier ; qualité.

Sous statut scolaire, l'élève est en stage pendant 22 semaines réparties sur les 3 années du bac pro. Les stages lui permettent de se former à des matériels d'intervention et à des outillages très sophistiqués et récents. C'est aussi l'occasion pour lui de prendre conscience de l'importance de l'application des règles d'hygiène et de sécurité. Grâce à des situations réelles où il est en contact avec la clientèle, l'élève apprend comment mettre en place une stratégie commerciale. À la fin de la période de stage, le futur technicien rédige un rapport d'activités.

EXAMEN

Les épreuves générales sont décrites dans la fiche générale du bac professionnel p. 8.

Épreuves professionnelles

Pour les candidats de la voie scolaire dans un établissement public ou privé sous contrat, CFA ou section d'apprentissage habilités.

Épreuves	Durée	Mode	Coeff.
E 1 Épreuve scientifique et technique			5
Étude d'un système technique		CCF	2
Mathématiques		CCF	1,5
Sciences physiques et chimiques		CCF	1,5
E 2 Épreuve technologique			3
Analyse et diagnostic	3 h	Écrit	1,5
Préparation d'une intervention	2 h	Écrit	1,5
E 3 Épreuve pratique prenant en compte la formation en milieu professionnel			9
Économie-gestion		CCF	1
Élaboration d'un processus de diagnostic		CCF	2,5
Évaluation de la formation en milieu professionnel		CCF	3
Organisation d'un poste de travail, élaboration d'un processus d'intervention et réparation		CCF	1,5
Prévention-santé-environnement		CCF	1

Le diplôme est délivré aux candidats qui ont obtenu une moyenne générale supérieure ou égale à 10/20 à l'ensemble des épreuves générales et technologiques.

→ Diplôme intermédiaire

Les élèves de ce bac pro se présentent obligatoirement aux épreuves du CAP maintenance des matériels option matériels de travaux publics et de manutention (facultatif pour les apprentis).

POURSUITE D'ÉTUDES

Le bac pro a pour premier objectif l'insertion professionnelle mais, avec un très bon dossier ou une mention à l'examen, une poursuite d'études est envisageable en BTS.

→ Exemples

BTS maintenance et après-vente des engins de travaux publics et de manutention

BTSA génie des équipements agricoles

EN SAVOIR PLUS

Nombre d'établissements préparant au diplôme : 66.

Nombre d'établissements préparant au diplôme en apprentissage : 30.

057

MAINTENANCE DES MATÉRIELS

option C : parcs et jardins

OBJECTIFS

Ce bac pro forme des techniciens dont la mission consiste à entretenir et réparer les matériels des parcs et jardins : tracteurs, motoculteurs, tondeuses, épandeurs d'engrais... Pendant la formation, l'élève acquiert des connaissances techniques en mécanique, électricité, thermodynamique. Ces compétences sont nécessaires pour effectuer des travaux de maintenance ou de réparation sur ce type d'appareil. Grâce à l'utilisation d'outils de diagnostic, il apprend à identifier les causes de dysfonctionnement des machines en cas de panne, ainsi qu'à effectuer la maintenance périodique du matériel (vidanges, graissage, contrôle des pièces).

Autre compétence développée pendant la formation : conseiller les utilisateurs, les clients, en matière de sécurité, d'entretien, d'utilisation, d'achat de matériels.

DÉBOUCHÉS

Le titulaire de ce bac pro peut travailler dans les entreprises de vente, de distribution et de location de matériels, les entreprises de maintenance ou encore les collectivités utilisatrices de matériels.

→ Exemples de métiers

Mécanicien(ne)-réparateur(trice) en matériel agricole

ACCÈS

Les accès sont décrits dans la fiche générale du bac professionnel p. 5.

PROGRAMME

Les enseignements généraux sont décrits dans la fiche générale du bac professionnel p. 5.

→ Enseignements professionnels

- Sciences et techniques industrielles : connaissance des matériels de parcs et jardins, leurs fonctions, leurs limites d'emploi ; techniques d'assemblage et de manutention.
- Matériels : moteur, transmission, direction, freinage, climatisation, éclairage et signalisation ; équipements de commande et automatisme ; techniques de réglage et de mise au point, de maintenance, de diagnostic et d'affûtage.
- Mécanique : énergie mécanique, statique des fluides, fluides en mouvement, énergie hydraulique.
- Thermodynamique.
- Électricité : puissance électrique, électronique.
- Sécurité, règlements et certification : sécurité dans l'entreprise et sur le site, réglementations et procédures applicables aux matériels agricoles, qualité.
- Communication : informer et conseiller l'utilisateur ou le client, participer à une opération de promotion.

Sous statut scolaire, l'élève est en stage pendant 22 semaines réparties sur les 3 années du bac pro. Les stages lui permettent de se former à des matériels d'intervention et à des outillages très sophistiqués et récents. C'est aussi l'occasion de prendre conscience de l'importance de l'application des règles d'hygiène et de sécurité. Grâce à des situations réelles où l'élève est en contact avec la clientèle, il apprend comment mettre en place une stratégie commerciale. À la fin de la période de stage, le futur technicien rédige un rapport d'activités.

EXAMEN

Les épreuves générales sont décrites dans la fiche générale du bac professionnel p. 8.

Épreuves professionnelles

Pour les candidats de la voie scolaire dans un établissement public ou privé sous contrat, CFA ou section d'apprentissage habilités.

Épreuves	Durée	Mode	Coeff.
E 1 Épreuve scientifique et technique			5
Étude d'un système technique		CCF	2
Mathématiques		CCF	1,5
Sciences physiques et chimiques		CCF	1,5
E 2 Épreuve technologique			3

Analyse et diagnostic	3 h	Écrit	1,5
Préparation d'une intervention	2 h	Écrit	1,5
E 3 Épreuve pratique prenant en compte la formation en milieu professionnel			9
Économie-gestion		CCF	1
Élaboration d'un processus de diagnostic		CCF	2,5
Évaluation de la formation en milieu professionnel		CCF	3
Organisation d'un poste de travail, élaboration d'un processus d'intervention et réparation		CCF	1,5
Prévention-santé-environnement		CCF	1

Le diplôme est délivré aux candidats qui ont obtenu une moyenne générale supérieure ou égale à 10/20 à l'ensemble des épreuves générales et technologiques.

→ Diplôme intermédiaire

Les élèves de ce bac pro se présentent obligatoirement aux épreuves du CAP maintenance des matériels option matériels de parcs et jardins.

POURSUITE D'ÉTUDES

Le bac pro a pour premier objectif l'insertion professionnelle mais, avec un très bon dossier ou une mention à l'examen, une poursuite d'études est envisageable en BTSA ou en BTS.

→ Exemples

BTS après-vente automobile option véhicules industriels

BTS maintenance et après-vente des engins de travaux publics et de manutention

BTSA génie des équipements agricoles

EN SAVOIR PLUS

Nombre d'établissements préparant au diplôme : 48.

Nombre d'établissements préparant au diplôme en apprentissage : 24.

058

MAINTENANCE NAUTIQUE

OBJECTIFS

Le bac pro maintenance nautique forme des élèves à travailler dans tous les domaines de la maintenance des embarcations de plaisance, pour la navigation en mer et sur les eaux intérieures.

L'élève apprend à réceptionner une embarcation, à conseiller le client et à gérer la commande afin de caler une embarcation et manutentionner moteurs et équipements. Il développe des compétences pour effectuer un diagnostic et définir la cause du dysfonctionnement, à l'aide d'outils informatisés (ou non) et autres matériels de contrôle (effectuer des essais, des mesures...). Ainsi, il entretient, remplace ou répare tout ou partie des éléments et assure leur mise en service, afin de restituer l'embarcation et/ou l'équipement en bon état de fonctionnement.

Les connaissances acquises au cours du bac pro lui permettent d'intervenir sur des embarcations de différents types et équipements : bateaux de plaisance, à moteur « hors-bord » et « in-bord », voiliers, motos marines.

DÉBOUCHÉS

Le titulaire du bac pro accède rapidement à un emploi dans les domaines de la maintenance des embarcations de plaisance pour la navigation en mer et sur les eaux intérieures.

Il exerce ses activités dans les entreprises de préparation-réparation d'embarcations, vente-intallation-réparation de moteurs et équipements, distribution et après-vente, contructeurs et importateurs.

→ Exemples de métiers

Mécanicien(ne) bateaux

Responsable du service après-vente

ACCÈS

Les accès sont décrits dans la fiche générale du bac professionnel p. 5.

PROGRAMME

Les enseignements généraux sont décrits dans la fiche générale du bac professionnel p. 5.

→ Enseignements professionnels

L'enseignement professionnel concerne aussi bien les fonctions techniques que les activités de service.

- Construction : étude des systèmes, études approfondies de mécanismes (moteurs, mécanique et hydraulique, directions mécanique et hydraulique, treuils, étanchéité, matériaux), représentation d'un mécanisme (plan 2D, modèle 3D numérique, croquis, représentation d'une coque), comportement des systèmes mécaniques (actions mécaniques, résistance des matériaux).
- Énergies auxiliaires embarquées : énergies électriques (gestion du moteur, circuits électriques...), énergie hydraulique (systèmes hydromécaniques, électro-hydrauliques), protection des personnes.
- Fonctions techniques : structure d'une embarcation, gréement et voiles, moteurs et alimentation en carburant, hélices et transmission, confort à bord (chauffage, filtrage de l'eau...), assistance à la navigation (système VHF, téléphone satellite, position géographique), accastillage (cordages, équipement), mouillage et amarrage, appareils à gouverner et commandes.
- Fonctions de l'activité de service : communication et commercialisation, démarche qualité, organisation de la maintenance, législation maritime, prévention des risques professionnels, manutention et stockage (conduite et calage de l'embarcation...).

Sous statut scolaire, l'élève est en stage pendant 22 semaines réparties sur les 3 années du bac pro.

EXAMEN

Les épreuves générales sont décrites dans la fiche générale du bac professionnel p. 8.

Épreuves professionnelles

Pour les candidats de la voie scolaire dans un établissement public ou privé sous contrat, CFA ou section d'apprentissage habilités.

Épreuves	Durée	Mode	Coeff.
E 1 Épreuve scientifique et technique			5
Analyse d'un système technique		CCF	2
Mathématiques		CCF	1,5
Sciences physiques et chimiques		CCF	1,5
E 2 Épreuve technologique			3
Étude de cas-analyse technique	3 h	Écrit	3
E 3 Épreuve pratique prenant en compte la formation en milieu professionnel			10
Économie-gestion		CCF	1
Interventions sur embarcation et sur équipement		CCF	3
Intervention sur système de haute technicité		CCF	3
Prévention-santé-environnement		CCF	1
Réalisation d'interventions en entreprise		CCF	2

Le diplôme est délivré aux candidats qui ont obtenu une moyenne générale supérieure ou égale à 10/20 à l'ensemble des épreuves générales et technologiques.

→ Diplôme intermédiaire

Les élèves de ce bac pro se présentent obligatoirement aux épreuves du CAP réparation et entretien des embarcations de plaisance (facultatif pour les apprentis).

POURSUITE D'ÉTUDES

Le bac pro a pour premier objectif l'insertion professionnelle ; il peut être complété par un CQP (certificat de qualification professionnelle) du domaine.

→ Exemples

FCIL maintenance navale en milieu subaquatique

EN SAVOIR PLUS

Nombre d'établissements préparant au diplôme : 35.

Nombre d'établissements préparant au diplôme en apprentissage : 8.

059

MÉTIERS DE LA MODE - VÊTEMENTS

OBJECTIFS

Le bac pro métiers de la mode -vêtements forme des élèves à l'ensemble de la chaîne de fabrication du vêtement.

Avant toute conception, l'élève apprend à décoder les fiches techniques de matériaux et de fournitures, afin d'être capable de choisir la solution technique la plus adaptée aux diverses contraintes de la matière d'œuvre grâce aux enseignements portant sur les matières et matériaux et à l'apprentissage des techniques de produits.

Les enseignements professionnels d'industrialisation des produits lui permettent de se préparer, pour la phase de conception d'un vêtement, à définir les assemblages d'un modèle et à réaliser les patronnages, le prototype et à monter un vêtement. Dans cette phase, il travaille en collaboration avec un modéliste. Il est également formé à la gradation sur des systèmes de CAO et PAO et à la coupe.

L'enseignement est complété par des enseignements de représentation technique 2D du vêtement nécessaire pour la phase de recherche et des cours d'arts appliqués-histoire de la mode et de son environnement, représentation graphique, chromatique et volumique.

Enfin, le futur diplômés développe les qualités nécessaires pour assurer le contrôle qualité du produit fini. L'enseignement privilégie la démarche de recherche et de projet ainsi que la réalisation d'un dossier de synthèse.

DÉBOUCHÉS

Le bac pro métiers de la mode - vêtements permet de se charger de la réalisation de prototypes de vêtements. Le titulaire de ce diplôme peut évoluer vers des fonctions de technicien supérieur modéliste ou de technicien supérieur des méthodes d'industrialisation.

→ Exemples de métiers

Modéliste

Tailleur(euse) et couturier(ière)

ACCÈS

Les accès sont décrits dans la fiche générale du bac professionnel p. 5.

PROGRAMME

Les enseignements généraux sont décrits dans la fiche générale du bac professionnel p. 5.

→ Enseignements professionnels

- Entreprises de la filière mode : typologie des entreprises, types d'activités, intervenants, types de marchés.
- Définition technique des produits : concepts de mode et types de produits ; analyse fonctionnelle ; études techniques de conception des modèles (forme, patronnage, gradation des modèles) ; spécification des produits.
- Matières et matériaux : caractéritiques chimiques, physiques et mécaniques, essais physico-mécaniques, essais chimiques, procédés d'ennoblissement.
- Industrialisation des produits : conception, industrialisation, production, contrôle ; procédés techniques (matelassage, coupe en CFAO, assemblage, montage, traitement et finition, contrôle) ; ordonnancement de la production.
- Qualité et contrôle.
- Système de production et maintenance : maintenance préventive de premier niveau, protection de l'environnement et risques industriels.
- Représentation technique du produit : logiciels de représentation 2D, bases de données, technologies de l'information.
- Sécurité et ergonomie.
- Arts appliqués : culture artistique, moyens de représentation.
- Démarche de projet : analyse du cahier des charges, mise au point du projet, méthodologie du prototypage.

Sous statut scolaire, l'élève est en stage pendant 22 semaines réparties sur les 3 années du bac pro.

EXAMEN

Les épreuves générales sont décrites dans la fiche générale du bac professionnel p. 8.

Épreuves professionnelles

Pour les candidats de la voie scolaire dans un établissement public ou privé sous contrat, CFA ou section d'apprentissage habilités.

Épreuves	Durée	Mode	Coeff.
E 1 Épreuve technique de conception			6
Conception, construction d'un modèle en CAO		CCF	3
Développement de produit - esthétique, fonctionnel et technique		CCF	3
E 2 Épreuve scientifique et technique			3
Mathématiques		CCF	1,5
Sciences physiques et chimiques		CCF	1,5
E 3 Épreuve technique d'industrialisation et de réalisation du produit			10
Économie-gestion		CCF	1
Industrialisation du produit		CCF	3
Pratique professionnelle en entreprise		CCF	2
Prévention-santé-environnement		CCF	1
Projet de réalisation d'un prototype et contrôle qualité		CCF	3

Le diplôme est délivré aux candidats qui ont obtenu une moyenne générale supérieure ou égale à 10/20 à l'ensemble des épreuves générales et technologiques.

→ Diplôme intermédiaire

Les élèves de ce bac pro se présentent obligatoirement aux épreuves du BEP métiers de la mode - vêtements (facultatif pour les apprentis).

POURSUITE D'ÉTUDES

Le bac pro a pour objectif l'insertion professionnelle mais, avec un très bon dossier ou une mention à l'examen, une poursuite d'études est envisageable en BTS.

→ Exemples

BTS métiers de la mode - vêtement

BTS productique textile option A filature

BTS productique textile option B bonneterie

BTS productique textile option C tissage

BTS productique textile option D ennoblissement

EN SAVOIR PLUS

Nombre d'établissements préparant au diplôme : 156.

Nombre d'établissements préparant au diplôme en apprentissage : 5.

Les métiers de l'artisanat d'art, Onisep, coll. « Parcours », 2009

Les métiers de la mode, Onisep, coll. « Parcours », 2010..

060

MÉTIERS DU CUIR

option chaussures

OBJECTIFS

Le bac pro métiers du cuir option chaussures forme des élèves à la réalisation complète de chaussures et de bottes. Au cours de sa formation, l'élève apprend à réaliser une maquette préalable au prototype en se conformant à un cahier des charges et en respectant le dessin du styliste. Grâce aux enseignements sur les matières et matériaux et sur l'industrialisation des produits, il est préparé à adopter les solutions techniques et esthétiques les plus adaptées pour la fabrication de la chaussure : soudé, cousu... Il étudie les différents types de montage et d'assemblage : derby, richelieu, escarpin. Il assimile les techniques pour créer le patron manuellement ou en CAO, pour réaliser les gabarits qui serviront à la réalisation des pièces, pour couper les éléments du prototype et effectuer le montage, l'assemblage et les finitions ainsi que la gradation des chaussures à l'aide d'un logiciel.

Lors de sa formation, l'élève acquiert également les compétences nécessaires pour participer à l'élaboration d'un dossier d'industrialisation et suivre l'exécution d'une petite série. Les enseignements de contrôle et de qualité lui permettront de participer au contrôle final du produit. La formation laisse une grande place à la démarche de projet et aux arts appliqués.

DÉBOUCHÉS

Ce professionnel peut travailler dans des entreprises du luxe ou du moyen de gamme, dans des entreprises ayant délocalisé la fabrication ou pas.

→ Exemples de métiers

Bottier(ière)

Monteur(euse) en chaussures

Prototypiste en chaussures

ACCÈS

Les accès sont décrits dans la fiche générale du bac professionnel p. 5.

PROGRAMME

Les enseignements généraux sont décrits dans la fiche générale du bac professionnel p. 5.

→ Enseignements professionnels

- Entreprises de la filière mode : typologie des entreprises, intervenants, types de marchés.
- Définition technique des produits : concepts de mode, conception des modèles, spécification du produit.
- Matières et matériaux : typologie des matières, caractéristiques chimiques, physiques et mécaniques du cuir.
- Industrialisation des produits : procédés de fabrication (découpe des matériaux, techniques d'assemblage, de montage, de finition et de contrôle).
- Qualité et contrôle : organisation et gestion de la qualité.
- Système de production et maintenance : protection, environnement et risques industriels ; équipements de production.
- Représentation technique du produit : représentation technique 2D, utilisation des logiciels de représentation.
- Sécurité et ergonomie : conduite à tenir en cas d'accident, organisation du poste de travail.
- Arts appliqués : culture artistique, représenta-

tion du prototype et réalisation du produit.

- Démarche de projet : dossier de synthèse, projet de réalisation, soutenance d'un projet.

Sous statut scolaire, l'élève est en stage pendant 22 semaines réparties sur les 3 années du bac pro.

EXAMEN

Les épreuves générales sont décrites dans la fiche générale du bac professionnel p. 8.

Épreuves professionnelles

Pour les candidats de la voie scolaire dans un établissement public ou privé sous contrat, CFA ou section d'apprentissage habilités.

Épreuves	Durée	Mode	Coeff.
E 1 Épreuve technique de conception			6
Conception, construction d'un modèle en CAO		CCF	3
Développement de produit - esthétique, fonctionnel et technique		CCF	3
E 2 Épreuve scientifique et technique			4
Mathématiques		CCF	1,5
Sciences physiques et chimiques		CCF	1,5
Travaux pratiques de sciences physiques		Pratique	1
E 3 Épreuve technique d'industrialisation et de réalisation du produit			9
Économie-gestion		CCF	1
Industrialisation du produit		CCF	3
Pratique professionnelle en entreprise		CCF	2
Projet de réalisation d'un prototype et contrôle qualité		CCF	3

Le diplôme est délivré aux candidats qui ont obtenu une moyenne générale supérieure ou égale à 10/20 à l'ensemble des épreuves générales et technologiques.

→ Diplôme intermédiaire

Les élèves de ce bac pro se présentent obligatoirement aux épreuves du BEP métiers du cuir option chaussures (facultatif pour les apprentis).

POURSUITE D'ÉTUDES

Le bac pro a pour objectif l'insertion nelle mais, avec un très bon dossier ou une mention à l'examen, une poursuite d'études est envisageable en BTS métiers du cuir (diplôme en projet).

→ Exemples

BTS industries du cuir, tannerie, mégisserie

BTS métiers de la mode - chaussure et maroquinerie

EN SAVOIR PLUS

Nombre d'établissements préparant au diplôme : 2.

Nombre d'établissements préparant au diplôme en apprentissage : 0.

Les métiers de l'artisanat d'art, Onisep, coll. « Parcours », 2009

Les métiers de la mode, Onisep, coll. « Parcours », 2010..

061

MÉTIERS DU CUIR

option maroquinerie

OBJECTIFS

Le bac pro métiers du cuir option maroquinerie forme des élèves à la réalisation complète d'un accessoire de maroquinerie : sac, mallette, ceinture. Au cours de sa formation, l'élève apprend à réaliser une maquette préalable au prototype en se conformant à un cahier des charges et en respectant le dessin du styliste. Grâce aux enseignements sur les matières et matériaux et sur l'industrialisation des produits, il est préparé à adopter les solutions techniques et esthétiques les plus adaptées pour le montage et le choix des matériaux. Il assimile les techniques pour réaliser le patron manuellement ou en CAO, les gabarits qui serviront à la réalisation des pièces, couper les éléments du prototype, effectuer le montage, l'assemblage et les finitions.

L'élève acquiert également les compétences nécessaires pour participer à l'élaboration d'un dossier d'industrialisation et suivre l'exécution d'une petite série. Les enseignements de contrôle et de qualité lui permettront d'assurer le contrôle final du produit. La formation laisse une grande place à la démarche de projet et aux arts appliqués.

DÉBOUCHÉS

Ce professionnel peut travailler dans des entreprises du luxe ou du moyen de gamme, dans des entreprises ayant délocalisé la fabrication ou pas. Il accède à des postes de prototypiste et de monteur en maroquinerie.

→ Exemples de métiers

Maroquinier(ière)

Monteur(euse) en maroquinerie

Prototypiste en maroquinerie

Sellier(ière)

ACCÈS

Les accès sont décrits dans la fiche générale du bac professionnel p. 5.

PROGRAMME

Les enseignements généraux sont décrits dans la fiche générale du bac professionnel p. 5.

→ Enseignements professionnels

- Entreprises de la filière mode : typologie des entreprises, intervenants, types de marchés.
- Définition technique des produits : concepts de mode, conception des modèles, spécification du produit.
- Matières et matériaux : typologie des matières, caractéristiques chimiques, physiques et mécaniques du cuir.
- Industrialisation des produits : procédés de fabrication (découpe des matériaux, techniques d'assemblage, de montage, de finition et de contrôle).
- Qualité et contrôle : organisation et gestion de la qualité.
- Système de production et maintenance : protection, environnement et risques industriels ; équipements de production.
- Représentation technique du produit : représentation technique 2D, utilisation des logiciels de représentation.
- Sécurité et ergonomie : conduite à tenir en cas d'accident, organisation du poste de travail.
- Arts appliqués : culture artistique, représentation du prototype et réalisation du produit.
- Démarche de projet : dossier de synthèse, projet de réalisation, soutenance d'un projet.

Sous statut scolaire, l'élève est en stage pendant 22 semaines réparties sur les 3 années du bac pro.

EXAMEN

Les épreuves générales sont décrites dans la fiche générale du bac professionnel p. 8.

Épreuves professionnelles

Pour les candidats de la voie scolaire dans un établissement public ou privé sous contrat, CFA ou section d'apprentissage habilités.

Épreuves	Durée	Mode	Coeff.
E 1 Épreuve technique de conception			6
Conception, construction d'un modèle en CAO		CCF	3
Développement de produit - esthétique, fonctionnel et technique		CCF	3
E 2 Épreuve scientifique et technique			4
Mathématiques		CCF	1,5
Sciences physiques et chimiques		CCF	1,5
Travaux pratiques de sciences physiques		Pratique	1
E 3 Épreuve technique d'industrialisation et de réalisation du produit			9
Économie-gestion		CCF	1
Industrialisation du produit		CCF	3
Pratique professionnelle en entreprise		CCF	2
Projet de réalisation d'un prototype et contrôle qualité		CCF	3

Le diplôme est délivré aux candidats qui ont obtenu une moyenne générale supérieure ou égale à 10/20 à l'ensemble des épreuves générales et technologiques.

→ Diplôme intermédiaire

Les élèves de ce bac pro se présentent obligatoirement aux épreuves du BEP métiers du cuir option maroquinerie (facultatif pour les apprentis).

POURSUITE D'ÉTUDES

Le bac pro a pour objectif l'insertion professionnelle mais, avec un très bon dossier ou une mention à l'examen, une poursuite d'études est envisageable en BTS métiers du cuir (en projet).

→ Exemples

BTS industries des matériaux souples option productique (dernière session d'examen avec cet intitulé en 2013)

BTS industries du cuir, tannerie, mégisserie

BTS métiers de la mode - chaussure et maroquinerie

EN SAVOIR PLUS

Nombre d'établissements préparant au diplôme : 16.

Nombre d'établissements préparant au diplôme en apprentissage : 4.

Les métiers de la mode, Onisep, coll. « Parcours », 2010.

062

MÉTIERS DU PRESSING ET DE LA BLANCHISSERIE

OBJECTIFS

Ce bac pro forme des élèves à la maîtrise de toutes les opérations à effectuer lors de l'entretien d'articles textiles (vêtements, linge de maison ou de collectivité, tapis). L'élève apprend à accueillir la clientèle, à réaliser un examen préalable de l'état de l'article et à conseiller le client sur les moyens, par exemple, de remise à neuf du vêtement. Il acquiert les techniques et les opérations de nettoyage : détachage, lavage, brossage, traitements complémentaires et finitions. Il devient à même de contrôler la qualité du travail effectué.

Les connaissances acquises au cours de ce bac pro lui permettront de collaborer à la gestion commerciale de l'entreprise (établissement de devis, de factures, tenue de caisse), à l'encadrement et à l'animation d'une équipe ainsi qu'à la maintenance des installations.

DÉBOUCHÉS

Le diplômé peut travailler en blanchisserie intégrée ou non à un hôpital, en clinique, en maison de retraite ou blanchisserie privée traitant le linge des hôtels, restaurants, cabinets médicaux. C'est en zone urbaine que les besoins sont les plus importants.

Ses compétences, en fonction du type d'établissement, lui permettront d'envisager une évolution possible vers les responsabilités suivantes : animateur d'une équipe, responsable magasin, gérant ou chef d'entreprise.

→ Exemples de métiers

Employé(e) de pressing

Teinturier(ière) et blanchisseur(euse)

ACCÈS

Les accès sont décrits dans la fiche générale du bac professionnel** **p. 5.

PROGRAMME

Les enseignements généraux sont décrits dans la fiche générale du bac professionnel** **p. 5.

→ Enseignements professionnels

- Réception des articles (analyse, marquage et répartition en vue du traitement des articles, conseils au client, réserves à formuler, tarifs des prestations).
- Identification des matériaux (textile, fourrure, cuir), des types d'étoffes (tissés, tricotés, nappés) et des traitements subis.
- Identification des taches et des salissures (origine animale, végétale ou organique).
- Produits et techniques d'élimination (la dissolution, les produits de lavage et de détachage, les produits utilisés en machine de lavage à sec, etc.).
- Techniques de traitements complémentaires (blanchiment, teinture, apprêtage) et de finition.
- Livraison : recherche des articles, présentation du résultat, emballage des articles adapté au transport à effectuer.
- Gestion commerciale : établissement de devis et facturation, tenue de caisse, contrôle de la trésorerie journalière.
- Gestion, fonctionnement et maintenance (maintenance préventive et corrective) du train de lavage (tunnel de lavage, essoreuse, séchoir-démêloir), des machines (laveuse-essoreuse, lavage à sec...) et des équipements.
- Gestion des stocks : bons de commande, relation avec les fournisseurs...

Sous statut scolaire, l'élève est en stage pendant 22 semaines réparties sur les 3 années du bac pro.

EXAMEN

Les épreuves générales sont décrites dans la fiche générale du bac professionnel** **p. 8.

Épreuves professionnelles

Pour les candidats de la voie scolaire dans un établissement public ou privé sous contrat, CFA ou section d'apprentissage habilités.

Épreuves	Durée	Mode	Coeff.
E 1 Épreuve scientifique et technique			7
Étude d'un système de production		CCF	2
Mathématiques		CCF	1,5
Sciences appliquées à l'entretien des articles textiles		CCF	2
Sciences physiques et chimiques		CCF	1,5
E 2 Épreuve technologique			6
Préparation et organisation d'opérations techniques	3 h	Écrit	3
Travaux de gestion d'entreprise	3 h	Écrit	3
E 3 Épreuve pratique prenant en compte la formation en milieu professionnel			9
Évaluation de la formation en milieu professionnel		CCF	2
Prévention-santé-environnement		CCF	1
Techniques de détachage, de nettoyage, de lavage, de traitements complémentaires et finitions		CCF	4
Techniques de réception-livraison		CCF	2

Le diplôme est délivré aux candidats qui ont obtenu une moyenne générale supérieure ou égale à 10/20 à l'ensemble des épreuves générales et technologiques.

→ Diplôme intermédiaire

Les élèves de ce bac pro se présentent obligatoirement aux épreuves du BEP métiers du pressing et de la blanchisserie (facultatif pour les apprentis).

POURSUITE D'ÉTUDES

Le bac pro a pour premier objectif l'insertion professionnelle mais, avec un très bon dossier ou une mention à l'examen, une poursuite d'études est envisageable en BTS.

→ Exemples

BTS productique textile option D ennoblissement

EN SAVOIR PLUS

Nombre d'établissements préparant au diplôme : 8.

Nombre d'établissements préparant au diplôme en apprentissage : 1.

063

MICROTECHNIQUES

OBJECTIFS

Ce bac pro forme des techniciens de fabrication de produits de microtechnologie. L'élève apprend à assembler et monter, tester et contrôler, entretenir et réparer en appliquant des connaissances générales et techniques à des situations professionnelles spécifiques. L'apprentissage comprend l'exécution de travaux spécifiques sur des éléments microtechniques (découpage, perçage, ajustage, polissage, nettoyage, usinage, assemblage), sans oublier les mesures métrologiques et électriques.

Il se forme avec méthode à préparer une intervention sur des systèmes complexes (mécaniques, électriques, électroniques, pneumatiques) relevant de la microtechnique (organes de petites ou très petites dimensions), à poser un diagnostic, à dépanner (démonter, remplacer, réparer, régler, remonter le sous-ensemble et/ou l'ensemble défectueux) ainsi qu'à installer du matériel neuf (ou reconditionné) et à le mettre en service.

Les compétences nécessaires pour assurer la maintenance préventive et prédictive des systèmes microtechniques, le suivi technique et administratif ou une maintenance de premier niveau des équipements de travail sont aussi acquises pendant la formation.

DÉBOUCHÉS

Toutes les entreprises industrielles de production, maintenance, etc. et toutes les activités nécessitant la maîtrise de la manipulation des très petits produits et systèmes pluritechnologiques (horlogerie, automobile, biomédical, électronique). Partout où la miniaturisation est nécessaire, le technicien en microtechnique met en jeu des compétences pluridisciplinaires et pluritechnologiques telles que la mécatronique, l'électronique, l'optronique, l'informatique industrielle ainsi que des procédés de fabrication spécifiques.

→ Exemples de métiers

Microtechnicien(ne)

ACCÈS

Les accès sont décrits dans la fiche générale du bac professionnel p. 5.

PROGRAMME

Les enseignements généraux sont décrits dans la fiche générale du bac professionnel p. 5.

→ Enseignements professionnels

- Description des systèmes microtechniques : analyse, description fonctionnelle, structurelle et temporelle.
- Technologies des microsystèmes : énergie, transmission de puissance, mouvement et guidage mécanique, commandes, capteurs et détecteurs, connectique et interfaces de transmission.
- Mesures et essais : métrologie géométrique, électrique, optique, mécanique et autres.
- Maintenance des systèmes microtechniques : corrective et préventive, comportement des produits microtechniques.
- Procédés de fabrication : enlèvement de matière, déformation plastique, découpage, procédés chimiques, finition.
- Matériaux : classification et caractéristiques physiques et chimiques des matériaux utilisés (métaux et alliages, plastiques, céramiques, colles), techniques de traitement.
- Procédés d'assemblage, montage et réglage d'ensembles ou de systèmes microtechniques.
- Essais et tests de conformité d'un produit ou système microtechnique au regard des spécifications techniques ou des normes.

Sous statut scolaire, l'élève est en stage pendant 22 semaines réparties sur les 3 années du bac pro.

EXAMEN

Les épreuves générales sont décrites dans la fiche générale du bac professionnel p. 8.

Épreuves professionnelles

Pour les candidats de la voie scolaire dans un établissement public ou privé sous contrat, CFA ou section d'apprentissage habilités.

Épreuves	Durée	Mode	Coeff.
E 1 Épreuve scientifique			3
Mathématiques		CCF	1,5
Sciences physiques et chimiques		CCF	1,5
E 2 Épreuve technologique			3
Préparation d'une intervention microtechnique	2 h	Écrit	3
E 3 Épreuve pratique prenant en compte la formation en milieu professionnel			11
Assemblage et montage de produits microtechniques		CCF	4
Économie-gestion		CCF	1
Fabrications micromécaniques		CCF	2
Maintenance de produits microtechniques		CCF	3
Prévention-santé-environnement		CCF	1

Le diplôme est délivré aux candidats qui ont obtenu une moyenne générale supérieure ou égale à 10/20 à l'ensemble des épreuves générales et technologiques.

→ Diplôme intermédiaire

Les élèves de ce bac pro se présentent obligatoirement aux épreuves du BEP maintenance des produits et équipements industriels (facultatif pour les apprentis).

POURSUITE D'ÉTUDES

Le bac pro a pour premier objectif l'insertion professionnelle mais, avec un très bon dossier ou une mention à l'examen, une poursuite d'études est envisageable en BTS. D'autres se spécialisent ou complètent leur formation en 1 an (MC ou FCIL).

→ Exemples

BTS conception et industrialisation en microtechniques

MC maquettes et prototypes

EN SAVOIR PLUS

Nombre d'établissements préparant au diplôme : 40.

Nombre d'établissements préparant au diplôme en apprentissage : 2.

064

OPTIQUE LUNETTERIE

OBJECTIFS

Le bac pro optique-lunetterie forme des élèves capables de seconder l'opticien-lunetier.

L'élève apprend à réaliser un examen préalable de la vision et à analyser la prescription (défaut visuel, correction nécessaire). Il acquiert les techniques de prise de mesures : mesures optométriques et mesures morphologiques. Il assimile également les techniques de préajustage et d'ajustage pour monter des lunettes et assurer d'éventuelles réparations. Les connaissances acquises au cours du bac pro lui permettent de vendre des équipements et des produits optiques, d'assurer le service après-vente et les éventuelles réparations.

Les enseignements d'économie-gestion le rendent capable d'animer un magasin, de prendre part à la gestion commerciale (gestion des stocks, prévisions de vente) et à la gestion comptable et financière courante (trésorerie).

DÉBOUCHÉS

Le diplômé exerce dans des PME ou TPE relevant des secteurs de la conception-fabrication-industrialisation, de la distribution de produits ou de services aux professionnels de la vision ou de la distribution d'optique-lunetterie de détail pour le grand public.

→ Exemples de métiers

Monteur(euse) en optique-lunetterie

Vendeur(euse) en optique-lunetterie

Responsable d'atelier d'optique-lunetterie

ACCÈS

Les accès sont décrits dans la fiche générale du bac professionnel p. 5.

PROGRAMME

Les enseignements généraux sont décrits dans la fiche générale du bac professionnel p. 5.

→ Enseignements professionnels

- Systèmes optiques : description, technologie et analyse des systèmes optiques.
- Vision : anatomie de l'œil, pathologies, mesures préalables à l'examen de vue.
- Adaptation et prise de mesures : monture, verre, lentilles, structure du visage, choix de l'équipement, ajustage, prise de mesures, conseils d'utilisation et d'entretien.
- Contrôle, réalisation et maintenance d'équipements optiques : montage, réparation et contrôle de lunettes.
- Sécurité, prévention, environnement, ergonomie : prévention des risques infectieux, ergonomie et conditions de travail.
- Démarche qualité : notions de qualité, outils de gestion de la qualité, coûts, etc.
- Communication professionnelle : outils de communication, contacts avec la clientèle, etc.

EXAMEN

Les épreuves générales sont décrites dans la fiche générale du bac professionnel p. 8.

Épreuves professionnelles

Pour les candidats de la voie scolaire dans un établissement public ou privé sous contrat, CFA ou section d'apprentissage habilités.

Épreuves	Durée	Mode	Coeff.
E 1 Épreuve scientifique et technique			3
Mathématiques		CCF	1,5
Sciences physiques et chimiques		CCF	1,5
E 2 Épreuve technologique			3
Étude et suivi de dossier	3 h	Écrit	3
E 3 Épreuve pratique prenant en compte la formation en milieu professionnel			14
Adaptation et prise de mesures		CCF	5
Économie-gestion		CCF	1
Examen préalable		CCF	3
Prévention-santé-environnement		CCF	1
Réalisation d'équipement		CCF	4

Le diplôme est délivré aux candidats qui ont obtenu une moyenne générale supérieure ou égale à 10/20 à l'ensemble des épreuves générales et technologiques.

→ Diplôme intermédiaire

Les élèves de ce bac pro se présentent obligatoirement aux épreuves du BEP optique-lunetterie (facultatif pour les apprentis).

POURSUITE D'ÉTUDES

Le bac pro a pour objectif l'insertion professionnelle mais, avec un très bon dossier ou une mention à l'examen, une poursuite d'études est envisageable en BTS.

→ Exemples

BTS opticien(ne)-lunetier(ière)

EN SAVOIR PLUS

Nombre d'établissements préparant au diplôme : 41.

Nombre d'établissements préparant au diplôme en apprentissage : 12.

065

OUVRAGES DU BÂTIMENT : ALUMINIUM, VERRE ET MATÉRIAUX DE SYNTHÈSE

OBJECTIFS

Ce bac pro forme l'élève à prendre en charge des travaux sur bâtiment neuf, des travaux de réhabilitation ou d'entretien en s'appuyant sur l'étude technique réalisée par un bureau d'études ou un bureau des méthodes et à organiser son équipe.

Les connaissances acquises au cours de la formation lui permettent de réaliser et de poser des ensembles : parties de l'enveloppe d'un bâtiment (fenêtres, parties de façades), éléments (vérandas, verrières), ouvrages de protection (cloisons, clôtures) ou encore éléments de décoration (miroir, aménagement de salle de bains).

Ainsi, l'élève est préparé, sur un chantier, à mettre en œuvre des ensembles menuisés et à poser des remplissages en verre, métal et matériaux très variés. Il développe, en atelier, la capacité de couper différents produits verriers et d'assembler des châssis en aluminium et PVC. Il est formé au suivi et au contrôle des travaux mais aussi à la veille de la maintenance des installations et de la sécurité sur le chantier.

DÉBOUCHÉS

Le diplômé peut travailler en entreprise intervenant sur les façades ou l'enveloppe du bâtiment, en menuiserie aluminium ou PVC, en miroiterie.

→ Exemples de métiers

Menuisier(ière)

Technicien(ne) de fabrication de mobilier et de menuiserie

Techniverrier(ière)

ACCÈS

Les accès sont décrits dans la fiche générale du bac professionnel p. 5.

PROGRAMME

Les enseignements généraux sont décrits dans la fiche générale du bac professionnel p. 5.

→ Enseignements professionnels

- Contexte administratif et juridique de la construction : intervenants (clients, fournisseurs, sous-traitants), procédures administratives, garanties.
- Communication technique : dossiers techniques et descriptifs, croquis et réalisation graphique, logiciels de tracé, dessin assisté par ordinateur (DAO).
- Approche scientifique et technique des ouvrages : étude d'un ouvrage, mécanique appliquée, résistance des matériaux...
- Technologie de construction : types d'ouvrages (structures, aménagements extérieurs et intérieurs) et matériaux du bâtiment, composants, histoire des techniques...
- Techniques et procédés de mise en œuvre : fabrication, usinage par coupe et par déformation plastique, assemblage et montage, finition, contrôle et manutention.
- Gestion de travaux : organisation du chantier, gestion des délais, des coûts et de la qualité. Gestion de la sécurité et des déchets.
- Confort de l'habitat : accessibilité, confort des personnes (thermie, acoustique, éclairage...), protection des personnes ; habitat et dispositions prévues pour les personnes en situation de handicap.
- Santé et sécurité au travail : réglementation, principaux risques, protection du poste de travail.

Sous statut scolaire, l'élève est en stage pendant 22 semaines réparties sur les 3 années du bac pro.

EXAMEN

Les épreuves générales sont décrites dans la fiche générale du bac professionnel p. 8.

Épreuves professionnelles

Pour les candidats de la voie scolaire dans un établissement public ou privé sous contrat, CFA ou section d'apprentissage habilités.

Épreuves	Durée	Mode	Coeff.
E 1 Épreuve scientifique			3
Mathématiques		CCF	1,5
Sciences physiques et chimiques		CCF	1,5
E 2 Épreuve technologique			4
Analyse technique d'un ouvrage	3 h	Écrit	2
Préparation et suivi d'une fabrication et d'une mise en œuvre sur chantier	3 h	Écrit	2
E 3 Épreuve pratique prenant en compte la formation en milieu professionnel : réalisation d'un ouvrage			10
Économie-gestion		CCF	1
Fabrication d'un ouvrage		CCF	3
Mise en œuvre d'un ouvrage		CCF	3
Présentation d'un dossier d'activité		CCF	2
Prévention-santé-environnement		CCF	1

Le diplôme est délivré aux candidats qui ont obtenu une moyenne générale supérieure ou égale à 10/20 à l'ensemble des épreuves générales et technologiques.

→ Diplôme intermédiaire

Les élèves de ce bac pro se présentent obligatoirement aux épreuves du BEP réalisation d'ouvrages du bâtiment en aluminium, verre et matériaux de synthèse (facultatif pour les apprentis).

POURSUITE D'ÉTUDES

Le bac pro a pour premier objectif l'insertion professionnelle mais, avec un très bon dossier ou une mention à l'examen, une poursuite d'études est envisageable en BTS.

→ Exemples

BP construction d'ouvrages du bâtiment en aluminium, verre et matériaux de synthèse

BP plâtrerie et plaque

BTS enveloppe du bâtiment : façades étanchéité

EN SAVOIR PLUS

Nombre d'établissements préparant au diplôme : 49.

Nombre d'établissements préparant au diplôme en apprentissage : 12.

Les métiers du bâtiment, Onisep, coll. « Zoom », 2009.

Les métiers du bâtiment et des travaux publics, Onisep, coll. « Parcours », 2012.

066

OUVRAGES DU BÂTIMENT : MÉTALLERIE

OBJECTIFS

Ce bac pro forme l'élève à intervenir en atelier ou sur un chantier, à la demande d'un chef de projet, pour fabriquer, mettre en œuvre ou assurer la maintenance de différents ouvrages de métallerie du bâtiment ou des travaux publics en s'appuyant sur l'étude des travaux réalisés par un bureau d'études ou des méthodes.

Les connaissances acquises au cours du bac pro lui permettent de prendre en charge la conduite de la réalisation, de l'assemblage et de la pose d'ensembles. Il peut s'agir des structures du bâtiment (charpentes, planchers, ossatures) ou de l'enveloppe du bâtiment (fenêtres, portes, parties de toiture). L'élève est aussi préparé à intervenir sur les ouvrages de distribution et de protection (cloisons, garde-corps) et sur des aménagements extérieurs ou intérieurs (mobilier urbain, escaliers, cages d'ascenseur).

Il apprend à gérer le suivi de la réalisation dans le cadre d'une équipe de plusieurs professionnels, mais aussi à veiller à la qualité de la fabrication et au respect des règles de sécurité.

DÉBOUCHÉS

Ce technicien du bâtiment, ouvrier professionnel, exerce ses activités dans différents types d'entreprises (principalement des PME) de métallerie, serrurerie, construction métallique, enveloppe du bâtiment, façade ou menuiserie métallique. Après quelques années d'expérience, il pourra devenir maître ouvrier et être chef d'équipe. Il est en contact avec plusieurs intervenants du bâtiment (représentants des clients et du maître d'œuvre, fournisseurs, organismes de contrôle).

→ Exemples de métiers

Charpentier(ière) métallique

Serrurier(ière)-métallier(ière)

ACCÈS

Les accès sont décrits dans la fiche générale du bac professionnel p. 5.

PROGRAMME

Les enseignements généraux sont décrits dans la fiche générale du bac professionnel p. 5.

→ Enseignements professionnels

- Contexte administratif et juridique de la construction : intervenants (clients, fournisseurs, sous-traitants), procédures administratives à suivre, garanties.
- Communication technique : dossiers techniques et descriptifs, croquis et réalisation graphique, dessin assisté par ordinateur (DAO).
- Approche scientifique et technique des ouvrages : mécanique appliquée et résistance des matériaux.
- Technologie de construction : types de bâtiments, ouvrages (structures, aménagements extérieurs et intérieurs) et matériaux du bâtiment (minéraux, métaux, bois, etc.) ; composants (composites, produits de fixation) ; histoire des techniques.
- Techniques et procédés : types de machines, usinage par coupe (perçage, tronçonnage, etc.), usinage par déformation plastique, assemblage et montage (par collage, soudage ou éléments mécaniques), finition (meulage, ponçage...), contrôle et manutention.
- Gestion de travaux : organisation des travaux, gestion des délais, des coûts et de la qualité. Gestion de la sécurité et des déchets.
- Confort de l'habitat : accessibilité, confort (thermique, acoustique...) et protection des personnes ; dispositions prévues pour l'accessibilité des personnes en situation de handicap.
- Santé et sécurité au travail ; réglementation, principaux risques, manutentions manuelles et mécaniques...

Sous statut scolaire, l'élève est en stage pendant 22 semaines réparties sur les 3 années du bac pro.

EXAMEN

Les épreuves générales sont décrites dans la fiche générale du bac professionnel p. 8.

Épreuves professionnelles

Pour les candidats de la voie scolaire dans un établissement public ou privé sous contrat, CFA ou section d'apprentissage habilités.

Épreuves	Durée	Mode	Coeff.
E 1 Épreuve scientifique			3
Mathématiques	CCF		1,5
Sciences physiques et chimiques	CCF		1,5
E 2 Épreuve technologique			4
Préparation et suivi d'une fabrication et d'une mise en œuvre sur chantier	3 h	Écrit	2
Analyse technique d'un ouvrage	3 h	Écrit	2
E 3 Épreuve prenant en compte la formation en milieu professionnel : réalisation d'un ouvrage			10
Économie-gestion	CCF		1
Fabrication d'un ouvrage	CCF		3
Mise en œuvre d'un ouvrage sur chantier	CCF		3
Présentation d'un dossier d'activité	CCF		2
Prévention-santé-environnement	CCF		1

Le diplôme est délivré aux candidats qui ont obtenu une moyenne générale supérieure ou égale à 10/20 à l'ensemble des épreuves générales et technologiques.

→ Diplôme intermédiaire

Les élèves de ce bac pro se présentent obligatoirement aux épreuves du BEP réalisation d'ouvrages de métallerie du bâtiment (facultatif pour les apprentis).

POURSUITE D'ÉTUDES

Le bac pro a pour premier objectif l'insertion professionnelle mais, avec un très bon dossier ou une mention à l'examen, une poursuite d'études est envisageable en BTS.

→ Exemples

BP construction d'ouvrages du bâtiment en aluminium, verre et matériaux de synthèse

BP monteur-dépanneur en froid et climatisation

BTS enveloppe du bâtiment : façades étanchéité

EN SAVOIR PLUS

Nombre d'établissements préparant au diplôme : 64.

Nombre d'établissements préparant au diplôme en apprentissage : 11.

Les métiers du bâtiment, Onisep, coll. « Zoom », 2009.

Les métiers du bâtiment et des travaux publics, Onisep, coll. « Parcours », 2012.

067

PERRUQUIER POSTICHEUR

OBJECTIFS

Le bac pro perruquier-posticheur forme des élèves à vendre, concevoir, fabriquer et entretenir des perruques et des postiches. L'élève acquiert les techniques nécessaires pour créer des perruques avec un matériel et des outils adaptés, pour les réparer ou pour les transformer si besoin. Il apprend à prendre des mesures et à réaliser une maquette. Il développe les compétences indispensables pour poser et ajuster la perruque en fonction de la morphologie du client. L'enseignement des techniques de coiffage spécifiques et des techniques de maquillage lui permet d'adapter le postiche ou la perruque afin d'obtenir un résultat naturel. Enfin, les connaissances en gestion acquises durant la formation lui permettent d'assurer la gestion commerciale, administrative et comptable de la structure.

DÉBOUCHÉS

Perruquier, conseiller en esthétique capillaire ou prothésiste capillaire, le titulaire du baccalauréat perruquier-posticheur peut travailler dans des ateliers de fabrication, des salons de coiffure, des instituts capillaires, des espaces de vente ou à domicile. Il peut exercer son activité dans des domaines variés : spectacle, mode, animation et loisirs, communication visuelle et santé.

→ Exemples de métiers

Coiffeur(euse)
Conseiller(ère) en esthétique capillaire
Perruquier(ère)
Prothésiste capillaire

ACCÈS

Les accès sont décrits dans la fiche générale du bac professionnel *p. 5.*

PROGRAMME

Les enseignements généraux sont décrits dans la fiche générale du bac professionnel *p. 5.*

→ Enseignements professionnels

- Biologie humaine : cellule, anatomie de la peau et du cuir chevelu, biologie du cheveu.
- Microbiologie appliquée et immunologie : bactéries, virus, champignons, hygiène corporelle, hygiène des matériels et des locaux, immunologie.
- Technique de préparation du cheveu, de nettoyage, de séchage, de coiffage, de coupe ; prise d'empreinte et de mesures ; pose et ajustement du postiche, de la perruque et des extensions ; fabrication, transformation et réparation de la perruque ; maquillage.
- Communication, conseils, vente : techniques de communication, vente, comptabilité.
- Arts appliqués à la profession : culture artistique, histoire de la coiffure et de la mode, arts plastiques, logiciels de retouche d'images et de dessin vectoriel.

Sous statut scolaire, l'élève effectue un stage de 22 semaines réparties sur les 3 années du bac pro. Destiné à développer son autonomie et ses compétences pratiques et techniques, ce stage doit également lui permettre de découvrir chacun des deux domaines professionnels où exerce le perruquier : les instituts capillaires ou les ateliers de perruques et le milieu du spectacle et de la mode.

EXAMEN

Les épreuves générales sont décrites dans la fiche générale du bac professionnel ***p. 8.***

Épreuves professionnelles

Pour les candidats de la voie scolaire dans un établissement public ou privé sous contrat, CFA ou section d'apprentissage habilités.

Épreuves	Durée	Mode	Coeff.
E 1 Épreuve scientifique et technique			3
Mathématiques		CCF	1,5
Sciences physiques et chimiques		CCF	1,5
E 2 Analyse scientifique et technologique de situations professionnelles			3
Économie-gestion		CCF	1
Sciences appliquées et technologie		CCF	2
E 3 Épreuve pratique prenant en compte la formation en milieu professionnel			11
Conception technique et artistique d'une perruque		CCF	2
Pose, adaptation, conseils, vente et entretien de compléments capillaires		CCF	4
Prévention-santé-environnement		CCF	1
Transformation de postiches et extensions, coiffage de perruque, pose et mise en harmonie du visage		CCF	4

Le diplôme est délivré aux candidats qui ont obtenu une moyenne générale supérieure ou égale à 10/20 à l'ensemble des épreuves générales et technologiques.

→ Diplôme intermédiaire

Les élèves de ce bac pro se présentent obligatoirement aux épreuves du BEP assistant perruquier-posticheur (facultatif pour les apprentis).

POURSUITE D'ÉTUDES

Ce bac professionnel est surtout destiné à l'insertion immédiate sur le marché du travail.

EN SAVOIR PLUS

Nombre d'établissements préparant au diplôme : 6.

Nombre d'établissements préparant au diplôme en apprentissage : 0.

068

PHOTOGRAPHIE

Ouverture à la rentrée 2012. 1re session d'examen en 2015

OBJECTIFS

La révolution numérique et l'informatisation de l'image ont fait évoluer le métier de photographe. Le bac pro photographie forme les élèves non seulement à la prise de vue d'images fixes mais aussi à la prise de vue de séquences d'images animées, à la réalisation de mise en page et de photomontages. Il forme également à l'ensemble du traitement numérique des photos : capture, stockage, retouche et impression.

À partir d'un cahier des charges, l'élève apprend à réaliser des prises de vue en extérieur et en studio. Il effectue les réglages techniques adéquats de la lumière, de l'objectif, de la mise au point et de la vitesse grâce aux enseignements de techniques de prises de vue et de technologie appliquée. Il utilise les différents formats d'enregistrement pour les prises de vue d'images animées, les logiciels de montage et de traitement de l'image.

L'enseignement de culture photographique lui donne les repères artistiques essentiels en photographie. L'enseignement spécifique d'économie et gestion l'initie à plusieurs notions : le statut d'auteur et d'artisan photographe, la négociation des contrats de commande, le droit à l'image et le droit d'auteur, la création photographique, la cession de droits, l'archivage de photographie.

DÉBOUCHÉS

Le bachelier peut travailler au sein d'agences de presse ou d'illustration, de studios privés, de services photos de collectivités territoriales et d'institutions, de commerces de matériels et de photographies ou comme indépendant.

Ses conditions de travail varient selon son statut (salarié, artisan commerçant ou travailleur indépendant) et la nature de l'activité. Le titulaire de ce bac pro accède à des postes de photographe portraitiste, d'opérateur en magasin photo (traitement numérique, du fichier numérique au développement papier) de responsable de magasin après plusieurs années d'expérience. En tant que photographe d'entreprise, il peut occuper des postes de technicien de laboratoire photo, d'opérateur post-production (traitement et finition des photos), de photographe de studio ou responsable studio après expérience.

→ Exemples de métiers

Photographe

ACCÈS

Les accès sont décrits dans la fiche générale du bac professionnel p. 5.

PROGRAMME

Les enseignements généraux sont décrits dans la fiche générale du bac professionnel p. 5.

→ Enseignements professionnels

- Culture photographique et communication visuelle : arts, techniques et civilisations (représentation et formes, repères chronologiques, moyens de production et de diffusion), histoire de la photographie (approches techniques, chronologies et thématiques), analyse d'image (contextualisation de l'œuvre, dénotation, connotation, analyse comparative).
- Connaissances appliquées à la mise au point d'une photographie : moyens d'expression et de communication (modes de représentation, vocabulaire spécifique de l'image, formes et volumes, couleur, valeurs, matières), analyse d'un projet photo (analyse du cahier des charges, cible, contexte, constituants plastiques), réalisation (processus créatifs, recherche d'hypothèses, analyse critique, présentation).
- Technologie des matériels : matériel de capture et acquisition (appareils de prive de vue et de capture, optiques, flash, lumière), traitement (ordinateur, périphériques et réseaux), restitution d'images (traceurs et imprimantes, minilabs, presses numériques).
- Applications informatiques : traitement de l'image (logiciels d'acquisition, d'impression, de

traitement d'images fixes et animées, logiciels de présentation, de diffusion et de communication).

- Techniques de prise de vue : images fixes en studio et en extérieur (lumière et couleur, techniques d'éclairage, macro photo, objectifs et boitiers de prise de vue), images animées (formats, moniteurs, logiciels de montage).
- Technologie appliquée : optique géométrique, photométrie, sensitométrie, colorimétrie, gestion de la couleur, numérique (codage, poids, compression, formats).
- Économie et gestion : contexte de l'activité (statut d'indépendant et politique commerciale), commande (contrats, budget et contexte juridique).
- Communication : communication générale, interne, externe et orale.

Sous statut scolaire, l'élève est en stage pendant 22 semaines réparties sur les 3 années du bac pro.

EXAMEN

Les épreuves générales sont décrites dans la fiche générale du bac professionnel p. 8.

Épreuves professionnelles

Pour les candidats de la voie scolaire dans un établissement public ou privé sous contrat, CFA ou section d'apprentissage habilités.

Épreuves	Durée	Mode	Coeff.
E 1 Épreuve scientifique et technique			3
Mathématiques		CCF	1,5
Sciences physiques et chimiques		CCF	1,5
E 2 Étude technique et critique			6
Étude technique d'une production photographique	4 h	Écrit	3
Étude critique de photos et d'autres œuvres relevant des arts visuels	2 h	Écrit	2
E 3 Épreuve pratique de réalisation Épreuve prenant en compte la formation en milieu professionnel			14
Présentation des activités en milieu professionnel		CCF	2
Soutenance d'un projet photographique		CCF	4
Présentation d'un dossier de travaux professionnels		CCF	6
Économie-gestion		CCF	1
Prévention-santé-environnement		CCF	1

Le diplôme est délivré aux candidats qui ont obtenu une moyenne générale supérieure ou égale à 10/20 à l'ensemble des épreuves générales et technologiques.

→ Diplôme intermédiaire

Les élèves de ce bac pro se présentent obligatoirement aux épreuves du BEP photographie (facultatif pour les apprentis).

POURSUITE D'ÉTUDES

Le bac pro a pour premier objectif l'insertion professionnelle mais, avec un très bon dossier ou une mention à l'examen, une poursuite d'études est envisageable en BTS.

→ Exemples

BTS photographie

EN SAVOIR PLUS

Nombre d'établissements préparant au diplôme : 23.

Nombre d'établissements préparant au diplôme en apprentissage : 2.

Les métiers de l'audiovisuel, Onisep, coll. « Parcours », 2009.

069

PILOTE DE LIGNE DE PRODUCTION

Ouverture à la rentrée 2012. 1re session d'examen en 2015

OBJECTIFS

Le bac pro forme à l'utilisation, au pilotage d'équipements dans le cadre des activités de changement de série et de maintenance en fonction de la diversité des produits.

L'élève apprend à utiliser l'outil informatique, à analyser une situation, à préparer et à organiser un travail pour piloter une ligne ou un système de production.

Les enseignements suivis lui permettent d'assurer le suivi de la production en se basant sur des indicateurs et des paramètres de production, des spécifications du produit. Sa connaissance des différents procédés de production (process continus, discontinue ou mixtes) lui servent à choisir et à combiner les modes opératoires, à proposer des améliorations et des pistes de résolution de problèmes tout en appliquant les mesures de prévention des risques.

DÉBOUCHÉS

Le diplômé occupe des emplois dans des industries de transformation, d'élaboration et de conditionnement. Il pourra évoluer dans des secteurs aussi divers que l'agroalimentaire, la pharmacie, la cosmétique, la transformation des pâtes papiers et cartons, l'électronique, la production et la transformation des métaux, la sidérurgie, l'automobile, l'industrie textile, cuirs et peaux, la céramique, la transformation des déchets.

→ Exemples de métiers

Conducteur(trice) de ligne de production alimentaire

Conducteur(trice) de machines à papier

Opérateur(trice) sur machine à commande numérique

Pilote de ligne automatisée (chimie - agroalimentaire - industrie pharmaceutique)

Technicien(ne) en automatismes

ACCÈS

Les accès sont décrits dans la fiche générale du bac professionnel p. 5.

PROGRAMME

Les enseignements généraux sont décrits dans la fiche générale du bac professionnel p. 5.

→ Enseignements professionnels

- Analyse liée à la production du produit fabriqué.
- Matériaux utilisés.
- Energies mises en œuvre.
- Communication et gestion de l'information.
- Procédés et processus de production.

Sous statut scolaire, l'élève est en stage pendant 22 semaines sur les 3 ans du bac pro. Pendant la période de formation en milieu professionnel, l'élève appréhende la compétitivité industrielle à laquelle sont confrontées les entreprises de la production. Il intervient sur des équipements grandeurs réelles dont ne disposent pas les établissements de formation.

EXAMEN

Les épreuves générales sont décrites dans la fiche générale du bac professionnel p. 8.

Épreuves professionnelles

Pour les candidats de la voie scolaire dans un établissement public ou privé sous contrat, CFA ou section d'apprentissage habilités.

Épreuves	Durée	Mode	Coeff.
E 1 Épreuve scientifique			3
Mathématiques :		CCF	1,5
Sciences physiques et chimiques :		CCF	1,5
E 2 - Épreuve pratique à caractère technologique : optimisation d'opérations relatives à une production		CCF	3
E 3 - Épreuve pratique prenant en compte la formation en entreprise : pilotage d'une ligne de production			9
Pilotage d'une ligne de production		CCF	3
Organisation d'une production		CCF	2
Intervention en conduite de la ligne sur incident, aléa ou dysfonctionnement		CCF	2
Économie-gestion		CCF	1
Prévention- santé-environnement		CCF	1

Le diplôme est délivré aux candidats qui ont obtenu une moyenne générale supérieure ou égale à 10/20 à l'ensemble des épreuves générales et technologiques.

→ Diplôme intermédiaire

Les élèves de ce bac pro se présentent obligatoirement aux épreuves du CAP conducteur d'installations de production CIP (facultatif pour les apprentis).

POURSUITE D'ÉTUDES

Le bac pro a pour premier objectif l'insertion professionnelle mais, avec un très bon dossier ou une mention à l'examen, une poursuite d'études est envisageable en BTS.

→ Exemples

BTS conception et réalisation de systèmes automatiques

BTS contrôle industriel et régulation automatique

BTS industries céramiques

BTS industries papetières option production des pâtes, papiers et cartons

BTS industries papetières option transformation des papiers et cartons

BTS maintenance industrielle
BTS métiers de la mode - chaussure et maroquinerie
BTS métiers de la mode - vêtement

EN SAVOIR PLUS

Nombre d'établissements préparant au diplôme : 87.

Nombre d'établissements préparant au diplôme en apprentissage : 55.

070

PLASTIQUES ET COMPOSITES

OBJECTIFS

Le bac pro plastiques et composites forme de futurs techniciens chargés de la réalisation d'une production ou d'une fabrication mettant en œuvre des matériaux thermoplastiques ou composites.

L'élève apprend à fabriquer des produits à partir de matières provenant de l'industrie chimique ou pétrochimique sur un système automatisé. Il acquiert la maîtrise des techniques manuelles ou semi-automatisées afin d'obtenir certains produits composites ou ceux de la chaudronnerie plastique. Il s'initie donc à la préparation des matières d'œuvre conformément au dossier de fabrication et à la conduite de la production. Il est également formé à la maîtrise des différents outillages (montage, réglage) et développe les capacités nécessaires pour installer les périphériques de production (trémie chauffante, robot). Les connaissances acquises lui permettent de proposer des améliorations en termes de qualité, de coûts, de délais et de gestion des déchets. La qualité, les techniques de communication, l'anglais technique, les risques professionnels et environnementaux complètent sa formation.

DÉBOUCHÉS

Les entreprises du secteur sont en majorité des PME ou des TPE qui produisent des produits finis ou semi-finis en matériaux plastiques ou composites pour, par exemple, l'industrie automobile ou aéronautique. Après quelques mois d'intégration, ce technicien peut se voir confier la réalisation et le suivi d'une fabrication et exercer le métier de technicien d'atelier ou de monteur-régleur. Évolution possible : responsabilités dans un service qualité, chef d'atelier ou technicien d'essais.

→ Exemples de métiers

Monteur(euse)
Régleur(euse)
Technicien(ne)-plasturgiste

ACCÈS

Les accès sont décrits dans la fiche générale du bac professionnel p. 5.

PROGRAMME

Les enseignements généraux sont décrits dans la fiche générale du bac professionnel p. 5.

→ Enseignements professionnels

- Histoire et économie des matériaux, structures des matériaux, études des caractéristiques des polymères, compréhension des fiches matières.
- Techniques de production : les procédés plastiques et composites, les techniques de décoration, d'assemblage, d'emballage, etc.
- Outillages et périphériques : les différents types d'outillage, la maintenance des outillages et des périphériques.
- Maîtrise et amélioration de la production.
- Qualité.
- Communication et animation.
- Santé et sécurité au travail.
- Économie : droit du travail, gestion des ressources humaines.

Sous statut scolaire, l'élève est en stage pendant 22 semaines réparties sur les 3 années du bac pro.

EXAMEN

Les épreuves générales sont décrites dans la fiche générale du bac professionnel p. 8.

Épreuves professionnelles

Pour les candidats de la voie scolaire dans un établissement public ou privé sous contrat, CFA ou section d'apprentissage habilités.

Épreuves	Durée	Mode	Coeff.
E 1 Épreuve scientifique et technique			3
Mathématiques		CCF	1,5
Sciences physiques et chimiques		CCF	1,5
E 2 Épreuve technologique	4 h	Écrit	4
E 3 Épreuve pratique prenant en compte la formation en milieu professionnel			10
Démarrage, pilotage et amélioration de la production		CCF	4
Économie-gestion		CCF	1

Formation en milieu professionnel	CCF	2
Préparation de la production	CCF	2
Prévention-santé-environnement	CCF	1

Le diplôme est délivré aux candidats qui ont obtenu une moyenne générale supérieure ou égale à 10/20 à l'ensemble des épreuves générales et technologiques.

→ Diplôme intermédiaire

Les élèves de ce bac pro se présentent obligatoirement aux épreuves du BEP plastiques et composites (facultatif pour les apprentis).

POURSUITE D'ÉTUDES

Le bac pro a pour premier objectif l'insertion professionnelle mais, avec un très bon dossier ou une mention à l'examen, une poursuite d'études en BTS est envisageable.

→ Exemples

BTS industries plastiques Europlastic (diplôme à référentiel commun européen)

BTS maintenance industrielle

EN SAVOIR PLUS

Nombre d'établissements préparant au diplôme : 47.

Nombre d'établissements préparant au diplôme en apprentissage : 16.

Les métiers de la chimie, Onisep, coll. « Parcours » 2013.

071

POISSONNIER ÉCAILLER TRAITEUR

OBJECTIFS

Le bac pro forme des poissonniers-écaillers-traiteurs aptes à prendre des responsabilités, voire à gérer une entreprise.

L'élève apprend les techniques de transformation et de conservation des poissons et autres produits de la mer. En cuisine, il acquiert les compétences nécessaires pour produire des entrées et des plats (brandade de la mer, coquillages farcis, etc.), maîtriser les cuissons et utiliser les produits d'aide culinaire dans le cadre de l'activité traiteur. Les sciences appliquées lui permettent de s'initier à la nutrition, à la toxicologie alimentaire et à la qualité. Les enseignements en droit, économie et gestion le préparent à la gestion d'un point de vente (organisation du point de vente, conseil au client) et à l'animation d'équipe.

DÉBOUCHÉS

Le bachelier peut rapidement devenir chef d'entreprise ou gérant dans le commerce artisanal, responsable de rayon en moyenne et grande surface. Les grossistes recrutent ces professionnels comme commerciaux. Les secteurs de l'industrie agroalimentaire et de la restauration offrent aussi des postes.

→ Exemples de métiers

Poissonnier(ière)

ACCÈS

Les accès sont décrits dans la fiche générale du bac professionnel p. 5.

PROGRAMME

Les enseignements généraux sont décrits dans la fiche générale du bac professionnel p. 5.

→ Enseignements professionnels

- Secteur professionnel : acteurs, circuits de distribution, entreprises et organismes du secteur, vocabulaire professionnel, produits.
- Techniques professionnelles : préparation des produits pour la vente (filetage, découpage en pavé), mise en place de l'étal, transformation des produits (tartare, paupiettes), réalisation de plats cuisinés (sauces, paella, hors-d'œuvre, plats) et de plateaux de fruits de mer, conservation.
- Sciences appliquées : propriétés physico-chimiques et nutritionnelles des aliments (additifs, etc.), nutrition, règles d'hygiène et de sécurité alimentaires à respecter, contrôle de la qualité.
- Économie, droit et gestion : réglementation du secteur, recherche d'emploi, activité commerciale, organisation du travail, création et reprise d'entreprise, animation d'équipe.

Sous statut scolaire, l'élève est en stage pendant 22 semaines réparties sur les 3 années du bac pro. Il met en pratique les techniques de préparation des produits et de la vente.

EXAMEN

Les épreuves générales sont décrites dans la fiche générale du bac professionnel p. 8.

Épreuves professionnelles

Pour les candidats de la voie scolaire dans un établissement public ou privé sous contrat, CFA ou section d'apprentissage habilités.

Épreuves	Mode	Coeff.
E 1 Épreuve technologique et scientifique		4
Culture professionnelle, connaissances sur les matières premières et sur la technologie des transformations et des fabrications	CCF	2
Connaissances sur les sciences appliquées à l'alimentation, à l'hygiène et à l'environnement professionnel	CCF	2
E 2 Épreuve pratique prenant en compte la formation en milieu professionnel		9
Réalisation d'une préparation culinaire ou d'un produit traiteur	CCF	
Rédaction d'une fiche technique d'un plat cuisiné	CCF	
Transformation de produits aquatiques	CCF	
Vente (mise en vitrine ou sur un étal) et commercialisation	CCF	
E 3 Épreuve de gestion appliquée		5
Environnement économique, juridique et management	CCF	2
Projet professionnel	CCF	2
Mathématiques	CCF	1

Le diplôme est délivré aux candidats qui ont obtenu une moyenne générale supérieure ou égale à 10/20 à l'ensemble des épreuves générales et technologiques.

→ Diplôme intermédiaire

Les élèves de ce bac pro se présentent obligatoirement aux épreuves du CAP poissonnier.

POURSUITE D'ÉTUDES

Ce bac professionnel a pour objectif l'insertion professionnelle.

EN SAVOIR PLUS

Nombre d'établissements préparant au diplôme : 4

Nombre d'établissements préparant au diplôme en apprentissage : 3.

072

PROCÉDÉS DE LA CHIMIE, DE L'EAU ET DES PAPIERS-CARTONS

Ouverture à la rentrée 2012. 1re session d'examen en 2015

OBJECTIFS

Le bac pro procédés de la chimie, de l'eau et des papiers-cartons forme des techniciens capables de conduire des installations ou des équipements dans le domaine de la fabrication ou le traitement physique, chimique, biochimique ou biologique de la matière. Au cours de sa formation, l'élève apprend à conduire et à surveiller des installations et des réseaux (mise en place, suivi, réglages, ajustements, diagnostic, actions préventives, nettoyage, assainissement). Il apprend les techniques de mise en place des procédures de contrôle de la qualité des produits (prélèvements d'échantillons, réalisation de tests physico-chimiques).

Les connaissances acquises au cours de ce bac pro lui permettent d'assurer la maintenance des équipements (mise en sécurité, identification des pannes, diagnostic, intervention) et d'améliorer les conditions de fonctionnement et l'ergonomie des installations. Il est également formé aux procédures de qualité, hygiène, sécurité, environnement (QSE) en vigueur, ainsi qu'à l'identification des risques industriels liés aux produits, procédés et installations.

DÉBOUCHÉS

Le diplômé occupe des postes d'opérateur de fabrication, d'agent d'entretien et de surveillance sur les réseaux, de contrôleur de travaux sur les sites et chantiers dans les industries chimiques, parachimiques (produits d'hygiène, peintures...), pharmaceutiques, cosmétiques, pétrolières ou qui utilisent des procédés de transformation comparables : matériaux de construction (ciment, plâtre, verre, céramique), papeterie, traitement des eaux et des déchets, bio-industries, production d'énergie.

→ Exemples de métiers

Conducteur(trice) de ligne de production alimentaire

Conducteur(trice) de machines à papier

Opérateur(trice) de fabrication de produits alimentaires

Opérateur(trice) de raffinerie

Pilote de ligne automatisée (chimie - agroalimen-

taire - industrie pharmaceutique)
Technicien(ne) chimiste

ACCÈS

Les accès sont décrits dans la fiche générale du bac professionnel p. 5.

PROGRAMME

Les enseignements généraux sont décrits dans la fiche générale du bac professionnel p. 5.

→ Enseignements professionnels

- Procédés et produits : étude des produits chimiques, biologiques ou de traitements des eaux.
- Opérations unitaires du génie des procédés : opérations de transport, de stockage, de mélange, de transformation physique des solides, de cristallisation, de réaction chimique ou biologique, d'échange d'ions, de transfert de matière, de nettoyage et de décontamination.
- Analyse système des procédés : asservissement des procédés, parties opératives.
- QHSE : santé, sécurité, qualité, environnement.
- Maintenance des installations et des réseaux.

Sous statut scolaire, l'élève est en stage pendant 22 semaines réparties sur les 3 années du bac pro. Pendant la période de formation en milieu professionnel, l'élève utilise les documents, techniques et matériels professionnels.

EXAMEN

Les épreuves générales sont décrites dans la fiche générale du bac professionnel p. 8.

Épreuves professionnelles

Pour les candidats de la voie scolaire dans un établissement public ou privé sous contrat, CFA ou section d'apprentissage habilités.

Épreuves	Durée	Mode	Coeff.
E 1 Épreuve technologique et scientifique			3
Mathématiques	CCF		1,5
Sciences physiques et chimiques	CCF		1,5
E 2 Epreuve technologique : étude d'un procédé	4 h	Ponctuel écrit	4
E 3 Épreuve prenant en compte la formation en milieu professionnel			10
Préparation, organisation, surveillance et amélioration d'une production	CCF		3
Conduite d'un procédé ou d'un traitement	CCF		3
Intervention sur incident, aléa ou dysfonctionnement	CCF		2
Économie-gestion	CCF		1
Prévention-sécurité-environnement	CCF		1

Le diplôme est délivré aux candidats qui ont obtenu une moyenne générale supérieure ou égale à 10/20 à l'ensemble des épreuves générales et technologiques.

→ Diplôme intermédiaire

Les élèves de ce bac pro se présentent obligatoirement aux épreuves du BEP conduite de procédés industriels et transformations (facultatif pour les apprentis).

POURSUITE D'ÉTUDES

Le bac pro a pour premier objectif l'insertion professionnelle mais, avec un très bon dossier ou une mention à l'examen, une poursuite d'études est envisageable en BTS des secteurs chimie, procédés, eaux et papiers-cartons.

→ Exemples de métiers

BTS chimiste

BTS contrôle industriel et régulation automatique

BTS industries papetières option production des pâtes, papiers et cartons

BTS industries papetières option transformation des papiers et cartons

BTS métiers de l'eau

EN SAVOIR PLUS

Nombre d'établissements préparant au diplôme : 45.

Nombre d'établissements préparant au diplôme en apprentissage : 10.

073

PRODUCTION GRAPHIQUE

OBJECTIFS

Le bac pro production graphique initie l'élève aux différentes étapes de la chaîne graphique et à la préparation d'un document avant son impression. Il apprend à analyser la commande d'un client pour en extraire les paramètres nécessaires à la production du document (gabarit, couleurs...) et les contraintes techniques (esthétique, faisabilité...). Il acquiert les techniques de traitement et de gestion des données informatiques (numérisation) ainsi que les techniques de traitement et de mise en forme du texte (mise en pages, choix des caractères, des couleurs...), des illustrations et des images. L'élève se familiarise avec les logiciels d'imposition, les différents appareils de mesure et leurs logiciels associés. Les connaissances acquises au cours du bac pro lui permettent de produire un bon à graver.

DÉBOUCHÉS

Le diplômé peut travailler dans une maison d'édition, un atelier de photogravure, de reprographie ou de composition.

→ Exemples de métiers

Opérateur(trice) prépresse

ACCÈS

Les accès sont décrits dans la fiche générale du bac professionnel p. 5.

PROGRAMME

Les enseignements généraux sont décrits dans la fiche générale du bac professionnel p. 5.

→ Enseignements professionnels

- Lecture de documents client : cahier des charges, dossier de fabrication, code typographique, etc.
- Paramètres de production de document : typographie, gabarit, symboliques des couleurs...).
- Techniques de traitement et de mise en forme de texte (préparation orthographique, calibrage, enrichissement typographique), d'illustrations et d'images (résolution, cadrage) et contraintes techniques (angle de marge, blancs de façonnage, retirations).
- Techniques de traitement et de gestion des données informatiques.
- Calibration de la chaîne graphique : étalonnage, colorimétrie...
- Appareils de mesure (densitomètre, colorimètre, spectrocolorimètre...) et les logiciels associés.
- Montage des documents intégrant textes et images sur station PAO.
- Modes opératoires de différents matériels (scanner, périphériques de sortie, développeuse, imprimante), imposition et forme imprimante.
- Opérations de prépresse, impression et finition.
- Élaboration de fichiers de maintenance, d'incidents de production.
- Contrôle de conformité avec la maquette, la charte qualité de l'entreprise, les normes...

Sous statut scolaire, l'élève est en stage pendant 22 semaines réparties sur les 3 années du bac pro.

EXAMEN

Les épreuves générales sont décrites dans la fiche générale du bac professionnel p. 8.

Épreuves professionnelles

Pour les candidats de la voie scolaire dans un établissement public ou privé sous contrat, CFA ou section d'apprentissage habilités.

Épreuves	Durée	Mode	Coeff.
E 1 Épreuve scientifique et technique			5
Analyse d'un processus de fabrication		CCF	2
Mathématiques		CCF	1,5
Sciences physiques et chimiques		CCF	1,5
E 2 Épreuve technologique			3
Étude d'une situation de production	2 h	Écrit	3
E 3 Épreuve pratique prenant en compte la formation en milieu professionnel			9,5
Économie-gestion		CCF	1
Finalisation et transmission de la production		CCF	1,5
Intégration des contraintes du milieu professionnel		CCF	2
Préparation des éléments nécessaires à la production d'une mise en pages		CCF	1,5
Prévention-santé-environnement		CCF	1
Traitement et mise en forme du texte, des illustrations et des images		CCF	2,5

Le diplôme est délivré aux candidats qui ont obtenu une moyenne générale supérieure ou égale à 10/20 à l'ensemble des épreuves générales et technologiques.

→ Diplôme intermédiaire

Les élèves de ce bac pro se présentent obligatoirement aux épreuves du BEP industries graphiques option production graphique (facultatif pour les apprentis).

POURSUITE D'ÉTUDES

Le bac pro a pour premier objectif l'insertion professionnelle mais, avec un très bon dossier ou une mention à l'examen, une poursuite d'études est envisageable en BTS.

→ Exemples

BTS communication et industries graphiques option A étude et réalisation de produits graphiques

BTS communication et industries graphiques option B étude et réalisation de produits imprimés

EN SAVOIR PLUS

Nombre d'établissements préparant au diplôme : 48.

Nombre d'établissements préparant au diplôme en apprentissage : 17.

074

PRODUCTION IMPRIMÉE

OBJECTIFS

Le bac pro production imprimée forme les élèves à la conduite de machines à imprimer d'exploitation complexe.

L'élève apprend à maîtriser l'ensemble des procédés d'impression (offset, héliogravure, flexographie, sérigraphie) ainsi que les technologies d'impression numérique.

Les connaissances acquises au cours de ce bac pro lui permettent de préparer et d'organiser une production, de réaliser des formes imprimantes, de produire des bons à tirer, de les exécuter, de contrôler le processus d'impression et de le corriger le cas échéant.

Le futur bachelier développe les compétences nécessaires pour produire des bons à façonner, utiliser le matériel de finition en ligne, les outils et matériels pour les opérations connexes (numérotage, rainage, découpe, pelliculage), les matériels de rassemblement de cahiers (encarteuse, assembleuse...). Il est également préparé à entretenir le matériel et à communiquer avec les services de production en amont et en aval de l'impression.

DÉBOUCHÉS

Un conducteur de presse complexe trouve des débouchés en impression feuille et rotative tous procédés. Il peut travailler dans des ateliers d'impression, des imprimeries de labeur ou de presse.

→ Exemples de métiers

Conducteur(trice) de machines à imprimer

Façonnier(ière) des industries graphiques

Sérigraphe

ACCÈS

Les accès sont décrits dans la fiche générale du bac professionnel p. 5.

PROGRAMME

Les enseignements généraux sont décrits dans la fiche générale du bac professionnel p. 5.

→ Enseignements professionnels

- Chaîne graphique : étude, fonctionnement et réglages des presses à imprimer.
- Encres et vernis : composition, classification, séchages, résistances physiques et chimiques.
- Propriétés physiques et chimiques du papier : porosité, brillance, sens des fibres, hygrométrie, blancheur.
- Tests d'imprimabilité : grammage, épaisseurs, rugosité du support, viscosité de l'encre, imprimabilité.
- Contraintes techniques : angles de marge, retiration, tracé d'imposition, indice de collationnement.
- Défauts d'impression : maculage, graissage, oxydation, peluchage, arrachage, plissage.
- Mesures densitométriques : densité d'aplat, contraste d'impression, coefficient de transfert.
- Contrôles systématiques : bon à graver, bon à tirer, bon à rouler, bon à façonner.
- Contrôles de l'imposition : signature, indice de collationnement.
- Contrôles au cours de l'impression et au cours du façonnage.
- Systèmes informatiques : mémoire, systèmes d'exploitation, unités de mesure.
- Reproduction de documents en industries graphiques : trames, linéature, moirage.

Sous statut scolaire, l'élève est en stage pendant 22 semaines réparties sur les 3 années du bac pro. Les stages sont axés sur la commande numérique et la programmation. Ils se déclinent en trois périodes et trois dominantes (commande numérique, tour multibroche, gestion de production).

EXAMEN

Les épreuves générales sont décrites dans la fiche générale du bac professionnel p. 8.

Épreuves professionnelles

Pour les candidats de la voie scolaire dans un établissement public ou privé sous contrat, CFA ou section d'apprentissage habilités.

Épreuves	Durée	Mode	Coeff.
E 1 Épreuve scientifique et technique			5
Analyse d'un processus de fabrication		CCF	2
Mathématiques		CCF	1,5
Sciences physiques et chimiques		CCF	1,5
E 2 Épreuve technologique			3
Étude d'une situation de production	2 h	Écrit	3
E 3 Épreuve pratique prenant en compte la formation en milieu professionnel			9,5
Conduite d'une production en finition avec obtention d'un bon à façonner		CCF	1
Conduite d'une production imprimée		CCF	1
Économie-gestion		CCF	1
Intégration des contraintes du milieu professionnel		CCF	2
Préparation d'une production		CCF	1,5
Prévention-santé-environnement		CCF	1
Réglages pour l'obtention du bon à rouler		CCF	2

Le diplôme est délivré aux candidats qui ont obtenu une moyenne générale supérieure ou égale à 10/20 à l'ensemble des épreuves générales et technologiques.

→ Diplôme intermédiaire

Les élèves de ce bac pro se présentent obligatoirement aux épreuves du BEP industries graphiques option production imprimée (facultatif pour les apprentis).

POURSUITE D'ÉTUDES

Le bac pro a pour premier objectif l'insertion professionnelle mais, avec un très bon dossier ou une mention à l'examen, une poursuite d'études est envisageable en BTS.

→ Exemples

BTS communication et industries graphiques option A étude et réalisation de produits graphiques

BTS communication et industries graphiques option B étude et réalisation de produits imprimés

EN SAVOIR PLUS

Nombre d'établissements préparant au diplôme : 42.

Nombre d'établissements préparant au diplôme en apprentissage : 18.

075

PRODUCTIONS AQUACOLES

OBJECTIFS

Ce bac pro forme des élèves à l'élevage d'espèces aquacoles marines ou d'eau douce : poissons, crustacés ou mollusques.

L'élève apprend à gérer les étapes de reproduction, d'obtention des juvéniles mais également à contrôler la croissance et l'état sanitaire des lots d'animaux selon la législation et les normes sanitaires en vigueur. Il développe de solides compétences dans l'utilisation des équipements et des installations afin de maîtriser les paramètres d'élevage. Il acquiert également les connaissances indispensables en biologie des espèces et en fonctionnement des écosystèmes aquatiques.

La formation comprend une partie gestion de l'entreprise qui aborde la comptabilité, l'analyse technico-économique et le pilotage de l'activité.

DÉBOUCHÉS

Le diplômé travaille dans les secteurs de la salmoniculture, la conchyliculture, la pisciculture d'étang, la pêche professionnelle en eau douce ou l'aquaculture marine. Il peut avoir une activité liée à la transformation et à la commercialisation. Ce bac pro permet aussi de s'installer à son compte et d'être responsable d'une exploitation.

→ Exemples de métiers

Adjoint(e) de production

Aquaculteur(trice)

Ouvrier(ère) hautement qualifié(e)

Responsable technique d'une unité de production

ACCÈS

Les accès sont décrits dans la fiche générale du bac professionnel p. 5.

PROGRAMME

Les enseignements généraux sont décrits dans la fiche générale du bac professionnel p. 5.

→ Enseignements professionnels

- Pilotage de l'entreprise aquacole : fonctionnement de l'entreprise, diagnostic global de l'entreprise, points forts et points faibles.
- Filière aquacole : contexte socio-économique, réglementaire et politique, organisation de la filière.
- Gestion de l'entreprise aquacole : diagnostic technico-économique, organisation des données et documents comptables (bilan, compte de résultat), diagnostic financier, raisonnement d'un projet ou d'une décision, repères juridiques, organisation du travail et gestion de la main-d'œuvre.
- Approches physico-chimique, biologique et écologique : qualité de l'eau, étude des écosystèmes aquatiques (rivières, étangs, estran), étude des espèces élevées (digestion, respiration, reproduction...), classification des espèces.
- Aquaculture générale et comparée : systèmes d'élevage, organisation spatiale de la production, gestion de la ressource en eau, reproduction et élevage larvaire, croissance et alimentation des espèces aquacoles, suivi sanitaire, transformation, conditionnement et conservation des produits aquacoles.
- Conduite de production : étude de 3 productions (pisciculture intensive, production conchylicole et une production au choix) pour aborder les problématiques de durabilité et de bien-être animal.
- Équipements, installations : choix, mise en œuvre et utilisation des matériels (automoteur, nettoyeur, tracteur...), prise en compte des contraintes techniques, environnementales et réglementaires, adaptation des bâtiments, maintenance.

Sous statut scolaire, l'élève est en stage pendant 22 semaines réparties sur les 3 années du bac pro.

EXAMEN

Les épreuves générales sont décrites dans la fiche générale du bac professionnel p. 8.

Épreuves professionnelles

Pour les candidats de la voie scolaire dans un établissement public ou privé sous contrat, CFA ou section d'apprentissage habilités.

Épreuves	Durée	Mode	Coeff.
Choix techniques			2
Choix techniques liés à la conduite d'un processus de production aquacole (écosystème, espèces élevées, suivi sanitaire)	2 h 30	Écrit	2
Diagnostic de l'entreprise aquacole			3
Situation et fonctionnement de l'entreprise dans son environnement socioprofessionnel Diagnostic de durabilité	0 h 30	Oral	3
Pratiques professionnelles			5
Adaptation à des enjeux professionnels particuliers Contexte de la production et de la mise sur le marché des produits Réalisation de la gestion technico-économique de l'entreprise aquacole Conduite d'un atelier de production aquacole Mise en œuvre des équipements de l'élevage	CCF		5

Le diplôme est délivré aux candidats qui ont obtenu une moyenne générale supérieure ou égale à 10/20 à l'ensemble des épreuves générales et technologiques.

→ Diplôme intermédiaire

Les élèves de ce bac pro se présentent obligatoirement aux épreuves du BEPA travaux aquacoles (facultatif pour les apprentis).

POURSUITE D'ÉTUDES

Le bac pro a pour objectif l'insertion professionnelle mais, avec un très bon dossier ou une mention à l'examen, une poursuite d'études est envisageable en BTSA.

→ Exemples

BTSA aquaculture

EN SAVOIR PLUS

Nombre d'établissements préparant au diplôme : 16.

Nombre d'établissements préparant au diplôme en apprentissage : 1.

076

PRODUCTIONS HORTICOLES

OBJECTIFS

Ce bac pro forme des élèves à devenir responsables d'une exploitation horticole. Les enseignements permettent de maîtriser et d'organiser toutes les étapes du travail : choix du type de culture à effectuer sur les différentes parcelles dans les serres ou tunnels, travail du sol, semis, repiquage, surveillance des végétaux tout au long de leur croissance, entretien des cultures, irrigation, récolte en respectant les critères de mise sur le marché mais aussi enregistrement des données concernant le suivi des cultures.

L'élève apprend à utiliser et à entretenir tracteurs, matériel d'irrigation et de pulvérisation, à contrôler l'ambiance d'une serre et à effectuer des réparations simples sur les équipements et les bâtiments.

Les connaissances acquises en gestion lui permettent de prendre toutes les décisions concernant la conduite de son entreprise, le choix de son mode de production, de ses fournisseurs et les décisions d'investissement. Il développe des capacités pour suivre la comptabilité et les dossiers administratifs de l'exploitation, établir des prévisions et participer à des activités de commercialisation.

DÉBOUCHÉS

Ce bac pro permet l'obtention de la capacité professionnel agricole (CPA) nécessaire pour obtenir les aides de l'État et s'installer comme jeune horticulteur. Les titulaires du diplôme peuvent aussi devenir employé hautement qualifié, chef d'équipe ou chef de culture sur une exploitation horticole de pleine terre ou hors-sol, en maraîchage, en arboriculture ou en production de végétaux d'ornement. Ils peuvent travailler dans une pépinière privée ou publique, rattachée à un parc, un jardin remarquable, au service espaces verts d'une collectivité territoriale ou en jardinerie dans la vente.

→ Exemples de métiers

Arboriculteur(trice)

Chef de cultures légumières

Horticulteur(trice)

Maraîcher(ère)

ACCÈS

Les accès sont décrits dans la fiche générale du bac professionnel p. 5.

PROGRAMME

Les enseignements généraux sont décrits dans la fiche générale du bac professionnel p. 5.

→ Enseignements professionnels

- Activité horticole : connaissance de la filière et des différents types de structures horticoles.
- Choix techniques : fonctionnement du végétal cultivé, sol, climat, raisonnement des choix techniques (multiplication, irrigation, fertilisation, travail du sol, protection des cultures, artificialisation des cultures, interventions culturales, impact sur l'environnement).
- Choix des végétaux et produits horticoles : identification et connaissance des végétaux, classification selon des choix techniques ou commerciaux.
- Conduite de la production : mise en œuvre et suivi d'une production, analyse des résultats techniques et économiques, comparaison des productions en fonction de différentes stratégies d'entreprises, comparaison d'une conduite en agriculture biologique avec d'autres processus de production. Les cours s'appuient sur des exemples concrets de conduite de culture en plein champ et sous abri (obligatoirement une production florale, une production légumière et, au choix, pépinière ornementale ou arboriculture fruitière).
- Matériel et équipements horticoles : choix et utilisation des matériels, réglages, maintenance, choix et utilisation des bâtiments, connaissance de base en hydraulique, en électricité, en automatismes, en thermodynamique.
- Conduite de chantier : organisation et planification de chantier, préparation, mise en œuvre du travail et des matériels, évaluation et proposition d'améliorations.
- Gestion : collecte des données économiques, analyse de résultats économiques, comptablilité, notions de droit, fiscalité et gestion des ressources humaines.

Sous statut scolaire, l'élève est en stage pendant 22 semaines réparties sur les 3 années du bac pro.

EXAMEN

Les épreuves générales sont décrites dans la fiche générale du bac professionnel p. 8.

Épreuves professionnelles

Pour les candidats de la voie scolaire dans un établissement public ou privé sous contrat, CFA ou section d'apprentissage habilités.

Épreuves	Durée	Mode	Coeff.
Choix techniques			2
Choix techniques liés à la conduite d'un processus de production horticole (agrosystèmes horticoles, physiologie végétale, culture de végétaux horticoles)	2 h 30	Écrit	2
Expérience en milieu professionnel			3
Activité horticole dans son environnement	0 h 30	Oral	3
Pratiques professionnelles			5
Choix des végétaux et produits horticoles Conduite de chantiers Conduite de processus de production Matériels et équipements horticoles Gestion du processus de production	CCF		5

Le diplôme est délivré aux candidats qui ont obtenu une moyenne générale supérieure ou égale à 10/20 à l'ensemble des épreuves générales et technologiques.

→ Diplôme intermédiaire

Les élèves de ce bac pro se présentent obligatoirement aux épreuves du BEPA travaux horticoles (facultatif pour les apprentis).

POURSUITE D'ÉTUDES

Le bac pro a pour premier objectif l'insertion professionnelle mais, avec un très bon dossier ou une mention à l'examen, une poursuite d'études est envisageable en BTSA. Quelques CS sont aussi accessibles.

→ Exemples

BTSA production horticole

CS conduite de la production oléicole, transformation et commercialisation

CS conduite de productions en agriculture biologique et commercialisation

CS plantes à parfum, aromatiques et médicinales à usage artisanal ou industriel

CS production, transformation et commercialisation des produits fermiers

EN SAVOIR PLUS

Nombre d'établissements préparant au diplôme : 107.

Nombre d'établissements préparant au diplôme en apprentissage : 27.

Les métiers de l'horticulture et du paysage, Onisep, coll. « Voie pro », 2010.

077

PRODUCTIQUE MÉCANIQUE

option décolletage

OBJECTIFS

Ce bac pro forme des décolleteurs ou des régleurs, c'est-à-dire des techniciens d'atelier ayant la maîtrise globale de la gestion et de la conduite d'un ensemble de moyens de production de pièces de décolletage. L'élève acquiert les savoir-faire nécessaires pour fabriquer des pièces métalliques tournées à partir de barres de métal et pouvant comporter des perçages, des filetages et des taraudages.

Il apprend les processus opératoires selon les composants du système de production (fabrication, contrôle, manutention et gestion). Des compétences en informatique sont développées puisque l'aide de logiciels spécialisés s'est généralisée avec l'utilisation de machines complexes. Il est également entraîné aux différentes manipulations pour prérégler et gérer les outils. De solides enseignements lui permettent de comprendre le réglage de chaque composant du système de production avant l'exécution puis le contrôle du résultat produit. Il acquiert d'autres compétences pour la conduite, le suivi, l'optimisation et le traitement des problèmes sur l'ensemble du système de production. Il s'initie aux méthodes à appliquer pour effectuer la maintenance de premier niveau ou élaborer des procédures de diagnostic.

DÉBOUCHÉS

Les bacheliers décolleteurs trouvent un emploi dans les entreprises de décolletage fournissant des composants de produits finis pour la robinetterie, la serrurerie, le matériel médical ou l'optique.

→ Exemples de métiers

Décolleteur(euse)

Opérateur(trice) et technicien(ne) en traitement des matériaux

Opérateur(trice) sur machine à commande numérique

ACCÈS

Les accès sont décrits dans la fiche générale du bac professionnel p. 5.

PROGRAMME

Les enseignements généraux sont décrits dans la fiche générale du bac professionnel p. 5.

→ Enseignements professionnels

- Construction : analyse de produits (démarche productique, optimisation des données ; analyse des données de définition de produit).
- Systèmes et techniques de fabrication et de transfert : systèmes de fabrication, techniques de fabrication avec ou sans enlèvement de matière, systèmes et procédés de transfert de barres et de pièces.
- Agencement et gestion des outillages : outillages, de coupe, porte-pièces, cames.
- Coupe de matériaux : problématique, outillage, géométrie, cinématique et dynamique de l'action, optimisation.
- Circulation des produits et des informations.
- Ergonomie et sécurité.
- Mécanique : modélisation des liaisons et des actions mécaniques, cinématique, statique, résistance des matériaux.
- Communication et dialogue : évolution et organisation, langages de description structurée ou de programmation.
- Qualité et contrôle : définition et organisation, mesure de la qualité en production, suivi, ajustement, optimisation.
- Organisation des systèmes : systèmes technologiques, organisation des systèmes de production automatisés, architecture des moyens de production automatisés.
- Préparation de la production : organisation de la production, hiérarchie, organisation des processus et des procédures, optimisation.
- Gestion de la production : approche globale, ordonnancement de la production, suivi et ajustement, optimisation, maintenance des moyens de production.

Sous statut scolaire, l'élève est en stage pendant 22 semaines réparties sur les 3 années du bac pro.

EXAMEN

Les épreuves générales sont décrites dans la fiche générale du bac professionnel p. 8.

Épreuves professionnelles

Pour les candidats de la voie scolaire dans un établissement public ou privé sous contrat, CFA ou section d'apprentissage habilités.

Épreuves	Durée	Mode	Coeff.
E 1 Épreuve scientifique et technique			5
Décodage et analyse de documents techniques		CCF	2
Mathématiques		CCF	1,5
Sciences physiques et chimiques		CCF	1,5
E 2 Épreuve technologique			3
Élaboration d'un processus d'usinage	4 h	Écrit	3
E 3 Épreuve pratique prenant en compte la formation en milieu professionnel			9
Économie-gestion		CCF	1
Élaboration d'un programme, agencement d'un outillage et mise en œuvre d'un tour monobroche à commande numérique		CCF	1
Mise en œuvre d'une procédure de contrôle qualité		CCF	1
Mise en œuvre d'un tour monobroche équipé d'appareils auxiliaires		CCF	1,5
Mise en œuvre d'un tour multibroche		CCF	1,5
Prévention-santé-environnement		CCF	1
Réalisation et suivi d'une production en entreprise		CCF	2

Le diplôme est délivré aux candidats qui ont obtenu une moyenne générale supérieure ou égale à 10/20 à l'ensemble des épreuves générales et technologiques.

→ Diplôme intermédiaire

Les élèves de ce bac pro se présentent obligatoirement aux épreuves du BEP production mécanique (facultatif pour les apprentis).

POURSUITE D'ÉTUDES

Le bac pro a pour premier objectif l'insertion professionnelle mais, avec un très bon dossier ou une mention à l'examen, une poursuite d'études est envisageable en BTS ou en MC.

→ Exemples

BTS industrialisation des produits mécaniques

EN SAVOIR PLUS

Nombre d'établissements préparant au diplôme : 7.

Nombre d'établissements préparant au diplôme en apprentissage : 2.

Les métiers de la mécanique, Onisep, coll. « Parcours », 2011.

078

PROTHÈSE DENTAIRE

OBJECTIFS

Le bac pro prothèse dentaire vise à apporter des connaissances de base qui permettent de réaliser certaines prothèses (prothèses amovibles, orthodontiques, fixées, implants). L'élève apprend à concevoir une prothèse : il analyse la prescription, il conçoit un modèle d'étude ou une empreinte et il réalise une maquette en utilisant dans certains cas un logiciel spécialisé.

Il acquiert toutes les techniques indispensables pour réaliser une prothèse ou la réparer si besoin. Il développe les compétences nécessaires pour maintenir son matériel et son poste de travail et procéder aux contrôles aux différentes étapes de fabrication. Les enseignements d'économie-gestion le rendent capable d'assurer la gestion administrative courante (des stocks, des moyens techniques et financiers, des ressources humaines) et d'organiser la production dans le but de développer la compétitivité de l'entreprise qui l'emploie.

DÉBOUCHÉS

Le technicien exerce son activité, sous l'autorité d'un supérieur hiérarchique ou d'un chef de laboratoire, dans des entreprises artisanales, des PME, des multinationales ou des entreprises publiques relevant du secteur de la fabrication de prothèses dentaires sur mesure ou de la vente de produits ou de services aux professionnels de la prothèse dentaire.

→ Exemples de métiers

Prothésiste dentaire

ACCÈS

Les accès sont décrits dans la fiche générale du bac professionnel p. 5.

PROGRAMME

Les enseignements généraux sont décrits dans la fiche générale du bac professionnel p. 5.

→ Enseignements professionnels

- Anatomie et physiologie de la sphère bucco-dentaire : bouche, dent, gencive, os, architecture maxillo-faciale.
- Morphologie des dents et dessin morphologique.
- Technologie des techniques de fabrication : modèles d'étude, prothèse amovible, prothèse fixe, confection de maquette, modélisation des éléments de la prothèse (conception assistée par ordinateur), orthopédie dento-faciale.
- Technologie des matériaux et des produits : matériaux de prise d'empreinte, de reproduction, de duplication, de modelage ; matériaux constitutifs de la prothèse (métaux, céramiques, résines).
- Hygiène, conditions de travail et réglementation appliquées au laboratoire : ergonomie, prévention des risques (risques d'incendie, risques infectieux.).
- Étude des matériels, des outillages et des équipements : laboratoire, différents postes de travail, appareils (de nettoyage, de désinfection, de soudure, de contrôle...).

Sous statut scolaire, l'élève est en stage pendant 22 semaines réparties sur les 3 années du bac pro. Durant cette période, il est amené à utiliser des matériaux et des matériels professionnels nécessaires à la prescription, à la conception et à la réalisation des prothèses dentaires et des outils de gestion relatifs au suivi de l'activité de l'entreprise d'accueil.

EXAMEN

Les épreuves générales sont décrites dans la fiche générale du bac professionnel p. 8.

Épreuves professionnelles

Pour les candidats de la voie scolaire dans un établissement public ou privé sous contrat, CFA ou section d'apprentissage habilités.

Épreuves	Durée	Mode	Coeff.
E 1 Épreuve scientifique et technique			3
Mathématiques		CCF	1,5
Sciences physiques et chimiques		CCF	1,5
E 2 Épreuve technologique			5
Hygiène et réglementation appliquées au laboratoire	2 h	Écrit	1
Technologie professionnelle et dessin morphologique	5 h	Écrit	4
E 3 Épreuve professionnelle			14
Économie-gestion		CCF	1
Prothèse amovible totale maxillo-mandibulaire et orthodontie		CCF	3
Prothèse partielle métallique - prothèse fixée - conception assistée par ordinateur		CCF	6
Prévention-santé-environnement		CCF	1
Rapport d'activités en milieu professionnel		CCF	3

Le diplôme est délivré aux candidats qui ont obtenu une moyenne générale supérieure ou égale à 10/20 à l'ensemble des épreuves générales et technologiques.

→ Diplôme intermédiaire

Les élèves de ce bac pro se présentent obligatoirement aux épreuves du BEP auxiliaire en prothèse dentaire (facultatif pour les apprentis).

POURSUITE D'ÉTUDES

Le bac pro a pour premier objectif l'insertion professionnelle, mais son titulaire peut préparer le BTS prothésiste dentaire (en 2 ans) ou les diplômes de la chambre des métiers (BTM - en un an - dans le cadre d'un contrat d'alternance, suivi d'un brevet technique des métiers supérieur en 2 ans).

Ces diplômes permettent d'occuper des postes à responsabilité. Avec un très bon dossier ou une mention à l'examen, une poursuite d'études est envisageable.

→ Exemples

BTM prothésiste dentaire
BTS prothésiste dentaire

EN SAVOIR PLUS

Nombre d'établissements préparant au diplôme : 46.

Nombre d'établissements préparant au diplôme en apprentissage : 24.

079

RÉPARATION DES CARROSSERIES

OBJECTIFS

L'objectif du bac pro réparation des carrosseries est de former des techniciens capables d'intervenir dans tout type d'entreprise de réparation des carrosseries de véhicules automobiles.

Au cours de sa formation, l'élève apprend à accueillir le client, à réceptionner son véhicule et à remplacer ou réparer des éléments détériorés mais aussi à contrôler et éventuellement réparer des structures. Il acquiert les techniques de la mise en peinture d'un élément de carrosserie en maîtrisant la préparation, la réalisation et le contrôle. Il est également formé à la remise en conformité du véhicule ainsi qu'à la finalisation de l'intervention.

Enfin, l'élève est préparé à appréhender les nouvelles contraintes environnementales qui impliquent un respect scrupuleux des règles de prévention des risques professionnels en matière d'ergonomie, d'hygiène, de sécurité et de protection de l'environnement.

DÉBOUCHÉS

Beaucoup de bacheliers assument des responsabilités en tant que chef d'équipe ou responsable d'une unité de carrosserie réparation et/ou de peinture en carrosserie.

Pour certains, la validation des acquis de l'expérience permet d'accéder à des responsabilités de niveau supérieur.

→ Exemples de métiers

Ajusteur(euse)-monteur(euse)
Carrossier(ière)
Contrôleur(euse) technique automobile

ACCÈS

Les accès sont décrits dans la fiche générale du bac professionnel p. 5.

PROGRAMME

Les enseignements généraux sont décrits dans la fiche générale du bac professionnel p. 5.

→ Enseignements professionnels

- Analyse fonctionnelle et structurelle : analyse fonctionnelle et structurelle, lecture et représentation d'un élément et/ou d'un mécanisme, comportement des systèmes mécaniques.
- Réparation des carrosseries : matériaux utilisés en carrosserie, techniques d'assemblage, recouvrement.
- Véhicules : organisation structurelle, fonctions techniques implantées dans les véhicules, systèmes électriques, règles de sauvegarde et paramétrage.
- Fonctions de l'activité de service : communication et commercialisation, organisation de la réparation et consumérisme, qualité, santé et sécurité du travail, tri sélectif des déchets.

Sous statut scolaire, l'élève est en stage pendant 22 semaines réparties sur les 3 années du bac pro.

EXAMEN

Les épreuves générales sont décrites dans la fiche générale du bac professionnel p. 8.

Épreuves professionnelles

Pour les candidats de la voie scolaire dans un établissement public ou privé sous contrat, CFA ou section d'apprentissage habilités.

Épreuves	Mode	Coeff.
E 1 Épreuve scientifique et technique		5
Analyse d'un système technique	CCF	2
Mathématiques	CCF	1,5
Sciences physiques et chimiques	CCF	1,5
E 2 Épreuve technologique		3
Étude de cas-expertise technique	CCF	3
E 3 Épreuve prenant en compte la formation en milieu professionnel		11
Économie-gestion	CCF	1
Intervention de mesure, contrôle, remise en conformité des carrosseries	CCF	4
Intervention de mise en conformité des carrosseries sur système mettant en œuvre des énergies	CCF	3
Prévention-santé-environnement	CCF	1
Réalisation d'interventions en entreprise	CCF	2

Le diplôme est délivré aux candidats qui ont obtenu une moyenne générale supérieure ou égale à 10/20 à l'ensemble des épreuves générales et technologiques.

→ Diplôme intermédiaire

Les élèves de ce bac pro se présentent obligatoirement aux épreuves du CAP réparation des carosseries (facultatif pour les apprentis).

POURSUITE D'ÉTUDES

Le bac pro a pour premier objectif l'insertion professionnelle mais, avec un très bon dossier ou une mention à l'examen, une poursuite d'études est envisageable en BTS. Certains décident de se spécialiser en préparant un brevet de maîtrise.

→ Exemples

BM peintre en carrosserie

BTS conception et réalisation de carrosseries

EN SAVOIR PLUS

Nombre d'établissements préparant au diplôme : 149.

Nombre d'établissements préparant au diplôme en apprentissage : 53.

080

SÉCURITÉ - PRÉVENTION

En cours de rénovation

OBJECTIFS

Le bac pro sécurité-prévention forme les élèves aux différents métiers de la sécurité. L'élève apprend à faire respecter les réglementations spécifiques du lieu où il se trouve (conditions d'accès, de circulation), à orienter le public vers le service ou l'interlocuteur approprié, à conseiller le public en matière de prévention dans les différents domaines de la sécurité.

Il acquiert les techniques d'intervention dans le cadre de la sécurité publique, du secours à personnes, de la protection des biens et de la sécurité routière ainsi que les différents plans de secours (Orsec). Il est entraîné à maîtriser les moyens de transmission et les procédures radio.

Les connaissances acquises au cours de ce bac pro lui facilitent l'accès aux concours de la fonction publique liés à la sécurité comme le concours de gardien de la paix.

DÉBOUCHÉS

Le diplômé peut exercer soit au sein de la fonction publique (Police nationale, Gendarmerie nationale, police municipale, sécurité civile) après la réussite à un concours, soit pour le compte d'une entreprise pourvue de son propre service de sécurité ou d'une entreprise prestataire de services de prévention et sécurité.

→ Exemples de métiers

Agent(e) de la surveillance SNCF
Agent(e) de sécurité
Convoyeur(euse) de fonds
Gardien(ne) de la paix
Gardien(ne) de police municipale
Gendarme
Sapeur(euse)-pompier(ière)

ACCÈS

Les accès sont décrits dans la fiche générale du bac professionnel p. 5.

PROGRAMME

Les enseignements généraux sont décrits dans la fiche générale du bac professionnel p. 5.

→ Enseignements professionnels

- Recueil et gestion de l'information, du renseignement.
- Prévention des actes de délinquance et régulation des actes de malveillance et de négligence.
- Maintien de l'ordre public et du respect des lois et règlements.
- Protection des biens et de l'environnement.
- Premiers secours et assistance aux personnes en danger (PSC1, PSE2).
- Garde, surveillance et transfert des personnes.
- Techniques d'intervention dans le cadre de la police judiciaire, de la sécurité publique, du secours à personnes, de la protection des biens, de la sécurité routière.
- Règles d'hygiène et de sécurité individuelles et collectives.
- Utilisation des moyens de transmission (téléphone, radio-téléphone) et les procédures qui leur sont associées (procès-verbaux, mains courantes, etc.).
- Utilisation de matériel de repérage (boussole, moyens optiques, infrarouge).
- Accueil et relation avec le public, les partenaires, permanence de services de police, de sécurité, d'alerte.

Sous statut scolaire, l'élève est en stage pendant 22 semaines réparties sur les 3 années du bac pro. L'élève effectuera son stage à parts égales dans la sécurité civile et la sécurité publique, par exemple au sein de la gendarmerie, de la police, d'un centre d'incendie et de secours, voire d'une entreprise de sécurité privée.

EXAMEN

Les épreuves générales sont décrites dans la fiche générale du bac professionnel p. 8.

Épreuves professionnelles

Pour les candidats de la voie scolaire dans un établissement public ou privé sous contrat, CFA ou section d'apprentissage habilités.

Épreuves	Durée	Mode	Coeff.
E 1 Épreuve scientifique et technique			4
Cadre de la sécurité et de la prévention	3 h	Écrit	3
Mathématiques		CCF	1
E 2 Épreuve technologique			2
Sécurité de l'entreprise		CCF	2
E 3 Épreuve pratique prenant en compte la formation en milieu professionnel			11
Secours à personnes		CCF	3
Sécurité publique		CCF	3
Prévention-santé-environnement		CCF	1
Protection des biens et de l'environnement		CCF	4

Le diplôme est délivré aux candidats qui ont obtenu une moyenne générale supérieure ou égale à 10/20 à l'ensemble des épreuves générales et technologiques.

POURSUITE D'ÉTUDES

Le bac pro a pour premier objectif l'insertion professionnelle mais, avec un très bon dossier ou une mention à l'examen, une poursuite d'études est envisageable en BTS.

→ Exemples

BTS hygiène propreté environnement
Préparation au concours de gardien de la paix de la Police nationale

EN SAVOIR PLUS

Nombre d'établissements préparant au diplôme : 62.

Nombre d'établissements préparant au diplôme en apprentissage : 1.

Les métiers de la défense et de la sécurité publique, Onisep, coll. « Parcours », 2012.

081

SERVICES AUX PERSONNES ET AUX TERRITOIRES

OBJECTIFS

Le bac pro services aux personnes et aux territoires forme des élèves à organiser des services destinés à mettre en valeur les territoires ruraux (services aux personnes, prestations liées aux transports, aux loisirs, aux activités culturelles et sportives, au tourisme).

L'élève apprend à identifier les besoins propres aux populations rurales (en termes de consommation, de santé). Il acquiert les compétences nécessaires pour concevoir une offre de services adaptée (définition de l'offre, des coûts ; mise en œuvre de l'activité et évaluation de celle-ci).

En matière de services à la personne, sa formation lui permet d'organiser une intervention de services dans le secteur de l'aide à domicile ou dans des structures d'accueil collectives : à partir des besoins identifiés, il pourra allouer les moyens humains et matériels nécessaires à l'intervention. Il est également préparé à intervenir directement auprès des personnes dépendantes dans les actes de la vie quotidienne (toilette, préparation des repas, gestion de documents administratifs), dans des activités d'animation destinées à maintenir leur autonomie et dans l'élaboration de projets individualisés garantissant leur bien-être.

DÉBOUCHÉS

Le bachelier peut exercer en tant qu'intervenant ou cadre intermédiaire dans les structures de services à la personne (dans les associations comme l'ADMR, les organismes publics, les entreprises privées). Il peut également travailler dans les collectivités territoriales (pour les activités culturelles, de valorisation patrimoniale, ou d'organisation de manifestation locale) et dans les gîtes (pour le développement du tourisme rural). Enfin, il peut choisir de créer sa propre structure dans le domaine des services.

→ Exemples de métiers

Agent(e) d'accueil culturel

Agent(e) d'accueil multiservices en milieu rural (crèches, haltes-garderies)

Aide à domicile

Assistant(e) de la vie quotidienne des personnes âgées, dépendantes, handicapées

Employé(e) des collectivités locales

Garde d'enfant à domicile

ACCÈS

Les accès sont décrits dans la fiche générale du bac professionnel p. 5.

PROGRAMME

Les enseignements généraux sont décrits dans la fiche générale du bac professionnel p. 5.

→ Enseignements professionnels

- Caractéristiques et besoins des populations des territoires ruraux : caractéristiques socioculturelles, besoins des populations et réponses institutionnelles, conséquences individuelles et sociales du handicap, du vieillissement et de la maladie.
- Contexte des activités de services : dynamiques de territoires ruraux, contexte économique et juridique des activités de services (déontologie, différentes structures de services en milieu rural), enjeux de la protection sociale.
- Organisation d'une intervention de services à la personne : contexte d'intervention (besoins de personnes, objectifs de l'intervention), moyens humains et matériels, évaluation de l'intervention.
- Communication en situation professionnelle : outils de travail collaboratifs, réalisation de supports papier et multimédias, réalisation d'enquêtes.
- Accompagnement de la personne dans sa vie quotidienne : soins d'hygiène et de confort, élaboration d'un projet de vie, conduite d'activités d'animation, gestion de la vie quotidienne, aménagement de l'espace.
- Conception d'une offre de services : analyse des besoins, conception de l'offre (coût, communication sur l'offre...), mise en œuvre de l'activité (planification, gestion administrative courante, documents commerciaux – devis, facture), évaluation du service.

Sous statut scolaire, l'élève est en stage pendant 22 semaines réparties sur les 3 années du bac pro. Ces stages peuvent être effectués dans des structures variées : écoles, crèches, maisons de retraite, aide à domicile, hôpitaux, cliniques, centres de loisirs, entreprises de restauration, collectivités.

EXAMEN

Les épreuves générales sont décrites dans la fiche générale du bac professionnel p. 8.

Épreuves professionnelles

Pour les candidats de la voie scolaire dans un établissement public ou privé sous contrat, CFA ou section d'apprentissage habilités.

Épreuves	Durée	Mode	Coeff.
Analyse technique			2
Justification des pratiques professionnelles liées à une activité de service (analyse des conséquences des pathologies liées au handicap, à la vieillesse, à la maladie, besoins des personnes, milieu rural)	2 h 30	Écrit	
Organisation d'une activité de services			3
Contexte socioprofessionnel et territorial des activités de services Organisation du travail d'une équipe dans le cadre d'une activité de services	0 h 30	Oral	
Réalisation d'activités de services			5
Communication en situation professionnelle Conduite en autonomie d'une activité d'accompagnement de la personne Conduite en autonomie d'un service destiné aux acteurs et aux usagers d'un territoire S'adapter à des enjeux professionnels particuliers		CCF	5

Le diplôme est délivré aux candidats qui ont obtenu une moyenne générale supérieure ou égale à 10/20 à l'ensemble des épreuves générales et technologiques.

→ Diplôme intermédiaire

Les élèves de ce bac pro se présentent obligatoirement aux épreuves du BEPA services aux personnes (facultatif pour les apprentis).

POURSUITE D'ÉTUDES

Le bac pro a pour premier objectif l'insertion professionnelle mais, avec un très bon dossier ou une mention à l'examen, une poursuite d'études est envisageable en BTS et en BTSA. Le bachelier peut également tenter les concours d'accès à certaines formations sociales et paramédicales.

→ Exemples

BTS économie sociale familiale

BTS tourisme

BTSA développement, animation des territoires ruraux

Diplôme d'État d'aide médico-psychologique

Diplôme d'État d'aide-soignant

Diplôme d'État d'auxiliaire de puériculture

Diplôme d'État d'auxiliaire de vie sociale

Diplôme d'État de moniteur éducateur

Diplôme d'État d'infirmier

EN SAVOIR PLUS

Nombre d'établissements préparant au diplôme : 382.

Nombre d'établissements préparant au diplôme en apprentissage : 19.

Les métiers des services à la personne, Onisep, coll. « Zoom », 2011.

082

SERVICES DE PROXIMITÉ ET VIE LOCALE

Champs d'activité : activités de soutien et d'aide à l'intégration / participation à la socialisation et au développement de la citoyenneté / gestion des espaces ouverts au public / gestion du patrimoine locatif.

OBJECTIFS

Le bac pro service de proximité et vie locale forme des élèves à intervenir auprès de publics variés dans des fonctions d'accueil, d'information, d'accompagnement et de médiation sociale. La formation est axée sur deux champs d'activité principaux déterminés par l'établissement après une étude du contexte local d'emplois potentiels.

Le champ d'activité « gestion des espaces ouverts au public » apporte à l'élève les compétences nécessaires pour accueillir et orienter les usagers et pour valoriser, maintenir la qualité et assurer la sécurité des espaces (centres commerciaux, quartiers, squares, etc.).

Le champ « gestion du patrimoine locatif » forme les élèves à la gestion technico-administrative des logements, à leur attribution et au suivi des familles. Il apporte également des compétences dans la valorisation et le maintien de la qualité de l'habitat et de son environnement.

Les connaissances acquises avec le champ « activités de soutien et d'aide à l'intégration » rendent l'élève capable d'accompagner des publics spécifiques (élèves en difficulté scolaire, demandeurs d'emploi) dans des démarches ou pour l'accès aux services administratifs. L'enseignement des techniques d'animation lui permet de mettre en place des dispositifs d'information personnalisé et d'organiser des actions en direction de ces publics.

Enfin, avec le champ « participation à la socialisation et au développement de la citoyenneté », l'élève apprend à organiser ou à animer des activités éducatives auprès de divers publics, des activités de valorisation du patrimoine local et des activités associatives, de lieux de ressources ou d'espaces de vie collectifs.

DÉBOUCHÉS

Intervenant de proximité, le bachelier peut travailler auprès de différents publics (enfants, adolescents, locataires, usagers d'un service public) dans la fonction publique ou les établissements qui en dépendent (établissements de coopération intercommunale, offices d'HLM, offices d'aménagement et de construction), les entreprises d'économie mixte, les entreprises sociales pour l'habitat, les sociétés coopératives d'HLM, les sociétés de gestion et de surveillance des espaces, les associations.

→ Exemples de métiers

Correspondant(e) de quartier

Intervenant(e) de quartier

Médiateur(trice)

ACCÈS

Les accès sont décrits dans la fiche générale du bac professionnel p. 5.

PROGRAMME

Les enseignements généraux sont décrits dans la fiche générale du bac professionnel p. 5.

→ Enseignements professionnels

Les enseignements professionnels peuvent être transversaux ou relever d'un des quatre champs d'activité.

Enseignements transversaux :

- Environnement social de l'intervention professionnelle : connaissance des publics, faits sociétaux, environnement et cadre de vie.
- Milieux professionnels et mode d'intervention : métiers du développement de la vie locale, politiques publiques, cadre d'intervention des professionnels, déontologie, qualité de service.
- Cadre juridique appliqué aux interventions professionnelles.
- Techniques de communication et de médiation sociale : outils de communication, techniques d'animation, etc.

Enseignements spécifiques :

- Gestion des espaces ouverts au public : typologie des espaces, des risques, des actions, sécurisation, maintenance des espaces, méthodes d'intervention.
- Gestion du patrimoine locatif : attribution des logements, loyers, charges, sécurité des parties communes...
- Activités de soutien et d'aide à l'intégration : typologie des actions en fonction des publics (accueil, alphabétisation, intégration scolaire, aide aux arrivants non francophones), analyse des besoins, accompagnement des personnes dans les démarches, activités d'aide et de soutien.
- Activités participant à la socialisation et au développement de la citoyenneté : typologie des actions (éducatives, de solidarité, culturelles, récréatives, touristiques), recueil des besoins, animation d'un espace de vie sociale, communication.

Sous statut scolaire, l'élève est en stage pendant 22 semaines réparties sur les 3 années du bac pro. Ces périodes de formation en milieu professionnel doivent permettre de découvrir les activités spécifiques des 4 champs d'activités au cours du cursus.

EXAMEN

Les épreuves générales sont décrites dans la fiche générale du bac professionnel p. 8.

Épreuves professionnelles

Pour les candidats de la voie scolaire dans un établissement public ou privé sous contrat, CFA ou section d'apprentissage habilités.

Épreuves	Durée	Mode	Coeff.
E 1 Épreuve scientifique et technique			4
Cadre de l'action professionnelle		CCF	3
Mathématiques		CCF	1
E 2 Épreuve technologique			3
Communication, médiation	4 h	Écrit	3
E 3 Épreuve pratique prenant en compte la formation en milieu professionnel			9
Préparation et mise en œuvre de projet d'activités, d'actions		CCF	4
Prévention-santé-environnement		CCF	1
Réalisation d'actions professionnelles		CCF	4

Le diplôme est délivré aux candidats qui ont obtenu une moyenne générale supérieure ou égale à 10/20 à l'ensemble des épreuves générales et technologiques.

→ Diplôme intermédiaire

Les élèves de ce bac pro se présentent obligatoirement aux épreuves du CAP agent de prévention et de médiation.

POURSUITE D'ÉTUDES

Le bac pro a pour premier objectif l'insertion professionnelle mais, avec un très bon dossier ou une mention à l'examen, une poursuite d'études est envisageable en BTS.

→ Exemples

BTS économie sociale familiale

BTS services et prestations des secteurs sanitaire et social

EN SAVOIR PLUS

Nombre d'établissements préparant au diplôme : 152.

Nombre d'établissements préparant au diplôme en apprentissage : 2.

Les métiers des services aux personnes, Onisep, coll. « Zoom », 2011.

083

SYSTÈMES ÉLECTRONIQUES NUMÉRIQUES

Champs d'application : audiovisuel multimédia / audiovisuel professionnel / électrodomestique / électronique industrielle embarquée / sans précision / sécurité alarme / télécommunications et réseaux.

OBJECTIFS

Ce bac pro forme l'élève à la préparation, l'installation, la mise en service et la maintenance des systèmes électroniques numériques dans les domaines suivants : la sécurité, la malveillance et l'incendie, l'audiovisuel multimédia et professionnel, l'électrodomestique, les télécommunications et les réseaux, l'électronique industrielle embarquée.

Les connaissances assimilées au cours de ce bac pro permettent au futur bachelier de préparer les équipements en atelier (assembler le matériel, intégrer les logiciels, tester et valider l'ensemble), de les installer et de les mettre en service sur le site (raccorder les supports de transmission, vérifier le fonctionnement, configurer les logiciels et les équipements). Il est préparé à assurer la maintenance préventive ou corrective (assistance technique, conseil, relation clientèle) ainsi que la logistique liée à l'intervention.

L'élève acquiert les compétences nécessaires pour maîtriser les caractéristiques fonctionnelles et techniques des équipements qu'il utilise notamment en exploitant la documentation technique.

DÉBOUCHÉS

Les débouchés sont nombreux et variés : chez un artisan, commerçant, monteur-installateur, en PME, PMI, au service technique ou après-vente d'une grande surface commerciale, dans un centre de maintenance à distance, une société de services.

→ Exemples de métiers

Dépanneur(euse) en électroménager

Installateur(trice) en télécoms

Monteur(euse)-câbleur(euse)

Responsable de service après-vente

Technicien(ne) de maintenance en informatique

Technicien(ne) télécoms et réseaux

ACCÈS

Les accès sont décrits dans la fiche générale du bac professionnel p. 5.

PROGRAMME

Les enseignements généraux sont décrits dans la fiche générale du bac professionnel p. 5.

→ Enseignements professionnels

- Physique d'application : notions d'électricité et d'électronique, de photométrie et d'optique, de thermique, d'acoustique, de mécanique.
- Traitement de l'information : acquisition (étude de tous les capteurs) et restitution de l'information, stockage et mémorisation, transmission (supports physiques et réseaux).
- Informatique : unités centrales, architecture générale de l'ordinateur, périphériques (imprimantes, scanners, appareils photo, graveurs CD et DVD, vidéoprojecteurs), équipements des systèmes spécifiqués et logiciels d'installation et de configuration (configurer, paramétrer, tester et valider).
- Préparation des équipements : intégrer, assembler et accorder le matériel.
- Sécurité et démarche qualité, recyclage des produits en fin de vie, connaissance et respect de la réglementation.
- Maintenance préventive ou corrective, sur site à l'atelier ou hors site chez le client.
- Communication, relation clientèle (expliquer le fonctionnement d'un produit, conseiller), ressources documentaires (exploitation de la documentation technique).

Sous statut scolaire, l'élève est en stage pendant 22 semaines réparties sur les 3 années du bac pro. Le stage se déroulera dans une entreprise correspondant aux champs professionnels choisis par l'élève.

EXAMEN

Les épreuves générales sont décrites dans la fiche générale du bac professionnel p. 8.

Épreuves professionnelles

Pour les candidats de la voie scolaire dans un établissement public ou privé sous contrat, CFA ou section d'apprentissage habilités.

Épreuves	Durée	Mode	Coeff.
E 1 Épreuve scientifique et technique			4
Mathématiques		CCF	2
Sciences physiques et chimiques		CCF	2
E 2 Épreuve technologique			5
Analyse d'un système électronique	4 h	Écrit	5
E 3 Épreuve pratique prenant en compte la formation en milieu professionnel			10
Économie-gestion		CCF	1
Préparation, installation, mise en service, maintenance d'un système électronique		CCF	6
Prévention-santé-environnement		CCF	1
Situations de travail spécifiées et réalisées en milieu professionnel		CCF	2

Le diplôme est délivré aux candidats qui ont obtenu une moyenne générale supérieure ou égale à 10/20 à l'ensemble des épreuves générales et technologiques.

→ Diplôme intermédiaire

Les élèves de ce bac pro se présentent obligatoirement aux épreuves du BEP systèmes électroniques numériques (facultatif pour les apprentis).

POURSUITE D'ÉTUDES

Le bac pro a pour premier objectif l'insertion professionnelle mais, avec un très bon dossier ou une mention à l'examen, une poursuite d'études est envisageable en BTS.

→ Exemples

BTS domotique

BTS génie optique option optique instrumentale

BTS génie optique option photonique

BTS informatique et réseaux pour l'industrie et les services techniques

BTS métiers de l'audiovisuel option métiers de l'image

BTS métiers de l'audiovisuel option métiers du son

BTS métiers de l'audiovisuel option techniques d'ingénierie et exploitation des équipements

BTS services informatiques aux organisations option A solutions d'infrastructure, systèmes et réseaux

BTS systèmes électroniques

BTS systèmes numériques option électronique et communication (NE PAS LIER CAR RENTRÉE 2014)

BTS systèmes numériques option informatique et réseaux (NE PAS LIER CAR RENTRÉE 2014)

DUT génie électrique et informatique industrielle

Technicien services en audiovisuel et électrodomestique

Technicien services en électronique grand public

Vendeur de l'électrodomestique et du multimédia

EN SAVOIR PLUS

Nombre d'établissements préparant au diplôme : 311.

Nombre d'établissements préparant au diplôme en apprentissage : 37.

Les métiers de l'électrotechnique, Onisep, coll. « Voie pro », 2010.

084

TECHNICIEN CONSEIL VENTE DE PRODUITS DE JARDIN

OBJECTIFS

Ce bac pro dispense aux élèves les bases en biologie, agronomie et sciences et techniques horticoles afin de reconnaître les produits proposés à la vente, d'en présenter les spécificités et de prendre en charge les opérations d'entretien et de conservation.

L'élève acquiert les techniques de vente des produits de jardins (végétaux, équipements et fournitures) lui permettant de conduire une négociation commerciale, de renseigner le client et de contribuer à l'animation du point de vente. Les enseignements en gestion commerciale lui donnent la capacité d'organiser le rayon en tenant compte de la politique commerciale de l'entreprise, de réaliser le suivi et l'entretien du rayon, de gérer les stocks et de suivre les indicateurs de rentabilité du rayon. Enfin, les connaissances acquises en sciences et techniques des équipements et agroéquipements lui donnent la capacité de préconiser l'utilisation d'équipements (matériels, machines, outils, mobiliers) ou de fournitures (engrais, terreau, produits phytosanitaires, pots et accessoires), d'informer le client sur les caractéristiques des produits, les conditions d'utilisation, d'entretien et de stockage.

DÉBOUCHÉS

Le diplômé vise en première insertion un emploi de conseiller-vendeur de produits de jardin au sein d'un rayon spécialisé d'une grande surface, de magasins spécialisés (boutiques de fleurs, jardineries), de pépinières, dans des entreprises de décoration ou sur les marchés.

→ Exemples de métiers

Vendeur(euse)

ACCÈS

Les accès sont décrits dans la fiche générale du bac professionnel p. 5.

PROGRAMME

Les enseignements généraux sont décrits dans la fiche générale du bac professionnel p. 5.

→ Enseignements professionnels

- Biologie, agronomie, sciences et techniques horticoles : fonctionnement d'un écosystème jardin, fonctions biologiques et incidences pédoclimatiques influant sur les végétaux, méthodologie de diagnostic relative à la protection des végétaux, etc.
- Mercatique : marché, démarche mercatique de l'entreprise, études de marché, typologies de clientèle, contribution à la mise en œuvre de l'offre.
- L'entreprise commerciale et son environnement : stratégie d'entreprise, fonctionnement, droit social, communication.
- Gestion commerciale d'un espace de vente : gestion des approvisionnements du rayon, utilisation des outils de gestion, maîtrise des documents commerciaux, planification du travail en équipe, réglementation commerciale et réglementation spécifique aux produits.
- Techniques de vente : négociation commerciale, suivi des ventes, animation du point de vente, optimisation du linéaire, gestion des stocks.
- Végétaux d'intérieur et de jardin : identification et caractéristiques des végétaux destinés à la vente, analyse des attentes des clients, techniques d'entretien des végétaux dans l'espace de vente, techniques de présentation des végétaux.
- Sciences et techniques des équipements et agroéquipements : caractéristiques techniques, technologiques et savoir-faire nécessaires à la vente des équipements (matériaux, outils, matériels, machines, mobiliers, etc.) et fournitures (engrais, terreau, produits phytosanitaires, pots et accessoires).

Sous statut scolaire, l'élève est en stage pendant 22 semaines réparties sur les 3 années du bac pro.

EXAMEN

Les épreuves générales sont décrites dans la fiche générale du bac professionnel p. 8.

ÉPREUVES PROFESSIONNELLES

Pour les candidats de la voie scolaire dans un établissement public ou privé sous contrat, CFA ou section d'apprentissage habilités.

Épreuves	Durée	Mode	Coeff.
Choix techniques			2
Conseil au client sur les produits de jardin	2 h 30	Écrit	2
Expérience en milieu professionnel			3
Communication en situation professionnelle Organisation du travail en fonction de la politique commerciale de l'entreprise Situation de l'entreprise dans son environnement socioprofessionnel	0 h 30	Oral	3
Pratiques professionnelles			5
Adaptation à des enjeux professionnels particuliers	CCF		0,5
Gestion d'un rayon de produits de jardin	CCF		1,5
Mise en œuvre de pratiques professionnelles liées aux produits de jardin vendus	CCF		2
Mise en œuvre des techniques de vente de produits de jardin	CCF		1

Le diplôme est délivré aux candidats qui ont obtenu une moyenne générale supérieure ou égale à 10/20 à l'ensemble des épreuves générales et technologiques.

→ Diplôme intermédiaire
Les élèves de ce bac pro se présentent obligatoirement aux épreuves du BEPA conseil-vente (facultatif pour les apprentis).

POURSUITE D'ÉTUDES
Le bac pro a pour premier objectif l'insertion professionnelle mais, avec un très bon dossier ou une mention à l'examen, une poursuite d'études est envisageable en BTSA.

→ Exemples
BTSA technico-commercial

EN SAVOIR PLUS
Nombre d'établissements préparant au diplôme : 54.

Nombre d'établissements préparant au diplôme en apprentissage : 12.

085

TECHNICIEN CONSEIL-VENTE EN ALIMENTATION
option produits alimentaires

OBJECTIFS
Ce bac pro prépare à la distribution alimentaire de la réception de la marchandise jusqu'à la vente de produits frais, ultrafrais et surgelés.

L'élève apprend, en gestion, à assurer la réception et le contrôle des produits, leur stockage, leur ventilation, leur mise en rayon, ainsi que la surveillance de leur qualité. Il suit des enseignements notamment de biologie et de biochimie pour connaître les produits alimentaires : les caractéristiques et les contraintes spécifiques aux fruits et légumes, aux produits de la mer, aux produits laitiers, aux surgelés qu'ils soient de provenance industrielle ou artisanale. Il étudie ainsi les matières premières utilisées pour la fabrication, mais également le conditionnement et la conservation. Il est formé à évaluer la qualité d'un produit et à respecter les règles d'hygiène.

En techniques de vente et mercatique, il acquiert des compétences en gestion commerciale, de mise en place d'une politique de promotion des produits et d'élaboration des prix.

DÉBOUCHÉS
Le diplômé peut travailler comme adjoint ou responsable de rayon, vendeur de produits alimentaires, gérant de magasin de proximité.

→ Exemples de métiers
Commerçant(e) en alimentation

Vendeur(euse)

ACCÈS
Les accès sont décrits dans la fiche générale du bac professionnel p. 5.

PROGRAMME
Les enseignements généraux sont décrits dans la fiche générale du bac professionnel p. 5.

→ Enseignements professionnels
- Produits alimentaires : biologie, biochimie, étude du marché de l'alimentaire et de l'évolution des modes de consommation alimentaire.
- Mercatique : connaissance du marché, élaboration d'une démarche mercatique.
- Connaissance de l'entreprise : fonctionnement et vie de l'entreprise, enseignements juridiques.
- Gestion commerciale : approvisionnement des rayons (achats, livraisons), outils de gestion commerciale (gestion de trésorerie ou calcul du chiffre d'affaires d'un rayon), documents commerciaux, organisation du travail dans le rayon, réglementation commerciale et du secteur.
- Techniques de vente : négociation commerciale, suivi des ventes, organisation d'animations commerciales et de promotions, langue étrangère.

Sous statut scolaire, l'élève est en stage pendant 22 semaines réparties sur les 3 années du bac pro. Les stagiaires sont amenés à conseiller les clients sur les produits ou organiser des promotions sous le contrôle des autres employés.

EXAMEN
Les épreuves générales sont décrites dans la fiche générale du bac professionnel p. 8.

Épreuves professionnelles

Pour les candidats de la voie scolaire dans un établissement public ou privé sous contrat, CFA ou section d'apprentissage habilités.

Épreuves	Durée	Mode	Coeff.
Choix techniques			2
De l'origine du produit à sa commercialisation (génie alimentaire, biologie, biochimie, biotechnologie...) Mercatique	2 h 30	Écrit	2
Expérience en milieu professionnel			3
Gestion commerciale d'un espace de vente Gestion de l'entreprise et de l'environnement	0 h 30	Oral	3
Pratiques professionnelles « produits alimentaires »			5
Génie alimentaire, biologie-écologie Techniques commerciales Techniques de vente Terroir et qualité des produits alimentaires Sciences et techniques professionnelles		CCF	5

Le diplôme est délivré aux candidats qui ont obtenu une moyenne générale supérieure ou égale à 10/20 à l'ensemble des épreuves générales et technologiques.

→ Diplôme intermédiaire

Les élèves de ce bac pro se présentent obligatoirement aux épreuves du BEPA conseil-vente (facultatif pour les apprentis).

POURSUITE D'ÉTUDES

Le bac pro a pour premier objectif l'insertion professionnelle mais, avec un très bon dossier ou une mention à l'examen, une poursuite d'études est envisageable en BTSA.

→ Exemples

BTSA technico-commercial

EN SAVOIR PLUS

Nombre d'établissements préparant au diplôme : 90.

Nombre d'établissements préparant au diplôme en apprentissage : 17.

086

TECHNICIEN CONSEIL VENTE EN ALIMENTATION

option vins et spiritueux

OBJECTIFS

Les connaissances acquises sur les produits de la vigne, la viticulture et les terroirs donnent aux élèves une bonne connaissance des vins, des cépages, des appellations et dénominations.

La formation dispense des enseignements sur les procédés d'élaboration des alcools, les techniques de fabrication (température, oxygénation) les mieux adaptées. L'autre axe du bac pro vise à délivrer les compétences tournées autour de la gestion commerciale (les achats, la livraison, la gestion de trésorerie), les techniques de vente pour organiser la diffusion et la valorisation des produits auprès des clients.

DÉBOUCHÉS

Le titulaire du bac pro peut occuper un poste d'adjoint ou de responsable de rayon ou de magasin chez des producteurs, des syndicats de producteurs, des caves, des coopératives, des chaînes spécialisées. Il peut travailler en direct, à distance ou se déplacer chez ses clients.

→ Exemples de métiers

Commerçant(e) en alimentation

Vendeur(euse)

Viticulteur(trice)

ACCÈS

Les accès sont décrits dans la fiche générale du bac professionnel p. 5.

PROGRAMME

Les enseignements généraux sont décrits dans la fiche générale du bac professionnel p. 5.

→ Enseignements professionnels

- Vins et spiritueux : produits de la vigne, viticulture, techniques de fabrication.
- Gestion commerciale : approvisionnement des rayons, outils de la gestion commerciale (gestion de trésorerie, calcul du chiffre d'affaires d'un rayon), documents commerciaux, organisation du travail dans le rayon, réglementation commerciale du secteur.
- Mercatique : connaissance du marché, élaboration d'une démarche mercatique (élaboration d'une politique de prix).

• Techniques de vente : négociation commerciale, suivi des ventes, organisation d'animations commerciales et de promotions, langue étrangère.

Sous statut scolaire, l'élève est en stage pendant 22 semaines réparties sur les 3 années du bac pro.

EXAMEN

Les épreuves générales sont décrites dans la fiche générale du bac professionnel p. 8.

Épreuves professionnelles

Pour les candidats de la voie scolaire dans un établissement public ou privé sous contrat, CFA ou section d'apprentissage habilités.

Épreuves	Durée	Mode	Coeff.
Choix techniques			2
De l'origine du produit à sa commercialisation (génie alimentaire, biologie, biochimie, biotechnologie...) Mercatique	2 h 30	Écrit	2
Expérience en milieu professionnel			3
Gestion commerciale d'un espace de vente Génie alimentaire, biologie-écologie	0 h 30	Oral	3
Pratiques professionnelles « vins et spiritueux »			5
Techniques commerciales Techniques de vente Terroir et qualité des vins et spiritueux Viticulture-œnologie Sciences et techniques professionnelles		CCF	5

Le diplôme est délivré aux candidats qui ont obtenu une moyenne générale supérieure ou égale à 10/20 à l'ensemble des épreuves générales et technologiques.

→ Diplôme intermédiaire

Les élèves de ce bac pro se présentent obligatoirement aux épreuves du BEPA conseil-vente (facultatif pour les apprentis).

POURSUITE D'ÉTUDES

Le bac pro a pour premier objectif l'insertion professionnelle mais, avec un très bon dossier ou une mention à l'examen, une poursuite d'études est envisageable en BTSA.

→ Exemples

BTSA technico-commercial

EN SAVOIR PLUS

Nombre d'établissements préparant au diplôme : 12.

Nombre d'établissements préparant au diplôme en apprentissage : 2.

087

TECHNICIEN CONSEIL-VENTE EN ANIMALERIE

OBJECTIFS

Le bac pro technicien conseil-vente en animalerie forme les élèves à la vente des animaux de compagnie (oiseaux, mammifères, poissons). Les enseignements de biologie et de physique-chimie ont pour objectif de mettre les diplômés en situation de connaître les caractéristiques propres à chaque espèce (origine, mode de production et d'élevage, pathologies) mais aussi de préciser les paramètres physico-chimiques propres aux animaleries (composants de l'air, de l'eau, la lumière, la chaleur, le bruit...) pour le bien-être animal.

Les études des techniques animalières, les connaissances relatives aux espèces animales commercialisées visent à donner à ce futur technicien les compétences pour recevoir les animaux, contrôler leur état sanitaire, mettre en œuvre des procédés d'acclimatation, de quarantaine ou d'isolement, prodiguer des soins courants et préventifs.

L'élève est également formé à l'étude des équipements, des produits (alimentation, soin, hygiène) et des accessoires (plantes, litière, paille, sellerie, jouets, cages, aquariums) proposés en magasin. Il acquiert les techniques de vente afin de conduire dans des conditions optimales une négociation commerciale, de renseigner le client et de contribuer à l'animation du point de vente.

Les enseignements en gestion commerciale lui donnent également la capacité d'organiser et de gérer le rayon en tenant compte de la politique commerciale de l'entreprise, d'en réaliser le suivi et l'entretien, de gérer les stocks et de suivre les indicateurs de rentabilité du rayon.

DÉBOUCHÉS

Le diplômé occupe un emploi de conseiller-vendeur en animalerie au sein d'un rayon animalerie d'une grande surface, de magasins spécialisés (jardineries, animaleries...), de grandes surfaces de bricolage ou de libres-services agricoles. Il peut également être employé en tant que représentant itinérant pour la vente d'animaux ou de produits pour animaux (sauf médicaments).

→ Exemples de métiers

Vendeur(euse)

Vendeur(euse) en animalerie

ACCÈS

Les accès sont décrits dans la fiche générale du bac professionnel p. 5.

PROGRAMME

Les enseignements généraux sont décrits dans la fiche générale du bac professionnel p. 5.

→ Enseignements professionnels

- Biologie-écologie et physique-chimie : caractéristiques du fonctionnement des animaux d'animalerie (appareils digestif, respiratoire, reproducteur, organes des sens, régulation hormonale, immunité), règles de sécurité liées à l'utilisation des produits chimiques, étude des milieux en animalerie à l'aide de leurs paramètres physico-chimiques, étude des matériels professionnels (lampes, régulation thermique, hygrométriques, etc.).
- Mercatique : marché, démarche mercatique de l'entreprise, études de marché, typologies de clientèle, contribution à la mise en œuvre de l'offre.
- L'entreprise commerciale et son environnement : stratégie d'entreprise, fonctionnement, droit social, communication.
- Gestion commerciale d'un espace de vente : gestion des approvisionnements du rayon, utilisation des outils de gestion, maîtrise des documents commerciaux, planification du travail en équipe, réglementation commerciale et réglementation spécifique aux produits.
- Techniques de vente : négociation commerciale, suivi des ventes, animation du point de vente, optimisation du linéaire, gestion des stocks.
- Techniques animalières : approfondissement des connaissances relatives aux espèces animales et végétales commercialisées, approvisionnement, réception, entretien et suivi de rayon, connaissance et utilisation des équipements, matériels et produits (aliments, produits d'hygiène et de soins, cages, aquariums, jouets...).
- Cadre réglementaire de la vente en animalerie.

Sous statut scolaire, l'élève est en stage pendant 22 semaines réparties sur les 3 années.

EXAMEN

Les épreuves générales sont décrites dans la fiche générale du bac professionnel p. 8.

Épreuves professionnelles

Pour les candidats de la voie scolaire dans un établissement public ou privé sous contrat, CFA ou section d'apprentissage habilités.

Épreuves	Durée	Mode	Coeff.
Sciences appliquées et technologie			2
Conseil au client sur les produits d'animalerie	2 h 30	Écrit	2
Expérience en milieu professionnel			3
Communication en situation professionnelle Organisation du travail en fonction de la politique commerciale de l'entreprise Situation de l'entreprise dans son environnement socioprofessionnel	0 h 30	Oral	3
Pratiques professionnelles			5
Adaptation à des enjeux professionnels particuliers	CCF		0,5
Gestion d'un rayon de produits d'animalerie dans le respect de la réglementation et de la sécurité	CCF		1
Mise en œuvre des pratiques professionnelles liées aux produits d'animalerie vendus	CCF		2,5
Mise en œuvre des techniques de vente en animalerie	CCF		1

Le diplôme est délivré aux candidats qui ont obtenu une moyenne générale supérieure ou égale à 10/20 à l'ensemble des épreuves générales et technologiques.

→ Diplôme intermédiaire

Les élèves de ce bac pro se présentent obligatoirement aux épreuves du BEPA conseil-vente (facultatif pour les apprentis).

POURSUITE D'ÉTUDES

Le bac pro a pour premier objectif l'insertion professionnelle mais, avec un très bon dossier ou une mention à l'examen, une poursuite d'études est envisageable en BTSA.

→ Exemples
BTSA technico-commercial

EN SAVOIR PLUS
Nombre d'établissements préparant au diplôme : 48.
Nombre d'établissements préparant au diplôme en apprentissage : 16.

088

TECHNICIEN CONSTRUCTEUR BOIS

OBJECTIFS
L'objectif de ce bac pro est de former des techniciens du bâtiment capables de fabriquer et de poser des structures, ossatures et charpentes en bois ou en dérivés du bois. Ces ouvrages sont les ossatures verticales (systèmes poteaux poutres, panneaux, pans de bois), les ossatures horizontales (poutres, planchers), les charpentes, les escaliers, les ouvrages extérieurs (passerelles, balcons, terrasses).

L'élève s'initie à l'utilisation des logiciels de DAO et de CAO mais aussi au tracé traditionnel, épures mains et mises au plan, tracé à main levée, croquis. Il apprend à réaliser un projet simple ou une partie d'ouvrage (calcul de structures, réalisation). Il acquiert la capacité à proposer les solutions techniques, à établir les plans d'exécution, les quantitatifs de matériaux, la cotation de fabrication et le processus. Il est préparé à faire tourner un chantier de pose à travers ses stages professionnels. Il assimile des notions en isolation, thermique, acoustique, hydrique, étanchéité, aération et ventilation, protection incendie, mécanique et résistance des matériaux.

Outre sa connaissance des ouvrages bois, il développe la maîtrise des techniques de fabrication, de l'utilisation des machines, d'assemblage et de montage, de traitement et de finition, de contrôle.

DÉBOUCHÉS
Le diplômé travaille dans des entreprises artisanales ou industrielles du bâtiment. Il débute comme compagnon professionnel, charpentier, technicien d'atelier ou de chantier en charpente, construction bois.

→ Exemples de métiers
Charpentier(ière) bois
Menuisier(ière)

ACCÈS
Les accès sont décrits dans la fiche générale du bac professionnel *p. 5.*

PROGRAMME
Les enseignements généraux sont décrits dans la fiche générale du bac professionnel *p. 5.*

→ Enseignements professionnels
- Analyse technique d'un ouvrage : choisir et justifier les solutions techniques, établir les plans d'exécution, les quantités de matériaux et de composants.
- Préparation d'une fabrication et d'une mise en œuvre sur chantier : décoder et analyser les données opératoires et de gestion, établir le processus de fabrication et produire les documents de suivi de chantier.
- Réalisation et suivi des ouvrages en entreprise : animer une équipe de travail, communiquer avec les différents partenaires, rendre compte du déroulement des activités de fabrication et de mise en œuvre sur chantier.
- Fabrication d'un ouvrage : assurer la sécurité des postes de travail, préparer les matériaux, effectuer les calculs de dimension et de géométrie des éléments, conduire les opérations de taille, d'usinage, d'assemblage, de finition et de traitement, assurer la maintenance des matériels.
- Mise en œuvre d'un ouvrage sur chantier : conduire les opérations de sécurité, contrôler la conformité, approvisionner le chantier, lever les structures, gérer l'environnement, assurer la maintenance périodique des ouvrages.

Sous statut scolaire, l'élève est en stage pendant 22 semaines réparties sur les 3 années du bac pro.

EXAMEN
Les épreuves générales sont décrites dans la fiche générale du bac professionnel *p. 8.*

Épreuves professionnelles

Pour les candidats de la voie scolaire dans un établissement public ou privé sous contrat, CFA ou section d'apprentissage habilités.

Épreuves	Durée	Mode	Coeff.
E 1 Épreuve scientifique			3
Mathématiques		CCF	1,5
Sciences physiques et chimiques		CCF	1,5
E 2 Épreuve technologique			6
Analyse technique d'un ouvrage	4 h	Écrit	3
Préparation d'une fabrication et d'une mise en œuvre sur chantier	3 h (+ 1 h)	Écrit	3
E 3 Épreuve pratique prenant en compte la formation en milieu professionnel			9
Économie-gestion		CCF	1
Fabrication d'un ouvrage		CCF	3
Mise en œuvre d'un ouvrage sur chantier		CCF	2
Prévention-santé-environnement		CCF	1
Réalisation et suivi des ouvrages en entreprise		CCF	2

Le diplôme est délivré aux candidats qui ont obtenu une moyenne générale supérieure ou égale à 10/20 à l'ensemble des épreuves générales et technologiques.

→ Diplôme intermédiaire

Les élèves de ce bac pro se présentent obligatoirement aux épreuves du BEP métiers du bois (facultatif pour les apprentis).

POURSUITE D'ÉTUDES

Le bac pro a pour premier objectif l'insertion professionnelle mais, avec un très bon dossier ou une mention à l'examen, une poursuite d'études est envisageable en BTS.

→ Exemples

BTS charpente-couverture

BTS systèmes constructifs bois et habitat

EN SAVOIR PLUS

Nombre d'établissements préparant au diplôme : 88.

Nombre d'établissements préparant au diplôme en apprentissage : 24.

Les métiers du bois, Onisep, coll. « Zoom », 2009.

089

TECHNICIEN DE FABRICATION BOIS ET MATÉRIAUX ASSOCIÉS

OBJECTIFS

Le bac pro technicien de fabrication bois et matériaux associés forme des élèves à la production de petites ou moyennes séries d'ouvrages en bois et matériaux associés dans les entreprises de menuiserie et d'ameublement.

L'élève apprend à préparer la fabrication d'ouvrages de menuiserie et d'ameublement. Il acquiert les techniques nécessaires pour fabriquer et conditionner les ouvrages, suivre et contrôler la fabrication et participer à la maintenance des équipements.

La formation lui donne des compétences pour prendre part aux activités d'organisation et maîtriser les techniques de produits ou composants tels que les meubles meublants, les mobiliers d'agencement, les menuiseries extérieures et intérieures, les charpentes industrielles et éléments en bois lamellés-collés.

DÉBOUCHÉS

Après quelques années d'expérience en atelier de fabrication bois, le diplômé pourra évoluer vers la qualification de chef d'atelier. Dans le cadre de ses activités, il pourra être amené à prendre des responsabilités au sein d'une équipe afin d'assurer le bon déroulement de la fabrication et des opérations qui y sont liées (maintenance, contrôle, optimisation, sécurité).

→ Exemples de métiers

Menuisier(ière)

Technicien(ne) de fabrication de mobilier et de menuiserie

ACCÈS

Les accès sont décrits dans la fiche générale du bac professionnel p. 5.

PROGRAMME

Les enseignements généraux sont décrits dans la fiche générale du bac professionnel p. 5.

→ Enseignements professionnels

- Étude d'une fabrication : analyser les données de définition, opératoires et de gestion, proposer des améliorations et quantifier les matériaux et composants.
- Préparation d'une fabrication : établir le processus de production, le mode opératoire et les documents de fabrication.

- Suivi d'une production en entreprise : prendre en compte les règles d'hygiène et de sécurité au travail, animer une équipe au sein de l'atelier, émettre des avis et des propositions.
- Mise en œuvre d'une fabrication : élaborer un programme en utilisant un logiciel de FAO, choisir et prérégler des outils et appareillages, mettre en œuvre un moyen de fabrication, de montage, de finition et de contrôle.
- Suivi et contrôle d'une fabrication : mettre en œuvre des procédures de contrôle, effectuer la maintenance préventive, maintenir en état les outils de coupe.

Sous statut scolaire, l'élève est en stage pendant 22 semaines réparties sur les 3 années du bac pro. Pendant la période de formation en milieu professionnel, l'élève utilise les documents et les matériels professionnels.

EXAMEN

Les épreuves générales sont décrites dans la fiche générale du bac professionnel p. 8.

Épreuves professionnelles

Pour les candidats de la voie scolaire dans un établissement public ou privé sous contrat, CFA ou section d'apprentissage habilités.

Épreuves	Durée	Mode	Coeff.
E 1 Épreuve scientifique			3
Mathématiques et sciences physiques		CCF	1,5
Sciences physiques et chimiques Travaux pratiques de sciences physiques		CCF	1,5
E 2 Épreuve de technologie			6
Préparation d'une fabrication	3 h	Écrit	3
Étude d'une fabrication	4 h	Écrit	3
E 3 Épreuve pratique prenant en compte la formation en milieu professionnel			9
Suivi d'une production en entreprise		CCF	2
Mise en œuvre d'une fabrication		CCF	3
Suivi et contrôle d'une fabrication		CCF	2
Économie-gestion		CCF	1
Prévention-santé-environnement		CCF	1

Le diplôme est délivré aux candidats qui ont obtenu une moyenne générale supérieure ou égale à 10/20 à l'ensemble des épreuves générales et technologiques.

Diplôme intermédiaire

Les élèves de ce bac pro se présentent obligatoirement aux épreuves du BEP bois option fabrication bois et matériaux associés (facultatif pour les apprentis).

POURSUITE D'ÉTUDES

Le bac pro a pour premier objectif l'insertion professionnelle mais, avec un très bon dossier ou une mention à l'examen, une poursuite d'études est envisageable en BTS.

→ Exemples

BTS développement et réalisation bois

BTS systèmes constructifs bois et habitat

EN SAVOIR PLUS

Nombre d'établissements préparant au diplôme : 40.

Nombre d'établissements préparant au diplôme en apprentissage : 7.

Les métiers du bois, Onisep, coll. « Zoom », 2009.

090

TECHNICIEN DE MAINTENANCE DES SYSTÈMES ÉNERGÉTIQUES ET CLIMATIQUES

OBJECTIFS

Le bac pro technicien de maintenance des systèmes énergétiques et climatiques forme des élèves à la maintenance préventive et corrective des installations énergétiques et climatiques.

L'élève apprend à intervenir sur des installations de tous types et de toutes tailles : appareils de climatisation (individuels ou collectifs), appareils sanitaires, chaudières, énergies renouvelables, etc. Il acquiert les techniques nécessaires pour réaliser des missions de maintenance, de dépannage, de mise au point et/ou de mise en service d'installations.

Les connaissances acquises au cours du bac pro lui permettent de travailler en équipe sous l'autorité du responsable de site et d'intervenir de façon permanente sur une grande installation (réseau de chaleur, centrale de production, grand bâtiment tertiaire, etc.). Enfin, lors de la formation, l'élève est préparé à s'adapter à des équipements caractérisés notamment par une grande diversité et des évolutions technologiques rapides.

DÉBOUCHÉS

Le bachelier peut travailler dans les entreprises ayant un service de maintenance, dépannage ou service après-vente, les entreprises spécialisées en exploitation et maintenance, les constructeurs d'équipements énergétiques et climatiques.

→ Exemples de métiers

Plombier(ière)

Responsable du service après-vente

Technicien(ne) de maintenance en génie climatique

ACCÈS

Les accès sont décrits dans la fiche générale du bac professionnel p. 5.

PROGRAMME

Les enseignements généraux sont décrits dans la fiche générale du bac professionnel p. 5.

→ Enseignements professionnels

- Analyse scientifique et technique d'une installation : prise en charge du dossier, intervention, communication.
- Mathématiques et sciences physiques.
- Travaux pratiques de sciences physiques : électricité, mécanique, acoustique, optique, chimie.
- Préparation d'intervention : repérage, planification, choix du matériel, organisation, sécurité.
- Intervention de maintenance préventive et corrective : mesures, réglages, mise en route, etc.
- Réalisation d'une tuyauterie de remplacement : essais, réglages, contrôles, relevés et enregistrements de l'intervention.

Sous statut scolaire, l'élève est en stage pendant 22 semaines réparties sur les 3 années du bac pro. Pendant la période de formation en milieu professionnel, l'élève intervient sur des ouvrages de type industriel intégrant des techniques de mise en œuvre spécifiques. Il utilise des matériels d'intervention et des outillages professionnels.

EXAMEN

Les épreuves générales sont décrites dans la fiche générale du bac professionnel p. 8.

Épreuves professionnelles

Pour les candidats de la voie scolaire dans un établissement public ou privé sous contrat, CFA ou section d'apprentissage habilités.

Épreuves	Durée	Mode	Coeff.
E 1 Épreuve scientifique et de technologie			5
Préparation d'une réalisation		CCF	2
Mathématiques		CCF	1,5
Sciences physiques et chimiques		CCF	1,5
E 2 Analyse scientifique et technique d'une installation	4 h	Ponctuel Écrit	3
E 3 Épreuve pratique prenant en compte la formation en milieu professionnel : réalisation, mise en service, contrôle			9
Présentation d'un dossier d'activité		CCF	2
Implantation, réalisation		CCF	4
Mise en service, réglage et contrôle		CCF	1
Économie-gestion		CCF	1
Prévention-santé-environnement		CCF	1

Le diplôme est délivré aux candidats qui ont obtenu une moyenne générale supérieure ou égale à 10/20 à l'ensemble des épreuves générales et technologiques.

→ Diplôme intermédiaire

Les élèves de ce bac pro se présentent obligatoirement aux épreuves du BEP maintenance des systèmes énergétiques climatiques (facultatif pour les apprentis).

POURSUITE D'ÉTUDES

Le bac pro a pour premier objectif l'insertion professionnelle mais, avec un très bon dossier ou une mention à l'examen, une poursuite d'études est envisageable en BTS.

→ Exemples

BP équipements sanitaires

BP monteur-dépanneur en froid et climatisation

BP monteur en installations de génie climatique

BTS domotique

BTS fluides, énergies, environnements option A génie sanitaire et thermique

BTS fluides, énergies, environnements option B génie climatique

BTS fluides, énergies, environnements option C génie frigorifique

BTS fluides, énergies, environnements option D maintenance et gestion des systèmes fluidiques et énergétiques

EN SAVOIR PLUS

Nombre d'établissements préparant au diplôme : 130.

Nombre d'établissements préparant au diplôme en apprentissage : 41.

Les métiers de l'électrotechnique, Onisep, coll. « Voie pro », 2010.

Les métiers de l'énergie, Onisep, coll. « Parcours », 2013.

091

TECHNICIEN DE SCIERIE

OBJECTIFS

Le bac pro technicien de scierie forme des élèves à participer au fonctionnement et à la gestion des scieries, quelle que soit leur taille, et en particulier celles dont l'activité est complétée par la fabrication industrielle de produits divers (palettes, emballages, parquets, charpentes rabotées).

L'élève apprend à intervenir dans les entreprises de première transformation du bois pour réaliser différents produits bruts ou valorisés.

Les connaissances acquises au cours du bac pro lui permettent de participer à l'approvisionnement en matières premières et de préparer le processus de réalisation d'un produit à partir du dossier de fabrication ou de la demande d'un client. Lors de la formation, il est également préparé à réaliser les produits selon les techniques et procédés courants de mise en œuvre. Enfin, il développe les compétences nécessaires pour organiser, animer et gérer le suivi de la réalisation d'un produit dans le cadre d'une équipe.

DÉBOUCHÉS

Le bachelier peut être employé dans les scieries de toutes tailles qui réalisent des produits de construction ou de seconde transformation du bois, en particulier celles dont l'activité est complétée par la fabrication industrielle.

→ Exemples de métiers

Conducteur(trice)-opérateur(trice) de scierie

Responsable de scierie

ACCÈS

Les accès sont décrits dans la fiche générale du bac professionnel p. 5.

PROGRAMME

Les enseignements généraux sont décrits dans la fiche générale du bac professionnel p. 5.

→ Enseignements professionnels

- Analyse technique d'une production et d'un système : décoder et analyser les données de définition, établir les quantitatifs de matériaux et/ou de composants, gérer les approvisionnements, les stocks et les expéditions.
- Préparation d'une production : organiser des activités de production et de valorisation des sciages.
- Réalisation et suivi de production en entreprise : animer une équipe de travail, communiquer avec les différents partenaires, rendre compte du déroulement des activités de production de l'entreprise.
- Production de sciages et valorisation : conduite de l'ensemble des opérations de fabrication de produits de scierie (opérations en amont du sciage, sciage de premier et de second débit), valorisation et conditionnement des produits de la première transformation.
- Maintenance des matériels-contrôle qualité : maintenir en état les équipements et vérifier la conformité des produits.

Sous statut scolaire, l'élève est en stage pendant 22 semaines réparties sur les 3 années du bac pro. Pendant la période de formation en milieu professionnel, l'élève utilise les documents et les matériels professionnels.

EXAMEN

Les épreuves générales sont décrites dans la fiche générale du bac professionnel p. 8.

Épreuves professionnelles

Pour les candidats de la voie scolaire dans un établissement public ou privé sous contrat, CFA ou section d'apprentissage habilités.

Épreuves	Durée	Mode	Coeff.
E 1 Épreuve scientifique			3
Mathématiques		CCF	1,5
Sciences physiques et chimiques		CCF	1,5
E 2 Épreuve technologique			6
Analyse technique d'une production et d'un système	4 h	Écrit	3
Préparation d'une production	4 h	Écrit	3
E 3 Épreuve pratique prenant en compte la formation en milieu professionnel			9
Économie-gestion		CCF	1
Maintenance des matériels-contrôle qualité		CCF	2
Prévention-santé-environnement		CCF	1
Production de sciages et valorisation		CCF	3
Réalisation et suivi de production en entreprise		CCF	2

Le diplôme est délivré aux candidats qui ont obtenu une moyenne générale supérieure ou égale à 10/20 à l'ensemble des épreuves générales et technologiques.

→ Diplôme intermédiaire

Les élèves de ce bac pro se présentent obligatoirement aux épreuves du BEP bois option scierie (facultatif pour les apprentis).

POURSUITE D'ÉTUDES

Le bac pro a pour premier objectif l'insertion professionnelle mais, avec un très bon dossier ou une mention à l'examen, une poursuite d'études est envisageable en BTS, secteur bois.

→ Exemples

BTS développement et réalisation bois

BTS systèmes constructifs bois et habitat

EN SAVOIR PLUS

Nombre d'établissements préparant au diplôme : 6.

Nombre d'établissements préparant au diplôme en apprentissage : 4.

Les métiers du bois, Onisep, coll. « Zoom », 2009.

092

TECHNICIEN D'ÉTUDES DU BÂTIMENT

option A : études et économie

OBJECTIFS

Ce bac pro forme l'élève à intervenir aussi bien en maîtrise d'ouvrage (conception et définition) qu'en maîtrise d'œuvre (réalisation). Il aura un rôle de coordonnateur entre le bureau et le chantier. Les connaissances acquises au cours de la formation lui permettent d'exercer dans le cadre de constructions neuves, de rénovations ou de réhabilitations (immeubles, locaux commerciaux, bâtiments destinés aux services et aux loisirs) et dans les différentes entreprises du bâtiment (gros œuvre et second œuvre).

L'élève apprend à élaborer un projet : relevé d'ouvrage et production de documents graphiques, analyse de la faisabilité du projet retenu, etc. Il est formé à préparer l'offre de prix en quantifiant et en s'informant auprès des fournisseurs ou partenaires, puis à établir l'offre de prix et un devis estimatif. Il s'initie à la préparation des travaux : finaliser le dossier d'exécution, planifier les travaux (planning, besoin en main-d'œuvre, matériels et matériaux) mais aussi à l'organisation de l'intervention (démarches réglementaires et environnement du site pris en compte). Il acquiert les compétences nécessaires pour suivre le chantier (réunions, contrôle des prestations et vérifications, chiffrage des travaux supplémentaires) et réceptionner les travaux.

DÉBOUCHÉS

Le technicien d'études du bâtiment travaille en cabinet de maîtrise d'œuvre ou de maîtrise d'ouvrage, en cabinet d'économie de la construction, en bureau d'études techniques, en bureau d'études des services techniques des collectivités territoriales ou dans les entreprises artisanales, dans des PME ou de grandes entreprises du BTP.

Il est dessinateur DAO, assistant économiste de la construction, métreur, technicien d'études de prix ou technicien chargé du suivi des travaux.

→ Exemples de métiers

Assistant(e) chef de chantier

Chef de chantier

Économiste de la construction

ACCÈS

Les accès sont décrits dans la fiche générale du bac professionnel p. 5.

PROGRAMME

Les enseignements généraux sont décrits dans la fiche générale du bac professionnel p. 5.

→ Enseignements professionnels

- Environnement professionnel de la construction : textes réglementaires, entreprises du bâtiment, partenaires, conception du projet, communication.
- Étude des constructions : confort et sécurité des personnes (isolation, acoustique, aération), techniques de construction et mise en œuvre (topographie, structures porteuses, aménagements intérieurs et équipements techniques du bâtiment, menuiseries, finitions), étude des structures (charges et équilibre, étude mécanique et choix techniques), techniques de représentation (dessins d'architecture et croquis, DAO, relevés d'ouvrages).
- Économie de la construction : quantification des ouvrages (métrés et devis) et estimation des ouvrages (estimation des prix).
- Préparation et suivi du chantier : préparation des travaux (démarches administratives, planning, procédures), gestion des travaux (facturation et économie du chantier), suivi du chantier (gestion de la qualité, de la sécurité et protection de la santé), coordination de chantier.
- Accessibilité et adaptabilité des constructions aux personnes handicapées.

Sous statut scolaire, l'élève est en stage pendant 22 semaines réparties sur les 3 années du bac pro.

EXAMEN

Les épreuves générales sont décrites dans la fiche générale du bac professionnel p. 8.

Épreuves professionnelles

Pour les candidats de la voie scolaire dans un établissement public ou privé sous contrat, CFA ou section d'apprentissage habilités.

Domaine technique

Épreuves	Durée	Mode	Coeff.
E 1 Épreuve scientifique			3
Mathématiques	CCF		1,5
Sciences physiques et chimiques	CCF		1,5
E 2 Épreuve de technologie : préparation d'une offre			6
Quantification des ouvrages	3 h	Écrit	2
Estimation des coûts	3 h	Écrit	2
Analyse d'un projet	4 h	Écrit	2
E 3 Production et communication			8
Présentation d'une activité de suivi de chantier	CCF		2
Finalisation d'un dossier	CCF		2
Préparation des travaux	CCF		2
Économie-gestion	CCF		1
Prévention-santé-environnement	CCF		1

Le diplôme est délivré aux candidats qui ont obtenu une moyenne générale supérieure ou égale à 10/20 à l'ensemble des épreuves générales et technologiques.

→ Diplôme intermédiaire

Les élèves de ce bac pro se présentent obligatoirement aux épreuves du BEP études du bâtiment (facultatif pour les apprentis).

POURSUITE D'ÉTUDES

Le bac pro a pour premier objectif l'insertion professionnelle mais, avec un très bon dossier ou une mention à l'examen, une poursuite d'études est envisageable en BTS. Des dispenses d'unités d'enseignement sont prévues pour les élèves désirant préparer un second bac pro du bâtiment.

→ Exemples

BTS bâtiment

BTS études et économie de la construction

EN SAVOIR PLUS

Nombre d'établissements préparant au diplôme : 126.

Nombre d'établissements préparant au diplôme en apprentissage : 11.

Les métiers du bâtiment et des travaux publics, Onisep, coll. « Parcours », 2012.

093

TECHNICIEN D'ÉTUDES DU BÂTIMENT

option B : assistant en architecture

OBJECTIFS

Ce bac pro forme l'élève à traduire graphiquement les projets architecturaux. Ses domaines d'intervention : les travaux d'architecture, les études techniques ou administratives, le suivi de travaux. Il peut s'agir de constructions neuves, de rénovations ou de réhabilitations d'ouvrages (maisons, bâtiments industriels, équipements publics).

Les connaissances acquises au cours de la formation lui permettent d'intervenir à toutes les phases d'un programme architectural.

Pour l'avant-projet, il est formé à réaliser l'esquisse des études préliminaires et un diagnostic (relevé d'ouvrages, maquette sommaire). Il développe les compétences nécessaires pour réaliser l'avant-projet sommaire *via* des calculs, des documents en 2D et 3D et une description des choix architecturaux. L'élève apprend à intervenir ensuite durant la phase de projet : étude de projet grâce à la CAO, à la DAO, aux dessins architecturaux, aux études techniques et *via* la réalisation de maquettes ; il est préparé à l'assistance au maître d'ouvrage. Pour la phase de réalisation, les connaissances acquises lui permettent de produire des dessins et des plans d'exécution (traduire graphiquement des choix techniques), de suivre et contrôler les travaux jusqu'à la fin de l'ouvrage.

DÉBOUCHÉS

Le diplômé travaille en priorité dans les entreprises d'architecture et de maîtrise d'œuvre mais il peut également être accueilli dans les collectivités territoriales, chez les donneurs d'ordres institutionnels, dans les grands groupes publics et privés, chez des architectes paysagistes et des architectes d'intérieur.

→ Exemples de métiers

Technicien(ne) collaborateur(trice) en achitecture

ACCÈS

Les accès sont décrits dans la fiche générale du bac professionnel p. 5.

PROGRAMME

Les enseignements généraux sont décrits dans la fiche générale du bac professionnel p. 5.

→ Enseignements professionnels

Cette formation est axée en priorité vers l'enseignement des connaissances techniques et économiques dans tous les domaines de la construction.

- Environnement professionnel de la construction : textes réglementaires, entreprises du bâtiment, partenaires, conception du projet, communication.
- Étude des constructions : confort et sécurité des personnes (isolation, acoustique, aération), techniques de construction et mise en œuvre (topographie, structures porteuses, aménagements intérieurs et équipements techniques du bâtiment, finitions), étude des structures (charges et équilibre, étude mécanique et choix techniques).
- Projet architectural : économie de la construction (métrés et estimations), architecture-histoire et évolutions (dont urbanisme et environnement durable), obligations et démarches administratives, modes de représentation (croquis, infographie, DAO, maquettes, relevé d'ouvrage).
- Réalisation : préparation et suivi de chantier (planification et règlement des travaux).
- Accessibilité et adaptabilité des constructions aux personnes handicapées.

Sous statut scolaire, l'élève est en stage pendant 22 semaines réparties sur les 3 années du bac pro.

EXAMEN

Les épreuves générales sont décrites dans la fiche générale du bac professionnel p. 8.

Épreuves professionnelles

Pour les candidats de la voie scolaire dans un établissement public ou privé sous contrat, CFA ou section d'apprentissage habilités.

Domaine technique

Épreuves	Durée	Mode	Coeff.
E 1 Épreuve scientifique			3
Mathématiques	CCF		1,5
Sciences physiques et chimiques	CCF		1,5
E 2 Épreuve technologique : projet architectural			6
Production de documents graphiques	6 h	Écrit	2
Élaboration d'éléments de présentation	4 h	Écrit	2
Analyse d'un programme de construction	4 h	Écrit	2

E 3 Communication et suivi de chantier		7
Présentation d'une activité de suivi de chantier	CCF	2
Suivi économique d'un projet	CCF	1
Suivi de travaux	CCF	2
Économie-gestion	CCF	1
Prévention-santé-environnement	CCF	1

Le diplôme est délivré aux candidats qui ont obtenu une moyenne générale supérieure ou égale à 10/20 à l'ensemble des épreuves générales et technologiques.

Diplôme intermédiaire

Les élèves de ce bac pro se présentent obligatoirement aux épreuves du BEP études du bâtiment (facultatif pour les apprentis).

POURSUITE D'ÉTUDES

Le bac pro a pour premier objectif l'insertion professionnelle mais, avec un très bon dossier ou une mention à l'examen, une poursuite d'études est envisageable en BTS. Des dispenses d'unités d'enseignement sont prévues pour les élèves désirant préparer un second bac pro du bâtiment.

→ Exemples

BTS agencement de l'environnement architectural

BTS bâtiment

EN SAVOIR PLUS

Nombre d'établissements préparant au diplôme : 85.

Nombre d'établissements préparant au diplôme en apprentissage : 4.

Les métiers du bâtiment et des travaux publics, Onisep, coll. « Parcours », 2012.

094

TECHNICIEN DU BÂTIMENT : ORGANISATION ET RÉALISATION DU GROS ŒUVRE

OBJECTIFS

Ce bac pro forme l'élève à organiser et à réaliser, à partir de directives, l'ensemble des travaux liés à son métier et sur divers types de constructions : maison individuelle, ouvrage d'art, bâtiments divers.

La formation lui donne les bases nécessaires pour participer à la constitution de l'équipe, au choix du matériel et à l'organisation des activités à réaliser. Sur le chantier, il est préparé à assurer le suivi des travaux (planification, approvisionnement en matériels, stockage), à encadrer et à coordonner la réalisation (terrassement, coffrage, ferraillage, bétonnage, maçonnerie).

De plus, futur responsable de la qualité de production, il développe les compétences indispensables pour participer aux opérations de contrôle en vue de la finition et vérifier la conformité des ouvrages. Les enseignements dispensés lui fournissent une bonne connaissance des matériaux, des matériels, des normes techniques et des règles de sécurité lui permettant de veiller aussi à la sécurité des ouvriers et de prendre part notamment à la mise en œuvre des moyens de prévention et de protection. Il s'initie également à la gestion et à l'économie du chantier (calcul des coûts).

DÉBOUCHÉS

Le diplômé occupe des postes en réalisation d'ouvrages neufs ainsi qu'en réhabilitation, rénovation et entretien d'ouvrages anciens du bâtiment. Il est compagnon professionnel. Il est employé dans les secteurs de la construction de maisons individuelles, de bâtiments, d'ouvrages d'art mais aussi dans les travaux de maçonnerie générale et de fabrication d'éléments en béton pour la construction. Il peut ensuite devenir chef d'équipe ou créer une entreprise artisanale.

→ Exemples de métiers

Assistant(e) chef de chantier

Chef de chantier

Coffreur(euse)-boiseur(euse)

Maçon(ne)

ACCÈS

Les accès sont décrits dans la fiche générale du bac professionnel p. 5.

PROGRAMME

Les enseignements généraux sont décrits dans la fiche générale du bac professionnel p. 5.

→ Enseignements professionnels

- Contexte administratif et juridique de la construction : partenaires, procédures administratives, garanties.
- Confort de l'habitat : thermie, acoustique, accessibilité des personnes.
- Technique des ouvrages : mécanique, comportement du béton armé, phénomènes physiques et chimiques.

- Technologie de construction : ouvrages et matériaux du bâtiment et du secteur, électricité, histoire des techniques.
- Techniques de construction : tracé, terrassement, maçonnerie, ouvrages en béton armé, finitions.
- Santé et sécurité au travail.
- Matériels et outillages : échafaudage, manutention, outillage.
- Gestion de travaux et suivi de chantier : planification des travaux, prévision des moyens humains et matériels, contrôle des matériaux et ouvrages, contrôle qualité.

Sous statut scolaire, l'élève est en stage pendant 22 semaines réparties sur les 3 années du bac pro.

EXAMEN

Les épreuves générales sont décrites dans la fiche générale du bac professionnel p. 8.

Épreuves professionnelles

Pour les candidats de la voie scolaire dans un établissement public ou privé sous contrat, CFA ou section d'apprentissage habilités.

Épreuves	Durée	Mode	Coeff.
E 1 Épreuve scientifique et technique			3
Mathématiques		CCF	1,5
Sciences physiques et chimiques		CCF	1,5
E 2 Épreuve technologique			4
Analyse technique d'un ouvrage	4 h	Écrit	2
Préparation et organisation de travaux	4 h	Écrit	2
E 3 Épreuve prenant en compte la formation en milieu professionnel : réalisation d'un ouvrage			9
Activités spécifiques et contrôles		CCF	2
Économie-gestion		CCF	1
Mise en œuvre		CCF	3
Présentation d'un dossier d'activité		CCF	2
Prévention-santé-environnement		CCF	1

Le diplôme est délivré aux candidats qui ont obtenu une moyenne générale supérieure ou égale à 10/20 à l'ensemble des épreuves générales et technologiques.

→ Diplôme intermédiaire

Les élèves de ce bac pro se présentent obligatoirement aux épreuves du BEP réalisation du gros œuvre (facultatif pour les apprentis).

POURSUITE D'ÉTUDES

Le bac pro a pour premier objectif l'insertion professionnelle mais, avec un très bon dossier ou une mention à l'examen, une poursuite d'études est envisageable en BTS.

→ Exemples

BP maçon

BP plâtrerie et plaque

BTS bâtiment

BTS études et économie de la construction

EN SAVOIR PLUS

Nombre d'établissements préparant au diplôme : 130.

Nombre d'établissements préparant au diplôme en apprentissage : 43.

Les métiers du bâtiment, Onisep, coll. « Zoom », 2009.

Les métiers du bâtiment et des travaux publics, Onisep, coll. « Parcours », 2012.

095

TECHNICIEN DU FROID ET DU CONDITIONNEMENT DE L'AIR

OBJECTIFS

Le bac pro technicien du froid et du conditionnement de l'air forme des élèves à monter et mettre en service l'installation de climatisation d'un bâtiment ou les équipements destinés au froid dans le domaine de l'alimentation.

L'élève apprend à effectuer l'entretien et la maintenance de systèmes frigorifiques ou d'air conditionné industriels (réglage, mise au point, dépannage) et à modifier un équipement afin d'en améliorer son rendement.

Les compétences acquises au cours de sa formation lui permettent de pouvoir planifier le chantier, suivre les travaux, participer aux essais et mettre en route des installations tout en s'adaptant aux conditions du chantier, au travail en équipe et au respect des règles d'hygiène et de sécurité. De plus, il est préparé à communiquer avec les clients, les constructeurs et les fournisseurs (informer des règles de bonne exploitation).

Son activité est orientée service et l'élève acquiert donc les connaissances nécessaires pour prendre en compte les évolutions technologiques et la satisfaction d'une clientèle concernée par la conservation alimentaire.

DÉBOUCHÉS

Le diplômé travaille dans les entreprises d'installation et de fabrication de systèmes énergétiques ou frigorifiques pour l'alimentaire, les sociétés de services et de maintenance, la grande distribution ou les collectivités territoriales.

→ Exemples de métiers

Frigoriste

ACCÈS

Les accès sont décrits dans la fiche générale du bac professionnel p. 5.

PROGRAMME

Les enseignements généraux sont décrits dans la fiche générale du bac professionnel p. 5.

→ Enseignements professionnels

- Conception, dimensionnement et choix d'une solution technologique : dimensionner les réseaux fluidiques ou électriques d'une installation.
- Vérification et analyse de systèmes : prise en charge du dossier, analyse des plans, évaluation des coûts.
- Organisation de chantier : planification.
- Réalisation des installations et suivi de chantier : implantation et mise en place des ensembles et sous-ensembles, raccordement et assemblage des réseaux fluidiques, câblage et raccordements électriques, installation d'appareils de mesure de contrôle et de sécurité d'une installation, contrôle des réalisations.
- Mise en service : essais et contrôle.
- Maintenance préventive (prise en charge de l'installation et des informations émanant du contrat d'entretien), maintenance corrective (recherche de la panne, pose d'un prédiagnostic à partir des informations du client, définition d'une procédure d'intervention).
- Communication et relation client : rendre compte à l'entreprise, fournir les éléments pour le bureau d'études, expliquer au client la prise en main d'une installation.

Sous statut scolaire, l'élève est en stage pendant 22 semaines réparties sur les 3 années de bac pro.

EXAMEN

Les épreuves générales sont décrites dans la fiche générale du bac professionnel p. 8.

Épreuves professionnelles

Pour les candidats de la voie scolaire dans un établissement public ou privé sous contrat, CFA ou section d'apprentissage habilités.

Épreuves	Mode	Coeff.
E 1 Épreuve scientifique et technique		6
Analyse scientifique et technique d'une installation	CCF	3
Mathématiques	CCF	1,5
Sciences physiques et chimiques	CCF	1,5
E 2 Épreuve technologique		2
Préparation d'une réalisation	CCF	2
E 3 Épreuve pratique prenant en compte la formation en milieu professionnel		10
Économie-gestion	CCF	1
Implantation, réalisation	CCF	3
Mise en service, réglage, contrôle et maintenance	CCF	3
Présentation d'un dossier d'activité	CCF	2
Prévention-santé-environnement	CCF	1

Le diplôme est délivré aux candidats qui ont obtenu une moyenne générale supérieure ou égale à 10/20 à l'ensemble des épreuves générales et technologiques.

→ Diplôme intermédiaire

Les élèves de ce bac pro se présentent obligatoirement aux épreuves du BEP froid et conditionnement de l'air (facultatif pour les apprentis).

POURSUITE D'ÉTUDES

Le bac pro a pour premier objectif l'insertion professionnelle mais, avec un très bon dossier ou une mention à l'examen, une poursuite d'études est envisageable en BTS.

→ Exemples

BP équipements sanitaires

BP monteur-dépanneur en froid et climatisation

BP monteur en installations de génie climatique

BTS fluides, énergies, environnements option C génie frigorifique

EN SAVOIR PLUS

Nombre d'établissements préparant au diplôme : 108.

Nombre d'établissements préparant au diplôme en apprentissage : 22.

Les métiers de l'électrotechnique, Onisep, coll. « Voie pro », 2010

Les métiers de l'énergie, Onisep, coll. « Parcours », 2013.

096

TECHNICIEN D'USINAGE

OBJECTIFS

Le bac pro technicien d'usinage vise à former des élèves capables de mettre en œuvre tout ou partie de l'ensemble des moyens de production pour obtenir des produits par enlèvement de matière.

Au cours de sa formation, l'élève apprend à analyser et à exploiter l'ensemble des données techniques de production. Il s'initie à l'utilisation de la chaîne de données numériques (CAO, FAO, simulation numérique). Il acquiert les compétences qui lui permettent de mettre en œuvre le système de production ; ainsi, il sait régler, vérifier, conduire et suivre la production mais aussi préparer les outils et les outillages (porte-pièces, système de mesure et de contrôle) et traiter les problèmes de l'ensemble du système de production.

De plus, il est préparé, dans le cadre d'une production unitaire ou de petite série, à élaborer le processus opératoire à partir d'une définition numérique à l'aide de logiciels spécialisés, à choisir les matériels de mesure et de contrôle ainsi que les réglages. Les enseignements dispensés lui donnent la capacité de mettre en œuvre la machine, les équipements et les moyens pour contrôler des pièces. Il est également initié à la maintenance de premier niveau de l'ensemble du système de production.

DÉBOUCHÉS

Le technicien d'usinage travaille dans différents secteurs : industrie mécanique (fabrication d'équipements industriels, réalisation d'outillages), aéronautique, automobile, construction électrique et autres.

→ Exemples de métiers

Ajusteur(euse)-monteur(euse)

Opérateur(trice) sur machine à commande numérique

ACCÈS

Les accès sont décrits dans la fiche générale du bac professionnel p. 5.

PROGRAMME

Les enseignements généraux sont décrits dans la fiche générale du bac professionnel p. 5.

→ Enseignements professionnels

- Construction : analyse des produits et étude de comportement (démarche productique, optimisation et analyse des données de définition de produit, analyse fonctionnelle, modélisation des liaisons et actions mécaniques, cinématique, statistiques, dynamique, résistance des matériaux).
- Systèmes et techniques de fabrication et de manutention : systèmes de fabrication, circulation des produits et des informations, techniques de fabrication par enlèvement de matière, systèmes et procédés de manutention de produits.
- Agencement et gestion des outillages : outillages de coupe, porte-pièces, outillages de contrôle.
- Coupe de matériaux : problématique, outillage de coupe, géométrie, cinématique et dynamique de l'action de coupe.
- Prévention, sécurité et ergonomie.
- Communication et dialogue : évolution et organisation, langages de description structurés ou de programmation.
- Qualité et contrôle : définition et organisation, mesure de la qualité en production, suivi ajustement.
- Organisation des systèmes : organisation des systèmes de production automatisés, architecture des moyens de production automatisés.
- Préparation de la production : organisation de la production, hiérarchie, organisation du processus et des procédures, optimisation.
- Gestion de la production : approche globale, ordonnancement de la production, suivi et ajustement, optimisation, maintenance des moyens de production.

Sous statut scolaire, l'élève est en stage pendant 22 semaines réparties sur les 3 années du bac pro.

EXAMEN

Les épreuves générales sont décrites dans la fiche générale du bac professionnel p. 8.

Épreuves professionnelles

Pour les candidats de la voie scolaire dans un établissement public ou privé sous contrat, CFA ou section d'apprentissage habilités.

Épreuves	Mode	Coeff.
E 1 Épreuve scientifique		6
Analyse et exploitation de données techniques	CCF	3
Mathématiques	CCF	1,5
Sciences physiques et chimiques	CCF	1,5
E 2 Épreuve technologique		3
Élaboration d'un processus d'usinage	CCF	3
E 3 Épreuve pratique prenant en compte la formation en milieu professionnel		10
Économie-gestion	CCF	1
Lancement et suivi d'une production qualifiée	CCF	3
Prévention-santé-environnement	CCF	1
Réalisation en autonomie de tout ou partie d'une fabrication	CCF	3
Réalisation et suivi d'une production en entreprise	CCF	2

Le diplôme est délivré aux candidats qui ont obtenu une moyenne générale supérieure ou égale à 10/20 à l'ensemble des épreuves générales et technologiques.

→ Diplôme intermédiaire

Les élèves de ce bac pro se présentent obligatoirement aux épreuves du BEP production mécanique (facultatif pour les apprentis).

POURSUITE D'ÉTUDES

Le bac pro a pour premier objectif l'insertion professionnelle mais, avec un très bon dossier ou une mention à l'examen, une poursuite d'études est envisageable en BTS.

→ Exemples

BTS industrialisation des produits mécaniques

EN SAVOIR PLUS

Nombre d'établissements préparant au diplôme : 269.

Nombre d'établissements préparant au diplôme en apprentissage : 84.

097

TECHNICIEN EN CHAUDRONNERIE INDUSTRIELLE

OBJECTIFS

Ce bac pro a pour objectif la formation d'un technicien qui transforme en produit du métal (acier, alliage) sous forme de tôle et de barre. Les produits sont d'une grande diversité (structure de chaudière, silo agricole, benne à compacter, pièces pour châssis de véhicule, tuyauterie).

Il apprend à analyser et à exploiter les spécifications techniques de l'ouvrage à réaliser : identification des divers éléments de l'ouvrage et du mode d'assemblage et présentation des données de définition d'un élément sous forme de croquis, schéma à partir du dessin d'ensemble. Il s'initie à l'utilisation de logiciel de DAO. Il est entraîné à élaborer avec ou sans logiciel de FAO le processus de fabrication d'un élément : la chronologie des phases de fabrication, les équipements et outils, les données opératoires, éventuellement le programme de pilotage FAO. Il se familiarise avec les machines adaptées aux différentes phases (découpeuse au laser, au plasma, guillotine, presse plieuse, rouleuse, robot de soudage) et acquiert la maîtrise des techniques d'assemblage (rivetage, boulonnage, soudage).

Principalement orientée sur le travail en atelier, la formation rend cependant l'élève à même d'intervenir sur site pour des chantiers de pose ou de réhabilitation.

DÉBOUCHÉS

À l'issue de sa formation, le diplômé peut trouver un emploi dans une entreprise artisanale ou industrielle de la chaudronnerie, de la tôlerie industrielle, de la tuyauterie, de structures métalliques. Entreprises présentes sur de nombreux marchés : construction aéronautique et spatiale, construction ferroviaire, construction navale, industrie agroalimentaire, industrie chimique, bâtiment et travaux publics, industrie nucléaire et énergétique, industrie papetière, industrie du pétrole.

→ Exemples de métiers

Charpentier(ière) métallique

Chaudronnier(ière)

Serrurier(ière)-métallier(ière)

Soudeur(euse)

ACCÈS

Les accès sont décrits dans la fiche générale du bac professionnel p. 5.

PROGRAMME

Les enseignements généraux sont décrits dans la fiche générale du bac professionnel p. 5.

→ Enseignements professionnels

- Dessin industriel, cotations.
- Technologie, mécanique et résistance des matériaux.
- Traçage.
- Cisaillage, découpage, poinçonnage, soudage.
- Pilotage de machines à commande numérique, procédés de CFAO et logiciels appliqués.
- Préparation et gestion de production : choix des moyens, outillage, réglages de postes, coûts et approvisionnements ; contrôle qualité, prévention et corrections.
- Maintenance, procédés de levage.
- Ergonomie, hygiène et sécurité.

Sous statut scolaire, l'élève est en stage pendant 22 semaines réparties sur les 3 années du bac pro.

EXAMEN

Les épreuves générales sont décrites dans la fiche générale du bac professionnel p. 8.

Épreuves professionnelles

Pour les candidats de la voie scolaire dans un établissement public ou privé sous contrat, CFA ou section d'apprentissage habilités.

Épreuves	Mode	Coeff.
E 1 Épreuve scientifique et technique		3
Mathématiques	CCF	1,5
Sciences physiques et chimiques	CCF	1,5
E 2 Épreuve technologique		6
Analyse et exploitation de données techniques	CCF	3
Élaboration d'un processus de fabrication	CCF	3
E 3 Épreuve pratique prenant en compte la formation en milieu professionnel		10
Économie-gestion	CCF	1
Lancement et conduite d'une production	CCF	3
Prévention-santé-environnement	CCF	1
Réalisation : – fabrication, assemblage – réhabilitation	CCF	3
Suivi d'une production en entreprise	CCF	2

Le diplôme est délivré aux candidats qui ont obtenu une moyenne générale supérieure ou égale à 10/20 à l'ensemble des épreuves générales et technologiques.

→ Diplôme intermédiaire

Les élèves de ce bac pro se présentent obligatoirement aux épreuves du CAP réalisation en chaudronnerie industrielle (facultatif pour les apprentis).

POURSUITE D'ÉTUDES

Le bac pro a pour premier objectif l'insertion professionnelle mais, avec un très bon dossier ou une mention à l'examen, une poursuite d'études est envisageable en BTS.

→ Exemples

BP construction d'ouvrages du bâtiment en aluminium, verre et matériaux de synthèse

BTS conception et réalisation de carrosseries

BTS conception et réalisation en chaudronnerie industrielle

BTS constructions métalliques

MC soudage

EN SAVOIR PLUS

Nombre d'établissements préparant au diplôme : 222.

Nombre d'établissements préparant au diplôme en apprentissage : 92.

098

TECHNICIEN EN EXPÉRIMENTATION ANIMALE

OBJECTIFS

Le bac pro technicien en expérimentation animale de laboratoire forme des techniciens en santé animale capables de prendre la responsabilité d'un secteur ou d'une équipe d'animaliers dans le plus strict respect des règles d'éthique animale.

L'élève acquiert les compétences indispensables pour gérer une animalerie. Les connaissances du bien-être animal, de l'éthique et de la réglementation lui donnent les aptitudes nécessaires pour être garant du bien-être de l'animal hébergé. Les enseignements portant sur l'hygiène et la prophylaxie, sur les techniques d'hébergement, d'entretien et de soin animalier sont essentiels pour qu'il puisse veiller au bon état de santé des animaux, à leur alimentation et, par-dessus tout, à leur hygiène. À ce titre, il est préparé à pratiquer des soins pré et post-opératoires.

Il apprend à appliquer des directives ou des protocoles préétablis et est entraîné pour intervenir dans l'expérimentation sous la direction d'une personne titulaire d'une autorisation d'expérimenter.

DÉBOUCHÉS

Les diplômés travaillent comme agents qualifiés ou techniciens en cliniques vétérinaires, dans les parcs animaliers ou en laboratoires animaliers (laboratoires de recherche publics de type Inserm, CNRS ou Inra, laboratoires pharmaceutiques, grands hôpitaux, facultés de médecine, pharmacies ou centres universitaires).

→ Exemples de métiers

Adjoint(e) animalier(ière)
Adjoint(e) de fabrication animalier(ière)
Adjoint(e) en expérimentation animale
Adjoint(e) technique animalier(ière)
Aide-technicien(ne) en expérimentation animale
Animalier(ière) de laboratoire

ACCÈS

Les accès sont décrits dans la fiche générale du bac professionnel p. 5.

PROGRAMME

Les enseignements généraux sont décrits dans la fiche générale du bac professionnel p. 5.

→ Enseignements professionnels

- Caractéristiques du fonctionnement, de l'organisation et du secteur de l'expérimentation animale.
- Fonctionnement et gestion de l'unité animale.
- Connaissances scientifiques et technologiques liées à l'animal et son environnement.
- Zootechnie générale et comparée : étude des différentes espèces animales utilisées en recherche biomédicale ; alimentation, reproduction, génétique des espèces animales.
- Mise en œuvre d'une étude expérimentale, dans le respect de la réglementation et de l'éthique, sous la direction et le contrôle d'une personne titulaire d'une autorisation d'expérimenter.
- Maintenance des animaux et conduite d'élevage dans l'unité animale : opérations techniques liées à la maintenance et à l'élevage des animaux dans le respect de la réglementation et du bien-être animal.
- Prophylaxie dans l'unité animale et fonctionnalité : normes d'hygiène, nettoyage et désinfection des locaux.
- Module d'adaptation professionnelle.

Sous statut scolaire, l'élève est en stage pendant 22 semaines réparties sur les 3 années du bac pro.

EXAMEN

Les épreuves générales sont décrites dans la fiche générale du bac professionnel p. 8.

Épreuves professionnelles

Pour les candidats de la voie scolaire dans un établissement public ou privé sous contrat, CFA ou section d'apprentissage habilités.

Épreuves	Durée	Mode	Coeff.
Sciences appliquées et technologie			2
Choix techniques liés à la conduite d'une unité animale dans le respect de la réglementation et du bien-être animal	2 h 30	Écrit	2
Expérience en milieu professionnel			3
Situer l'activité dans son environnement socioprofessionnel Communiquer en situation professionnelle Assurer la gestion et le fonctionnement de l'unité animale dans le respect de la réglementation et dans un contexte de durabilité	0 h 30	Oral	3
Pratiques professionnelles			5
Appliquer un protocole expérimental dans le respect de la réglementation et du bien-être animal sous la direction et le contrôle d'une personne titulaire d'une autorisation d'expérimenter		CCF	2
Assurer les soins courants et la reproduction des animaux dans le respect et la réglementation du bien-être animal		CCF	1,5
Utiliser les installations, les matériels et les locaux de l'unité animale dans un contexte de durabilité		CCF	1
S'adapter à des enjeux professionnels particuliers		CCF	0,5

Le diplôme est délivré aux candidats qui ont obtenu une moyenne générale supérieure ou égale à 10/20 à l'ensemble des épreuves générales et technologiques.

POURSUITE D'ÉTUDES

Le bac pro a pour objectif l'insertion professionnelle mais, avec un très bon dossier ou une mention à l'examen, une poursuite d'études est envisageable en BTS(A).

→ Exemples

BTSA analyses agricoles, biologiques et biotechnologiques

BTSA productions animales

EN SAVOIR PLUS

Nombre d'établissements préparant au diplôme : 3.

Nombre d'établissements préparant au diplôme en apprentissage : 1.

099

TECHNICIEN EN INSTALLATION DES SYSTÈMES ÉNERGÉTIQUES ET CLIMATIQUES

OBJECTIFS

Le bac pro technicien en installation des systèmes énergétiques et climatiques forme des élèves à la réalisation d'installations et à l'organisation de chantiers dans les domaines de la climatisation, ventilation, thermique et sanitaire.

En formation, l'élève étudie de petites installations, et s'initie à planifier la réalisation, à fabriquer ou préfabriquer des sous-ensembles, à réceptionner des matériaux sur chantier, à implanter, poser, monter, raccorder des dispositifs fluidiques et électriques, à installer, régler et mettre en service des équipements et systèmes. Il apprend aussi à définir l'expression des besoins du client, à expliquer de l'installation qui vient d'être réalisée et à gérer des anomalies éventuelles.

Les enseignements dispensés au cours des 3 années de bac pro lui donnent la capacité de s'adapter à des équipements caractérisés notamment par une grande diversité et des évolutions technologiques rapides (énergies renouvelables, cogénération) et de contribuer à l'amélioration du confort des utilisateurs tout en ayant le souci de préserver l'environnement et de maîtriser l'énergie.

DÉBOUCHÉS

Le diplomé peut travailler dans les entreprises artisanales, les PME ou les entreprises spécialisées dans le secteur de l'énergétique.

→ Exemples de métiers

Monteur(euse) en installations thermiques et climatiques

Opérateur(trice) de raffinerie

Plombier(ière)

Technicien(ne) de maintenance en génie climatique

Technicien(ne) d'exploitation du réseau gaz

Technicien(ne) d'intervention clientèle gaz

ACCÈS

Les accès sont décrits dans la fiche générale du bac professionnel p. 5.

PROGRAMME

Les enseignements généraux sont décrits dans la fiche générale du bac professionnel p. 5.

→ Enseignements professionnels

- Analyse scientifique et technique d'une exploitation.
- Mathématiques.
- Sciences physiques et chimiques.
- Préparation d'une réalisation : évaluation, planification, organisation.
- Présentation d'un dossier d'activité : émission et réception d'informations, mise en œuvre de moyens de communication.
- Implantation, réalisation : réception, contrôle, implantation, façonnage, raccordement, câblage, vérification.
- Mise en service, réglage, contrôle : mise en service, réparation, modification...

Sous statut scolaire, l'élève est en stage pendant 22 semaines réparties sur les 3 années du bac pro. Pendant la période de formation en milieu professionnel, l'élève intervient sur des ouvrages de type industriel intégrant des techniques de mise en œuvre spécifiques. Il utilise des matériels d'intervention et des outillages professionnels.

EXAMEN

Les épreuves générales sont décrites dans la fiche générale du bac professionnel p. 8.

Épreuves professionnelles

Pour les candidats de la voie scolaire dans un établissement public ou privé sous contrat, CFA ou section d'apprentissage habilités.

Épreuves	Durée	Mode	Coeff.
E 1 Épreuve scientifique et de technologie			6
Préparation d'une réalisation		CCF	2
Mathématiques		CCF	1,5
Sciences physiques et chimiques		CCF	1,5
E 2 Analyse scientifique et technique d'une installation	4 h	Ponctuel écrit	3
E 3 Épreuve pratique prenant en compte la formation en milieu professionnel : réalisation, mise en service, contrôle			9
Présentation d'un dossier d'activité		CCF	2
Implantation, réalisation		CCF	4
Mise en service, réglage et contrôle		CCF	1
Économie-gestion		CCF	1
Prévention-santé-environnement		CCF	1

Le diplôme est délivré aux candidats qui ont obtenu une moyenne générale supérieure ou égale à 10/20 à l'ensemble des épreuves générales et technologiques.

Diplôme intermédiaire

Les élèves de ce bac pro se présentent obligatoirement aux épreuves du BEP installation des systèmes énergétiques et climatiques (facultatif pour les apprentis).

POURSUITE D'ÉTUDES

Le bac pro a pour premier objectif l'insertion professionnelle mais, avec un très bon dossier ou une mention à l'examen, une poursuite d'études est envisageable en BTS.

→ Exemples

BP équipements sanitaires

BP monteur-dépanneur en froid et climatisation

BP monteur en installations de génie climatique

BTS fluides, énergies, environnements option A génie sanitaire et thermique

BTS fluides, énergies, environnements option B génie climatique

BTS fluides, énergies, environnements option C génie frigorifique

BTS fluides, énergies, environnements option D maintenance et gestion des systèmes fluidiques et énergétiques

EN SAVOIR PLUS

Nombre d'établissements préparant au diplôme : 175.

Nombre d'établissements préparant au diplôme en apprentissage : 50.

Les métiers de l'électrotechnique, Onisep, coll. « Voie pro », 2010.

Les métiers de l'énergie, Onisep, coll. « Parcours », 2013.

100

TECHNICIEN GÉOMÈTRE - TOPOGRAPHE

OBJECTIFS

Le bac pro technicien géomètre-topographe forme l'élève à intervenir dans plusieurs domaines. Les connaissances acquises en topographie lui permettent de réaliser des plans descriptifs des terrains (routes, lotissements, bâtiments), des missions d'implantation (passer du plan au terrain) mais aussi des missions de métrologie.

L'élève apprend à matérialiser les limites des biens fonciers (terrains bâtis ou non), les divisions parcellaires et les mitoyennetés, afin d'assister le géomètre expert. Il se familiarise avec les techniques immobilières : mise en copropriété des immeubles, mesurage de superficies. En ce qui concerne l'urbanisme et l'aménagement, il développe les compétences nécessaires pour réaliser des missions d'ingénierie et de maîtrise d'œuvre sous l'autorité du géomètre (voirie, projets d'infrastructures, aménagement de zones d'activité, aménagement rural).

L'élève est également formé à des interventions spécifiques : mise en place des systèmes d'information géographique (SIG), missions de prise de vue (imagerie numérique). Ces tâches très diverses sont menées aussi bien en extérieur qu'en intérieur et nécessitent un apprentissage sur un matériel de haute technicité ainsi que sur des logiciels dédiés au calcul et au dessin assistés par ordinateur.

DÉBOUCHÉS

Le diplômé peut travailler en cabinet ou entreprise de géomètre expert foncier, société de topographie ou entreprise du secteur de la construction ou des collectivités territoriales.

→ Exemples de métiers

Géomètre-topographe

ACCÈS

Les accès sont décrits dans la fiche générale du bac professionnel p. 5.

PROGRAMME

Les enseignements généraux sont décrits dans la fiche générale du bac professionnel p. 5.

→ Enseignements professionnels

• Environnement professionnel : partenaires (services administratifs et techniques d'État, collectivités locales et territoriales, particuliers), contrats et textes réglementaires, déroulement d'une mission, outils de communication.

• Topographie : informations géographiques (surfaces de référence, cartes et plans, observations topographiques, dénivelés), saisie des données, instruments et méthodes (matériel d'alignement, mesurage d'angles et de distances avec le tachéomètre, levés grâce à l'imagerie numérique, implantation, exploitation des données), traitements numériques et graphiques (calculs, divisions des surfaces, plans topographiques, exploitation des plans, infographie, géomatique).

• Foncier et droit : bornage, copropriété et cadastre ; système judiciaire, droit de l'urbanisme, de la construction et des travaux publics.

• Aménagement : urbanisme, paysage et environnement (contraintes environnementales et paysagères), aménagement foncier agricole.

• Bâtiment et travaux publics, génie civil : intervenants de l'acte de construire, termes techniques, sécurité.

• Mathématiques et sciences physiques appliquées.

• Accessibilité du cadre bâti : handicaps et exigences réglementaires, adaptabilité des constructions aux personnes handicapées.

Sous statut scolaire, l'élève est en stage pendant 22 semaines réparties sur les 3 années du bac pro.

EXAMEN

Les épreuves générales sont décrites dans la fiche générale du bac professionnel p. 8.

Épreuves professionnelles

Pour les candidats de la voie scolaire dans un établissement public ou privé sous contrat, CFA ou section d'apprentissage habilités.

Épreuves	Durée	Mode	Coeff.
E 1 Épreuve scientifique			3
Mathématiques		CCF	1,5
Sciences physiques et chimiques		CCF	1,5
E 2 Épreuve de technologie			6
Production de documents techniques et juridiques	3 h	Écrit	2
Traitement numérique de données	4 h	Écrit	2
Analyse d'un dossier	3 h	Écrit	2
E 3 Épreuve pratique prenant en compte la formation en milieu professionnel : production et communication			8
Présentation d'un dossier d'activité		CCF	2
Saisie des données		CCF	2
Exploitation des mesures de terrain		CCF	2
Économie-gestion		CCF	1
Prévention-santé-environnement		CCF	1

Le diplôme est délivré aux candidats qui ont obtenu une moyenne générale supérieure ou égale à 10/20 à l'ensemble des épreuves générales et technologiques.

→ Diplôme intermédiaire

Les élèves de ce bac pro se présentent obligatoirement aux épreuves du BEP topographie (facultatif pour les apprentis).

POURSUITE D'ÉTUDES

Le bac pro a pour premier objectif l'insertion professionnelle mais, avec un très bon dossier ou une mention à l'examen, une poursuite d'études est envisageable en BTS.

→ Exemples

BTS géomètre-topographe

EN SAVOIR PLUS

Nombre d'établissements préparant au diplôme : 51.

Nombre d'établissements préparant au diplôme en apprentissage : 5.

Les métiers du bâtiment, Onisep, coll. « Zoom », 2009.

Les métiers du bâtiment et des travaux publics, Onisep, coll. « Parcours », 2012.

101

TECHNICIEN MENUISIER AGENCEUR

OBJECTIFS

Le bac pro technicien menuisier-agenceur forme des élèves à fabriquer et mettre en œuvre différents ouvrages de menuiseries extérieures (fenêtres, volets, portails), intérieures (portes, escaliers, parquets), de menuiseries d'agencement (placards, rangements, dressings, rayonnages) et d'aménagements de pièces (bureau, cuisine, salle de bains), de magasins, salles d'exposition, lieux de réunion.

En formation, toutes les étapes de réalisation d'un ouvrage de menuiserie, de sa préparation à sa fabrication, sa pose et son installation, sont enseignées. L'élève étudie les différents matériaux utilisés en menuiserie (bois, métalliques, en plaques, isolants), les produits (de jointement, de fixation, de traitement, de finition) et leurs propriétés (mécaniques, de résistance). Il apprend à lire et à utiliser la documentation technique (plans, perspectives, dossier d'architecte).

En technologie, il travaille les procédés de coupe (sciage, perçage, défonçage), l'usinage sur machines (conventionnelles, à positionnement, à commande numérique) et les techniques de montage, d'assemblage, de placage et de finition (pose d'accessoires et quincailleries). Il se familiarise avec le contrôle qualité du produit fini, son conditionnement et son stockage. Il est formé à la sécurité dans l'utilisation des machines et produits qu'il manipule.

La formation aborde aussi l'entreprise et son environnement, ainsi que l'organisation et la gestion de fabrication sur chantier (délais, coûts de fabrication).

DÉBOUCHÉS

Le diplômé est un technicien de la menuiserie et de l'agencement. Il travaille dans les PME qui fabriquent et installent des menuiseries pour l'habitat individuel et collectif. En atelier ou sur chantier, il fabrique et pose différents ouvrages de menuiseries intérieures et extérieures. Avec de l'expérience, il peut devenir maître ouvrier et chef d'équipe. Il peut aussi gérer une entreprise.

→ Exemples de métiers

Agenceur(euse) de cuisines et salles de bains

Menuisier(ière)

ACCÈS

Les accès sont décrits dans la fiche générale du bac professionnel p. 5.

PROGRAMME

Les enseignements généraux sont décrits dans la fiche générale du bac professionnel p. 5.

→ Enseignements professionnels

- L'entreprise et son environnement : intervenants (maître d'œuvre, géomètre), déroulement d'une construction, systèmes économiques (marché, concurrence).
- Communication technique : outils de représentation (croquis, schémas, perspectives, mises au plan, logiciels de DAO), cotation (cotes des machines, outils, réglages).
- Confort et habitat : isolation, étanchéité, sécurité, accessibilité, ergonomie.
- Mécanique et résistance des matériaux : statique (forces, charges, déformation), liaisons et stabilité des ouvrages.
- Ouvrages : familles d'ouvrages (menuiseries extérieures, intérieures, agencement – plafonds, parquets, rangements de cuisine, salles de bains), technologies auxiliaires (électricité, alarmes, systèmes programmables).
- Matériaux, produits et composants : bois, produits en plaques, matériaux métalliques, isolants, produits de jointement, de fixation, d'assemblage, de préservation et de finition, composants (quincaillerie, accessoires).
- Moyens et techniques de fabrication et de mise en œuvre sur chantier : technologies et procédés de coupe (sciage, mortaisage, perçage, défonçage), moyens et systèmes d'usinage (machines conventionnelles, numérisées, langages de programmation), outillages de coupe, moyens et techniques d'assemblage, de montage, placage, finition, traitement, contrôle, manutention, conditionnement, stockage, chargement.
- Santé et sécurité au travail : prévention des risques, organisation et protection du poste de travail.
- Organisation et gestion de fabrication et de chantier : gestion des temps, délais, coûts, qualité ; maintenance et sécurité sur chantier.

Sous statut scolaire, l'élève est en stage en entreprise de menuiserie et/ou d'agencement pendant 22 semaines réparties sur les 3 années du bac pro. Pendant la période de formation en milieu professionnel, l'élève s'exerce à la conduite des machines d'usinage, de mise en forme, de placage, pour réaliser une menuiserie. Il réalise aussi des poses sur chantier.

EXAMEN

Les épreuves générales sont décrites dans la fiche générale du bac professionnel p. 8.

Épreuves professionnelles

Pour les candidats de la voie scolaire dans un établissement public ou privé sous contrat, CFA ou section d'apprentissage habilités.

Épreuves	Durée	Mode	Coeff.
E 1 Épreuve scientifique			3
Mathématiques		CCF	1,5
Sciences physiques et chimiques		CCF	1,5
E 2 Épreuve technologique			6
Analyse technique d'un ouvrage	4 h	Écrit	3
Préparation d'une fabrication et d'une mise en œuvre sur chantier	3 h (+ 1 h)	Écrit	3
E 3 Épreuve pratique prenant en compte la formation en milieu professionnel			9
Économie-gestion		CCF	1
Fabrication d'un ouvrage		CCF	3
Mise en œuvre d'un ouvrage sur chantier		CCF	2
Prévention-santé-environnement		CCF	1
Réalisation et suivi des ouvrages en entreprise		CCF	2

Le diplôme est délivré aux candidats qui ont obtenu une moyenne générale supérieure ou égale à 10/20 à l'ensemble des épreuves générales et technologiques.

→ Diplôme intermédiaire

Les élèves de ce bac pro se présentent obligatoirement aux épreuves du BEP bois option menuiserie-agencement (facultatif pour les apprentis).

POURSUITE D'ÉTUDES

Le bac pro a pour premier objectif l'insertion professionnelle mais, avec un très bon dossier ou une mention à l'examen, une poursuite d'études est envisageable en BTS du secteur bois.

→ Exemples

BTS agencement de l'environnement architectural

BTS aménagement-finition

BTS systèmes constructifs bois et habitat

EN SAVOIR PLUS

Nombre d'établissements préparant au diplôme : 199.

Nombre d'établissements préparant au diplôme en apprentissage : 29.

Les métiers des Compagnons du Devoir et du Tour de France, Onisep, coll. « Zoom », 2010.

Les métiers du bois, Onisep, coll. « Zoom », 2012.

Les métiers du bâtiment et des travaux publics, Onisep, coll. « Parcours », 2012.

102

TECHNICIEN MODELEUR

OBJECTIFS

Le bac pro technicien modeleur forme des élèves à la fabrication des outillages pour la mise en forme des matériaux. Ces outillages sont, par exemple, des moules, des maquettes ou des outils de découpe qui doivent être adaptés à tous types de matériaux, durs ou souples (plastique, verre, métal).

Au cours de sa formation, l'élève apprend à analyser les documents techniques qui décrivent les caractéristiques des outillages à réaliser et du produit à obtenir, afin d'établir les données numériques nécessaires à leur fabrication. Il s'initie aux logiciels de simulation mécanique grâce auxquels il réalise les plans des différentes parties de l'outillage. Quand les éléments constituant l'outillage sont définis fonctionnellement, dimensionnellement et géométriquement, il est entraîné à utiliser les logiciels de FAO pour établir et valider le processus de fabrication (fabrication des éléments et assemblage) en fonction du cahier des charges (délais de livraison, coût, qualité du produit).

Pour cela, il acquiert une bonne connaissance des techniques de moulage des matériaux, des procédés spécifiques (thermoformage, moulage des composites, moulage pour pièces en résine, mise en forme des céramiques), des machines à commande numérique, des techniques d'outillage rapides, des techniques et procédés d'usinage, d'assemblage et de finition, d'usinage à l'outil pour la coupe.

À ces savoirs techniques s'ajoutent des enseignements relatifs à l'organisation et à la gestion de production, à l'organisation de la qualité et aux méthodes de mesure et de contrôle des pièces d'essai.

DÉBOUCHÉS

Ces techniciens trouvent un emploi le plus souvent dans de petites entreprises très spécialisées qui travaillent en sous-traitance pour l'automobile, l'aéronautique mais aussi pour toute l'industrie des biens d'équipement.

→ Exemples de métiers

Ajusteur(euse)-monteur(euse)

Mécanicien(ne)-outilleur(euse)

Mouleur(euse)-noyauteur(euse)

ACCÈS

Les accès sont décrits dans la fiche générale du bac professionnel p. 5.

PROGRAMME

Les enseignements généraux sont décrits dans la fiche générale du bac professionnel p. 5.

→ Enseignements professionnels

- Analyse des besoins, production des données nécessaires à la fabrication des outillages, modélisation des liaisons et des actions mécaniques, cinématique, statique, hydrostatique, résistance des matériaux.
- Mise en forme des matériaux : moulage, permanent ou non, procédés spécifiques.
- Systèmes et techniques de fabrication : caractéristiques des systèmes de fabrication, machines, techniques de fabrication des outillages, techniques et procédés d'assemblage et de finition.
- Usinage : usinage à l'outil coupant, agencement et gestion des outils et des porte-pièces.
- Préparation de la fabrication : organisation du processus de fabrication, organisation des procédures.
- Hygiène, sécurité, prévention des risques.
- Communication et dialogue.
- Qualité et contrôle.
- Gestion de la production : ordonnancement, outils d'analyse et de décision, maintenance préventive, conditionnelle et corrective, maintenance des outillages.

Sous statut scolaire, l'élève est en stage pendant 22 semaines réparties sur les 3 années du bac pro.

EXAMEN

Les épreuves générales sont décrites dans la fiche générale du bac professionnel p. 8.

Épreuves professionnelles

Pour les candidats de la voie scolaire dans un établissement public ou privé sous contrat, CFA ou section d'apprentissage habilités.

Épreuves	Mode	Coeff.
E 1 Épreuve scientifique et technique		6
Étude et analyse d'un outillage	CCF	3
Mathématiques	CCF	1,5
Sciences physiques et chimiques	CCF	1,5
E 2 Épreuve technologique		3
Élaboration du processus de réalisation d'un outillage	CCF	3
E 3 Épreuve pratique prenant en compte la formation en milieu professionnel		10
Assemblage des constituants de l'outillage et vérification de sa conformité	CCF	4
Économie-gestion	CCF	1
Évaluation de la formation en milieu professionnel	CCF	2
Mise en œuvre et conduite d'un équipement	CCF	2
Prévention-santé-environnement	CCF	1

Le diplôme est délivré aux candidats qui ont obtenu une moyenne générale supérieure ou égale à 10/20 à l'ensemble des épreuves générales et technologiques.

→ Diplôme intermédiaire

Les élèves de ce bac pro se présentent obligatoirement aux épreuves du BEP intégré modeleur-maquettiste (facultatif pour les apprentis).

POURSUITE D'ÉTUDES

Le bac pro a pour premier objectif l'insertion professionnelle mais, avec un très bon dossier ou une mention à l'examen, une poursuite d'études est envisageable en BTS.

→ Exemples

BTS étude et réalisation d'outillages de mise en forme des matériaux

BTS fonderie

BTS industrialisation des produits mécaniques

EN SAVOIR PLUS

Nombre d'établissements préparant au diplôme : 10.

Nombre d'établissements préparant au diplôme en apprentissage : 1.

103

TECHNICIEN OUTILLEUR

OBJECTIFS

Le bac pro technicien outilleur forme des élèves à fabriquer des outillages qui donnent forme aux métaux, plastiques et caoutchoucs pour réaliser différents objets de notre environnement quotidien (carrosseries de voitures, bouteilles plastiques).

L'élève apprend à procéder aux analyses préalables nécessaires à la fabrication de l'outillage : à partir de son modèle numérique, de la pièce à produire, du cahier des charges et du processus opératoire, il sait repérer les éléments constitutifs, justifier les solutions proposées et formuler éventuellement des propositions destinées à améliorer les coûts, la qualité et les délais de fabrication. Il est préparé à établir le programme de fabrication en identifiant les différentes étapes, en les ordonnant et en désignant les meilleurs procédés (choix des outils, paramètres de coupe). Il acquiert les techniques indispensables pour réaliser et assembler les éléments constitutifs de l'outillage avec des machines-outils (machines à commande numérique notamment).

Les compétences développées lui permettent de vérifier le bon fonctionnement et la conformité de l'outillage. Enfin, grâce à sa formation, il peut le modifier ou le réparer si besoin.

DÉBOUCHÉS

Le diplômé peut travailler dans des entreprises de construction d'outillages ou dans les services de fabrication ou de maintenance intégrés à d'autres entreprises de construction automobile, de l'aéronautique. Il peut participer à un groupe projet dans le cadre de la réalisation et de la mise au point des outillages. Il peut être amené à coordonner les travaux d'une petite équipe.

→ Exemples de métiers

Ajusteur(euse)-monteur(euse)

Chaudronnier(ière)

Mécanicien(ne)-outilleur(euse)

Opérateur(trice) sur machine à commande numérique

Soudeur(euse)

ACCÈS

Les accès sont décrits dans la fiche générale du bac professionnel p. 5.

PROGRAMME

Les enseignements généraux sont décrits dans la fiche générale du bac professionnel p. 5.

→ Enseignements professionnels

- Construction : organisation de la production et des entreprises, analyse des données de définition des produits et des outillages, modélisation des liaisons et des actions mécaniques, cinématique, statique, hydrostatique, résistance des matériaux.
- Mise en forme des matériaux : moulage des matériaux métalliques (coulée par gravitation, pression, centrifugation) et des matériaux plastiques (injection, extrusion-soufflage, compression), forgeage, estampage, matriçage, découpe, emboutissage.
- Systèmes et techniques de fabrication : caractéristiques communes (performances et caractéristiques principales des machines, cinématique), techniques de fabrication (usinage par étincelage, abrasion, outil coupant), techniques et procédés d'assemblage et de finition.
- Usinage : usinage par outil coupant et par étincelage (typologie et classification des outils, procédés et techniques d'usinage associés).
- Préparation de la fabrication des outillages ; qualité et contrôle.
- Gestion de la production, maintenance.
- Hygiène, sécurité et prévention des risques professionnels.
- Communication.

Sous statut scolaire, l'élève est en stage pendant 22 semaines réparties sur les 3 années du bac pro. Ces stages doivent notamment lui permettre d'intervenir sur des systèmes récents dont ne disposent pas toujours les établissements de formation.

EXAMEN

Les épreuves générales sont décrites dans la fiche générale du bac professionnel p. 8.

Épreuves professionnelles

Pour les candidats de la voie scolaire dans un établissement public ou privé sous contrat, CFA ou section d'apprentissage habilités.

Épreuves	Durée	Mode	Coeff.
E 1 Épreuve scientifique et technique			5
Analyse d'un outillage		CCF	2
Mathématiques		CCF	1,5
Sciences physiques et chimiques		CCF	1,5
E 2 Épreuve technologique			3

Élaboration du processus de réalisation d'un outillage	CCF	3
E 3 Épreuve pratique prenant en compte la formation en milieu professionnel		10
Économie-gestion	CCF	1
Évaluation de la formation en milieu professionnel	CCF	2
Mise en œuvre et conduite d'un équipement	CCF	3
Opération d'assemblage ou de remise en état d'un outillage	CCF	3
Prévention-santé-environnement	CCF	1

Le diplôme est délivré aux candidats qui ont obtenu une moyenne générale supérieure ou égale à 10/20 à l'ensemble des épreuves générales et technologiques.

→ Diplôme intermédiaire

Les élèves de ce bac pro se présentent obligatoirement aux épreuves du BEP production mécanique (facultatif pour les apprentis).

POURSUITE D'ÉTUDES

Le bac pro a pour premier objectif l'insertion professionnelle mais, avec un très bon dossier ou une mention à l'examen, une poursuite d'études est envisageable en BTS.

→ Exemples

BTS étude et réalisation d'outillages de mise en forme des matériaux

BTS industrialisation des produits mécaniques

MC maquettes et prototypes

EN SAVOIR PLUS

Nombre d'établissements préparant au diplôme : 44.

Nombre d'établissements préparant au diplôme en apprentissage : 19.

Les métiers du travail des métaux, Onisep, coll. « Voie pro », 2010.

Les métiers de la mécanique, Onisep, coll. « Parcours », 2011.

104

TRAITEMENTS DE SURFACES

OBJECTIFS

Le bac pro traitements de surfaces forme des élèves aux différentes techniques qui permettent de valoriser des surfaces en les protégeant, en les modifiant ou en les décorant. Les traitements mis en œuvre sont, par exemple, le chromage, l'argentage, la métallisation ou encore l'application de peinture ou de vernis.

L'élève apprend les techniques de préparation des substrats, des produits et des installations de traitement. Il acquiert les techniques de conduite, de réglage et de contrôle des procédés adaptés aux traitements souhaités. Les connaissances assimilées au cours de la formation lui donnent les capacités pour gérer la maintenance préventive et curative de premier niveau pour l'ensemble des installations.

Il est également préparé à prendre en charge le réglage, l'entretien et généralement la maintenance des machines à commande numérique sur lesquelles il travaille.

DÉBOUCHÉS

Le diplômé peut s'intégrer en entreprise spécialisée ou en atelier intégré aux chaînes de production de la plupart des secteurs industriels : construction automobile, mécanique, bâtiment et génie civil, électronique, prothèses et matériel médical.

→ Exemples de métiers

Opérateur(trice) et technicien(ne) en traitement des matériaux

ACCÈS

Les accès sont décrits dans la fiche générale du bac professionnel p. 5.

PROGRAMME

Les enseignements généraux sont décrits dans la fiche générale du bac professionnel p. 5.

→ Enseignements professionnels

- Préparation des surfaces : substrats, produits de traitement, moyens de calcul de surfaces, masses et volumes à traiter ; plans et croquis, logiciels spécialisés ; conditionnement des surfaces, des produits de traitement, essais et réglages.
- Conduite et surveillance des procédés : démarrage, conduite et arrêt des installations ; produits et réactifs ; contrôle des procédés ; identification des dysfonctionnements, compte rendu et transmission des informations.

• Maintenance : matériels, outils d'aide au diagnostic et à la recherche d'incident ; opérations de maintenance en fonction des procédures établies.

• Contrôle et assurance qualité.

• Maîtrise des risques : identification, prévention, protection.

Sous statut scolaire, l'élève est en stage pendant 22 semaines réparties sur les 3 années du bac pro. Pendant la péride de formation en milieu professionnel, l'élève utilise les documents et les matériels professionnels (produits, machines, etc.).

EXAMEN

Les épreuves générales sont décrites dans la fiche générale du bac professionnel p. 8.

Épreuves professionnelles

Pour les candidats de la voie scolaire dans un établissement public ou privé sous contrat, CFA ou section d'apprentissage habilités.

Épreuves	Durée	Mode	Coeff.
E 1 Épreuve scientifique et technique			5
Étude d'une technique de traitement ou de revêtement de surface		CCF	2
Mathématiques		CCF	1,5
Sciences physiques et chimiques		CCF	1,5
E 2 Épreuve technologique			4
Étude et préparation d'une production industrielle	4 h	Écrit	4
E 3 Épreuve pratique prenant en compte la formation en milieu professionnel			9
Conduite et exploitation d'une installation de production		CCF	3
Économie-gestion		CCF	1
Essais, réglages et diagnostics		CCF	1
Évaluation de la formation en milieu professionnel		CCF	2
Mise en œuvre d'une phase opératoire ou d'une suite d'opérations unitaires		CCF	1
Prévention-santé-environnement		CCF	1

Le diplôme est délivré aux candidats qui ont obtenu une moyenne générale supérieure ou égale à 10/20 à l'ensemble des épreuves générales et technologiques.

→ Diplôme intermédiaire

Les élèves de ce bac pro se présentent obligatoirement aux épreuves du CAP conducteur d'installations de production.

POURSUITE D'ÉTUDES

Le bac pro a pour premier objectif l'insertion professionnelle mais, avec un très bon dossier ou une mention à l'examen, une poursuite d'études est envisageable en BTS.

→ Exemples

BTS traitement des matériaux option B traitements de surfaces

EN SAVOIR PLUS

Nombre d'établissements préparant au diplôme : 4.

Nombre d'établissements préparant au diplôme en apprentissage : 2.

Les métiers du travail des métaux, Onisep, coll. « Voie Pro », 2010.

105

TRANSPORT

OBJECTIFS

Le but de ce bac pro est de former des techniciens capables de prendre en charge les tâches administratives liées au transport de marchandises.

L'élève apprend l'organisation, la mise en œuvre et le suivi des opérations en tenant compte de la complémentarité des modes de transport (terrestre, aérien, maritime). Il acquiert des connaissances sur la prospection commerciale, le suivi et le réglement des factures, l'organisation de la chaîne logistique (transport, stockage, magasinage, distribution), la prévention et le réglement des litiges. Il est formé à communiquer en français ou en langue étrangère avec des partenaires externes (clients, donneurs d'ordres, fournisseurs) et avec des partenaires internes (conducteur(trice)s, services logistiques, administratifs, commerciaux, comptables). Il est initié aux règles douanières, à la vérification des documents comptables et de synthèse, à l'analyse des coûts et de leurs conséquences sur les marges.

Enfin, les enseignements reçus lui permettent de respecter les procédures, les règles de sécurité et de sûreté et les normes qualité et environnementales.

DÉBOUCHÉS

Il exerce dans une entreprise de transport routier de marchandises organisatrice de transports terrestres, aériens, maritimes et multimodaux, de transports spécialisés (marchandises dangereuses ou sous température dirigée, transport exceptionnel) ou de commissionnaire en douane.

Dans le cadre d'une première insertion professionnelle, il sera affecté en tant qu'assistant d'exploitation, opérateur de production, employé de transit, chargé d'expéditions *overseas* import/export débutant, aide-déclarant en douane.

Après une première expérience professionnelle, il aura la possibilité d'accéder aux emplois d'agent d'exploitation, affréteur, agent de transit, chargé d'expéditions *overseas* import/export confirmé, chargé de sûreté/sécurité, déclarant en douane.

→ Exemples de métiers

Agent(e) de transit

ACCÈS

Les accès sont décrits dans la fiche générale du bac professionnel p. 5.

PROGRAMME

Les enseignements généraux sont décrits dans la fiche générale du bac professionnel p. 5.

→ Enseignements professionnels

- Organisation, exécution et suivi d'une opération de transport : connaissance des différents types de transport (routiers, ferroviaires, fluviaux, combinés, maritimes, aériens), droit et réglementation nationale et internationale ; utilisation de logiciels de détermination d'itinéraires et de progiciels de transport et de logistique ; contrat de transport, tarifs, prix et rentabilité de l'opération de transport ; documents liés au transport.
- Dédouanement : textes réglementaires, régimes préférentiels, procédures.
- Relations avec les partenaires internes et externes à l'entreprise en français et en langue étrangère.
- Respect des procédures qualité (satisfaction de la clientèle), sécurité (transport, logistique, personnel), sûreté et contraintes environnementales.

Sous statut scolaire, l'élève est en stage pendant 22 semaines réparties sur les 3 années du bac pro.

EXAMEN

Les épreuves générales sont décrites dans la fiche générale du bac professionnel p. 8.

Épreuves professionnelles

Pour les candidats de la voie scolaire dans un établissement public ou privé sous contrat, CFA ou section d'apprentissage habilités.

Épreuves	Durée	Mode	Coeff.
E 1 Épreuve scientifique et technique			2
Économie-droit		CCF	1
Mathématiques		CCF	1
E 2 Épreuve technologique			5
Étude de situations professionnelles	3 h	Écrit	5
E 3 Épreuve pratique prenant en compte la formation en milieu professionnel			9
Pratique du transport en milieu professionnel		CCF	8
Prévention-santé-environnement		CCF	1

Le diplôme est délivré aux candidats qui ont obtenu une moyenne générale supérieure ou égale à 10/20 à l'ensemble des épreuves générales et technologiques.

→ Diplôme intermédiaire

Les élèves de ce bac pro se présentent obligatoirement aux épreuves du BEP logistique et transport (facultatif pour les apprentis).

POURSUITE D'ÉTUDES

Le bac pro a pour premier objectif l'insertion professionnelle mais, avec un très bon dossier ou une mention à l'examen, une poursuite d'études est envisageable en BTS. Il existe aussi des formations en écoles spécialisées du transport et de la logistique (AFT-Iftim, Promotrans) délivrant des titres homologués par l'État.

→ Exemples

BTS transport et prestations logistiques

EN SAVOIR PLUS

Nombre d'établissements préparant au diplôme : 85.

Nombre d'établissements préparant au diplôme en apprentissage : 11.

Les métiers du transport et de la logistique, Onisep, coll. « Parcours », 2010.

106

TRANSPORT FLUVIAL

1re session d'examen en 2015.

OBJECTIFS

Le bac pro transport fluvial forme l'élève à préparer, organiser et terminer sa mission de transport. L'élève apprend ainsi la réglementation du transport (les documents de bord et d'accompagnement des transports, les taxes et péages, etc.), les cartes des voies navigables et les plans de sites. Il acquiert les compétences nécessaires pour assurer la conduite et les manœuvres d'un bâtiment en toute sécurité.

Les connaissances acquises au cours du bac pro lui permettent de gérer et de contrôler le chargement/déchargement de la cargaison et l'embarquement/débarquement des passagers.

Les enseignements autour de l'environnement et l'organisation d'une entreprise de transport fluvial lui donnent les capacités pour gérer et manager efficacement un projet d'installation ou d'acquisition (l'accès à la profession, la législation du travail, les assurances, etc.). La sécurité, la maintenance et l'entretien du bâtiment figurent aussi parmi les acquis lors de cette formation.

DÉBOUCHÉS

Le titulaire du bac pro exerce ses activités au sein d'une entreprise qui effectue des transports de passagers et/ou de marchandises générales et/ou spécialisées pour son compte propre et/ou pour le compte d'autrui. L'organisation de transports fluviaux, le métier d'inspecteur d'armement constituent également des orientations possibles.

→ Exemples de métiers

Batelier(ière) fluvial(e)

ACCÈS

Les accès sont décrits dans la fiche générale du bac professionnel p. 5.

PROGRAMME

Les enseignements généraux sont décrits dans la fiche générale du bac professionnel p. 5.

→ Enseignements professionnels

- Le transport fluvial : la réglementation du transport (la navigation intérieure et internationale), les cartes des voies navigables et les plans de site (géographie française, européenne), la cargaison (l'emballage et l'étiquetage des marchandises, l'organisation du chargement, les matières dangereuses,etc.).
- La conduite des bâtiments : les règles de la conduite des bâtiments (l'équipage, la timonerie, la conduite au radar, l'utilisation des systèmes d'aide à la navigation...), la sécurité à bord et les règles de prévention, les sources d'information de la voie d'eau (les centres d'alerte et d'informations nautiques), les règles de circulation, les lois physiques appliquées à un bâtiment à l'arrêt ou en mouvement.
- Le bâtiment : les différents types de bâtiment, le fonctionnement des bâtiments (la motorisation, la transmission, les circuits électriques, entretien, etc.).
- Le chargement/déchargement, l'embarquement/débarquement : les règles d'utilisation des équipements, accessoires et moyens de manutention, règles de manutention (répartition des charges, consignes de sécurité, l'arrimage de la cargaison), règles de protection et de contrôle de la cargaison, l'accueil des passagers (les procédures de contrôle des passagers, les règles de sécurité et de sauvetage, etc.).
- L'environnement et l'organisation de l'entreprise : la place du transport fluvial dans l'économie, les différents secteurs d'activité (les auxiliaires du transport, l'accès à la profession de transporteur fluvial), les contrats des transports (le cadre juridique, les contrats types, les litiges), les types d'assurances.
- La qualité et la sécurité dans le transport fluvial : le principe de la démarche qualité, la prévention des risques professionnels (préparation à la formation sauveteur secouriste du travail, prévention des risques liés à l'activité physique - PRAP), le développement durable (récupération et le tri des déchets, les risques d'atteinte à la santé).

Sous statut scolaire, l'élève est en stage pendant 22 semaines réparties sur les 3 années du bac pro. Pendant cette période de professionnalisation, l'élève aborde des activités liées à la réalisation d'opération de préparation, de chargement/déchargement,d'embarquement/débarquement, des activités liées à des opérations de transports spécifiques (conteneurs, matières dangereuses, pondéreux). Enfin, 11 semaines sont consacrées à la conduite intensive et aux manœuvres.

EXAMEN

Les épreuves générales sont décrites dans la fiche générale du bac professionnel p. 8.

Épreuves professionnelles

Pour les candidats de la voie scolaire dans un établissement public ou privé sous contrat, CFA ou section d'apprentissage habilités.

Épreuves	Durée	Mode	Coeff.
E 1 Épreuve scientifique et technique			3
Mathématiques		CCF	1,5
Travaux pratiques de sciences physiques et chimiques		CCF	1,5
E 2 Épreuve de technologie			4
Étude de cas : préparation et analyse d'une activité de transport fluvial		CCF	4
E 3 Épreuve pratique prenant en compte la formation en milieu professionnel			12
Réalisation d'interventions en entreprise		CCF	3
Conduite, manœuvres et maintenance d'une unité de transport fluvial		CCF	5
Communication professionnelles et sécurité : certifications complémentaires		CCF	2
Économie-gestion		CCF	1
Prévention-santé-environnement		CCF	1

Le diplôme est délivré aux candidats qui ont obtenu une moyenne générale supérieure ou égale à 10/20 à l'ensemble des épreuves générales et technologiques.

→ Diplôme intermédiaire

Les élèves de ce bac pro se présentent obligatoirement aux épreuves du CAP transport fluvial (facultatif pour les apprentis).

POURSUITE D'ÉTUDES

Le bac pro a pour premier objectif l'insertion professionnelle mais, avec un très bon dossier ou une mention à l'examen, une poursuite d'étude est envisageable en BTS.

→ Exemples

BTS transport et prestations logistiques

EN SAVOIR PLUS

Nombre d'établissements préparant au diplôme : consulter le site Onisep.fr

107

TRAVAUX PUBLICS

OBJECTIFS

Le bac pro travaux publics forme des élèves au savoir-faire nécessaire à la réalisation de terrassements (digues, barrages, plates-formes, etc.), d'ouvrages d'art (structures en béton ou acier), de canalisations ou de routes (voies anciennes, parcs de stationnement, autoroutes et voiries, sols sportifs). Il peut s'agir de travaux neufs ou de réhabilitation, d'amélioration ou d'entretien.

Les connaissances acquises au cours du bac pro sur l'ensemble du secteur des travaux publics permettent à l'élève de savoir gérer toutes les phases d'un chantier. Il apprend ainsi à préparer un chantier (préparation technique, quantification des besoins en matériel, matériaux) mais aussi à veiller à la sécurité. Il est ensuite entraîné à le mettre en œuvre, c'est-à-dire répartir les tâches au sein de l'équipe, implanter et tracer (terrain). L'élève développe des compétences liées aux travaux de terrassement et de tranchées ainsi que de réseaux et de branchements nécessaires (eau, assainissement). Il assimile les techniques de réalisation des travaux de voirie ou des ouvrages en béton armé. Enfin, cette formation lui permet de suivre les travaux et de contrôler l'ouvrage en cours de réalisation.

DÉBOUCHÉS

Le diplômé peut exercer dans toute entreprise de travaux publics (entretien, construction et rénovation des ouvrages). Il est d'abord ouvrier professionnel et peut être, après 12 mois, classé compagnon ou chef d'équipe. Le type d'emploi dépend largement de l'importance de l'entreprise, de la complexité du chantier et du secteur d'activité.

→ Exemples de métiers

Canalisateur(trice)
Chef de chantier
Conducteur(trice) d'engins de travaux publics
Constructeur(trice) de routes

ACCÈS

Les accès sont décrits dans la fiche générale du bac professionnel p. 5.

PROGRAMME

Les enseignements généraux sont décrits dans la fiche générale du bac professionnel p. 5.

→ Enseignements professionnels

- Contexte administratif et juridique de la construction : intervenants, procédures administratives, garanties.
- Communication technique : croquis, réalisation graphique, plans et cartes.
- Confort de l'usager : acoustique et nuisances sonores, urbanisme et environnement (déchets de chantier, risques de pollution).
- Approche technique des ouvrages : mécanique appliquée et résistance des matériaux, analyse d'ouvrages (terrassement, génie civil, canalisations, routes).
- Technologie de construction : ouvrages de terrassement, ouvrages d'art, réseaux de canalisation, réseaux routiers et voirie, matériaux.
- Techniques et procédés de mise en œuvre : implantation et relevés, terrassement, blindage, techniques routières, coffrage et bétonnage, assemblage d'éléments de réseaux.
- Santé et sécurité au travail.
- Outillages, matériels et engins de chantier.
- Gestion de travaux : organisation et coûts, démarche qualité.

Sous statut scolaire, l'élève est en stage pendant 22 semaines réparties sur les 3 années du bac pro.

EXAMEN

Les épreuves générales sont décrites dans la fiche générale du bac professionnel p. 8.

Épreuves professionnelles

Pour les candidats de la voie scolaire dans un établissement public ou privé sous contrat, CFA ou section d'apprentissage habilités.

Épreuves	Durée	Mode	Coeff.
E 1 Épreuve scientifique			3
Mathématiques		CCF	1,5
Sciences physiques et chimiques		CCF	1,5
E 2 Épreuve technologique : préparation, organisation et suivi d'un chantier			5
Préparation d'une intervention microtechnique Gestion quantitative des besoins et des moyens	2 h	Écrit	1
Analyse d'un ouvrage Organisation des travaux et suivi de réalisation	3 h	Écrit	2
Analyse d'un ouvrage	3 h	Écrit	2
E 3 Épreuve pratique prenant en compte la formation en milieu professionnel			9
Présentation d'un dossier d'activité		CCF	2
Implantation, réalisation, contrôle		CCF	3
Mise en œuvre et contrôle		CCF	2
Économie-gestion		CCF	1
Prévention-santé-environnement		CCF	1

Le diplôme est délivré aux candidats qui ont obtenu une moyenne générale supérieure ou égale à 10/20 à l'ensemble des épreuves générales et technologiques.

→ Diplôme intermédiaire

Les élèves de ce bac pro se présentent obligatoirement aux épreuves du BEP travaux publics (facultatif pour les apprentis).

POURSUITE D'ÉTUDES

Le bac pro a pour premier objectif l'insertion professionnelle mais, avec un très bon dossier ou une mention à l'examen, une poursuite d'études est envisageable en BTS.

→ Exemples

BTS travaux publics

EN SAVOIR PLUS

Nombre d'établissements préparant au diplôme : 56.

Nombre d'établissements préparant au diplôme en apprentissage : 28.

Les métiers du bâtiment, Onisep, coll. « Zoom », 2009.

Les métiers du bâtiment et des travaux publics, Onisep, coll. « Parcours », 2012.

108

VENTE (PROSPECTION, NÉGOCIATION, SUIVI DE CLIENTÈLE)

OBJECTIFS

Le bac pro vente forme des élèves à prospecter une clientèle potentielle. L'élève apprend à élaborer un projet et une stratégie de prospection, à construire un fichier clients, à concevoir des outils d'aide à la prospection (fiche prospect, plan d'appel, lettre de publipostage), à exploiter et analyser les résultats et à savoir en rendre compte auprès de son équipe. Par ailleurs, il acquiert les techniques de négociation lui permettant de préparer la visite chez le client, de présenter les produits ou les services, d'argumenter, de traiter les objections et de négocier les prix et les conditions de vente.

Enfin, il est préparé à suivre et à fidéliser une clientèle en réalisant des comptes rendus de visite, des mises à jour de fichiers clients, en suivant l'exécution des commandes, des livraisons et du paiement, en analysant les résultats et la rentabilité, en transmettant les informations du terrain au reponsable commercial et en suivant de façon permanente la satisfaction de la clientèle.

DÉBOUCHÉS

Le diplômé occupe des postes de commercial, chargé de prospection, prospecteur vendeur, vendeur démonstrateur ou représentant. Il peut être salarié sous l'autorité d'un chef de vente ou d'un directeur ou indépendant. Il exerce dans des entreprises commerciales, de sevices ou de production, hors secteurs réglementés et produits à technicité très pointue.

→ Exemples de métiers

Attaché(e) commercial(e)

Télévendeur(euse)

Vendeur(euse)-magasinier(ière) en fournitures automobiles

ACCÈS

Les accès sont décrits dans la fiche générale du bac professionnel p. 5.

PROGRAMME

Les enseignements généraux sont décrits dans la fiche générale du bac professionnel p. 5.

→ Enseignements professionnels

- Techniques et stratégies de prospection : les prospects, les techniques de prospection, les supports d'une prospection, la stratégie de prospection.
- Supports du suivi des opérations commerciales : documents commerciaux (bon de commande, bon de livraison, facture) et documents de suivi de clientèle.
- Outils de gestion dans l'activité du vendeur : gestion du temps et des frais professionnels, gestion des fichiers commerciaux informatisés, mesure de la rentabilité.
- Développement personnel du vendeur : bilan comportemental, projet personnel et professionnel, gestion du stress.
- Communication : enjeux psychosociaux et composantes de la communication, situations de communication orale interpersonnelle et de groupe, stratégies de communication orale, techniques et stratégies de communication écrite, communication visuelle.
- Techniques de négociation commerciale : techniques de découverte et de négociation, vente en face à face, vente au téléphone.
- Technologies de l'information et de la communication appliquées à la vente : recherche d'informations sur Internet, logiciels de bureautique et de messagerie électronique.
- Mercatique : démarche, étude de la demande, offre de l'entreprise, entreprise et son marché, force de vente dans l'entreprise.
- Économie-droit : activité commerciale et productive de l'entreprise, gestion des ressources humaines, management, contrat de vente, contrat de travail, responsabilité de l'entreprise, statut juridique de l'entreprise, crédit et garanties accordés aux créanciers, droit du travail.

Une période de stage en milieu professionnel de 22 semaines est répartie sur les années du bac pro.

EXAMEN

Les épreuves générales sont décrites dans la fiche générale du bac professionnel p. 8.

Épreuves professionnelles

Pour les candidats de la voie scolaire dans un établissement public ou privé sous contrat, CFA ou section d'apprentissage habilités.

Épreuves	Durée	Mode	Coeff.
E 1 Épreuve scientifique et technique			5
Économie et droit*		CCF	1
Mathématiques		CCF	1
Préparation et suivi de l'activité commerciale		CCF	3
E 2 Épreuve technologique			4
Négociation-vente	40 min	Oral	4
E 3 Épreuve pratique prenant en compte la formation en milieu professionnel			6
Évaluation de la formation en milieu professionnel (pratique de la prospection, de la négociation, du suivi et de la fidélisation de clientèle)		CCF	2
Prévention-santé-environnement		CCF	1
Projet de prospection		CCF	3

* À partir de la session 2013.

Le diplôme est délivré aux candidats qui ont obtenu une moyenne générale supérieure ou égale à 10/20 à l'ensemble des épreuves générales et technologiques.

→ Diplôme intermédiaire

Les élèves de ce bac pro se présentent obligatoirement aux épreuves du BEP métiers de la relation aux clients et aux usagers (facultatif pour les apprentis).

POURSUITE D'ÉTUDES

Le bac pro a pour premier objectif l'insertion professionnelle mais, avec un très bon dossier ou une mention à l'examen, une poursuite d'études est envisageable en BTS.

→ Exemples

BTS négociation et relation client

EN SAVOIR PLUS

Nombre d'établissements préparant au diplôme : 415.

Nombre d'établissements préparant au diplôme en apprentissage : 25.

Les métiers du marketing, de la publicité et de la vente, Onisep, coll. « Parcours », 2012.

LES DIPLÔMES PAR INTITULÉS

Le renvoi correspond au numéro du diplôme.

LES DIPLÔMES PAR DOMAINES

Le renvoi correspond au numéro du diplôme.

ENVIRONNEMENT, HYGIÈNE, SÉCURITÉ

INDUSTRIE GRAPHIQUE

MATÉRIAUX

Bois

Matériaux de construction, verre, céramique

Métallurgie

Papier

Plasturgie, matériaux composites

MÉCANIQUE

Mécanique aéronautique et spatiale

Mécanique générale et de précision, usinage

Moteurs et mécanique auto

Structures métalliques

SERVICES AUX PERSONNES

Coiffure, esthétique

Santé

TECHNOLOGIES DE LA PRODUCTION

TEXTILE, HABILLEMENT

Cuirs et peaux

Habillement

Textile

TRANSPORTS, LOGISTIQUE

LES DIPLÔMES PAR MÉTIERS

Le renvoi correspond au numéro du diplôme.